一問一答シリーズ

一問一答
平成23年
民事訴訟法等改正

国際裁判管轄法制の整備

大阪地方裁判所判事（前法務省民事局参事官）
佐藤達文
法務省民事局参事官
小林康彦
編著

商事法務

●はしがき

　民事訴訟法及び民事保全法の一部を改正する法律（平成23年法律第36号）が、平成23年4月28日、第177回国会（常会）において成立し、平成24年4月1日から施行されます。この改正法は、第174回国会（常会）に提出されましたが、同国会では廃案となり、その後も継続審議等を経て、ようやく成立に至ったものであり、難産の末、産声をあげた法律です。

　今回の改正は、財産権上の訴えについて国際裁判管轄の規定を新設することを主な内容とするものです。国際裁判管轄法制の整備は、平成8年の民事訴訟法改正の際にも検討の対象とされましたが、その際は、条約交渉が継続中であったこともあって見送られました。今回の改正は、過去の研究成果や裁判例を礎として、平成8年の民事訴訟法改正以来の課題を実現したものです。

　また、国際裁判管轄法制は、その性質上、外国等の立法動向を十分に踏まえることが必要となります。今回の改正は、条約や外国の立法例も参照し、どのような法制が我が国として合理的で望ましいかという観点から検討されました。取引のグローバル化が進む中、包括的な国際裁判管轄の規定を有する国がまだそれほど多くない現状を考えると、我が国が今回の改正により国際裁判管轄法制を整備した意義は大きいと考えられます。

　「難産の子はよく育つ」と言いますが、今回の改正を契機として、国際裁判管轄に関する裁判例が積み重ねられ、学説がますます深化することを祈念しています。

　本書は、今回の改正について、その経緯、内容を、一問一答形式により、分かりやすく解説したものです（ただし、意見にわたる部分は、各執筆者の個人的な見解にすぎないものです）。本書の執筆は、法務省民事局において改正法の立案事務に関与した佐藤達文大阪地方裁判所判事（前民事局参事官）、日暮直子東京地方裁判所判事（前民事局付検事）、小島達朗東京地方検察庁検事（前民事局付検事）、北村治樹東京地方裁判所判事（前民事局付検事）、福田敦民事局付検事、齊藤恒久千葉地方・家庭裁判所判事補（前民事局付検事）のほか、中村雅人補佐官、作沼臣英係長、伊藤隆宏係員が分担し、全体の調整

は、佐藤達文判事と私（小林康彦）が行いました。

　今回の改正は、法制審議会国際裁判管轄法制部会及び社団法人商事法務研究会に設けられた国際裁判管轄研究会の審議・検討結果を踏まえたものです。法制審議会国際裁判管轄法制部会、国際裁判管轄研究会の各委員・幹事等をはじめ、ご指導、ご協力をいただいた多くの方々に改めてお礼を申し上げますとともに、本書の刊行に当たって大変お世話になった株式会社商事法務の岩佐智樹氏に心より感謝申し上げます。

　本書が関係各方面において広く利用され、改正法の趣旨及び内容についての理解の一助となれば幸いです。

　平成 24 年 3 月

　　　　　　　　　　　　　　　　　　編者を代表して
　　　　　　　　　　　　　　　　　　法務省民事局参事官　小林　康彦

●凡　例

1　本書中、「改正法」とは「民事訴訟法及び民事保全法の一部を改正する法律（平成23年法律第36号）」を、「新法」とは改正法による改正後の民事訴訟法をいいます。また、単に「第○○条」とあるときは、新法の条文を表しています。
2　本書中、他の法令の条文を引用する場合に用いた略語は、次のとおりです。

対外国民事裁判権法	外国等に対する我が国の民事裁判権に関する法律（平成21年法律第24号）
法適用通則法	法の適用に関する通則法（平成18年法律第78号）
一般法人法	一般社団法人及び一般財団法人に関する法律（平成18年法律第48号）
ブリュッセル条約	民事及び商事事件における裁判管轄及び裁判の執行に関するブリュッセル条約（the Brussels Convention of 27 September 1968 on jurisdiction and the enforcement of judgments in civil and commercial matters）
ルガノ条約	民事及び商事事件における裁判管轄及び裁判の執行に関するルガノ条約（the Lugano Convention of 16 September 1988 on jurisdiction and the enforcement of judgments in civil and commercial matters）
ブリュッセルⅠ規則	民事及び商事事件における裁判管轄及び裁判の承認及び執行に関する2000年12月22日の理事会規則（EC）44／2001（Council Regulation（EC）No 44／2001 of 22 December 2000 on jurisdiction and the recognition and enforcement of judgments in civil and commercial matters）
管轄合意条約	管轄合意に関する条約（ヘーグ国際私法会議により2005年に採択）（Convention on choice of court agreements（concluded 30 June 2005））

一問一答　平成23年民事訴訟法等改正
――国際裁判管轄法制の整備

もくじ

第1章　総論

- Q1　今回の改正の趣旨及び概要は、どのようなものですか。　1
- Q2　今回の改正により財産権上の訴えについて国際裁判管轄法制を整備することの意義は、どのようなものですか。　2
- Q3　改正法案の成立に至る経緯及び国会における審議の状況は、どのようなものですか。　3
- Q4　平成8年の民事訴訟法改正の際には、国際裁判管轄についてどのような議論がされましたか。　6
- Q5　ヘーグ国際私法会議における条約交渉が合意に至らなかったのは、なぜですか。　8
- Q6　国際裁判管轄に関する単行法ではなく、民事訴訟法及び民事保全法の改正という法形式を採用したのは、なぜですか。　9
- Q7　人事に関する訴えが改正法の対象とされていないのは、なぜですか。　10
- Q8　国際裁判管轄とは、どのような意義を有しますか。また、改正法において、国際裁判管轄を意味するものとして「管轄権」という用語を用いているのは、なぜですか。　12
- Q9　国際裁判管轄に関する規定と、民事訴訟法上の国内土地管轄に関する規定とは、どのような関係にありますか。　13
- Q10　改正法が定める国際裁判管轄の基準と国内土地管轄の基準とが異なるのは、どのような場合ですか。　14
- Q11　改正法で設けられた国際裁判管轄に関する規定相互間の関係は、どのようなものですか。　16
- Q12　今回の改正は、外国裁判所のした確定判決の承認・執行に関し、どのような影響を及ぼしますか。　18
- Q13　改正法が定める国際裁判管轄と、対外国民事裁判権法及び法適用通則法が定める事項とは、どのような関係にありますか。　19
- Q14　我が国の民事訴訟法以外の法令又は我が国が締結している条約において、国際裁判管轄に関する規定を有するものはありますか。　20

Q 15　諸外国又は条約においては、国際裁判管轄に関し、どのようなルールが設けられていますか。　21

第2章　民事訴訟法改正関係

第1節　被告の住所等による管轄権（第3条の2関係）

［第1項関係］

Q 16　被告の住所、居所等が日本国内にある場合に、日本の裁判所が管轄権を有するとしたのは、なぜですか。　22

［第2項関係］

Q 17　大使、公使等接受国の裁判権からの免除を享有する日本人に対する訴えについて、日本の裁判所が管轄権を有するとしたのは、なぜですか。　25

Q 18　改正法が、外国国家に対する訴えの国際裁判管轄についての規定を設けなかったのは、なぜですか。　27

［第3項関係］

Q 19　法人その他の社団又は財団に対する訴えについて、その主たる事務所又は営業所が日本にあるときに、日本の裁判所が管轄権を有するとしたのは、なぜですか。　28

Q 20　第3条の2第3項の規定は、最高裁判例（マレーシア航空事件）を変更するものですか。　31

Q 21　外国の社団又は財団に対する訴えに関する国内土地管轄の規定（第4条第5項）と第3条の2第3項とは、どのような関係にありますか。　34

第2節　契約上の債務に関する訴え等の管轄権（第3条の3関係）

［第1号関係］

Q 22　第3条の3第1号は、どのような訴えを対象としていますか。また、同号において、契約において定められた債務の履行地が日本国内にあるとき、又は契約において選択された地の法によれば債務の履行地が日本国内にあるときに、その訴えを日本の裁判所に提起することができるとしたのは、なぜですか。　35

Q 23　第3条の3第1号の「債務の履行地」は、売買契約のような双務契約に関する訴えの場合には、どのようにして定められますか。　39

Q 24　国内土地管轄に関する第5条第1号と異なり、第3条の3第1号がその対象を契約上の債務に関する訴えに限定しているのは、なぜですか。　41

[第 2 号関係]

Q 25　手形又は小切手による金銭の支払の請求を目的とする訴えについて、その支払地が日本国内にあるときに日本の裁判所に提起することができるとしたのは、なぜですか。　42

[第 3 号関係]

Q 26　財産権上の訴えについて、請求の目的が日本国内にあるときに日本の裁判所に提起することができるとしたのは、なぜですか。　44

Q 27　金銭の支払を請求する財産権上の訴えについて、差し押さえることができる被告の財産が日本国内にあるときに日本の裁判所に提起することができるとしたのは、なぜですか。また、第 3 条の 3 第 3 号括弧書の「その財産の価額が著しく低いとき」には日本の裁判所は管轄権を有しないとしたのは、なぜですか。　45

Q 28　国内土地管轄に関する第 5 条第 4 号は、その対象について「日本国内に住所（法人にあっては、事務所又は営業所。）がない者又は住所が知れない者に対する」財産権上の訴えに限定していますが、第 3 条の 3 第 3 号ではそのような限定をしていないのは、なぜですか。　48

Q 29　被告の差押可能財産は、どの時点で日本国内にあることが必要ですか。訴えの提起後にその財産が散逸した場合でも、日本の裁判所の管轄権は認められますか。　49

Q 30　国内土地管轄に関する第 5 条第 4 号と異なり、請求の担保の目的が日本国内にあるときに日本の裁判所の管轄権を認める旨の規定を設けなかったのは、なぜですか。　50

[第 4 号関係]

Q 31　事務所又は営業所を有する者に対する訴えでその事務所又は営業所における業務に関するものについて、当該事務所又は営業所が日本国内にあるときに日本の裁判所に提起することができるとしたのは、なぜですか。　51

Q 32　第 3 条の 3 第 4 号の「事務所又は営業所における業務」とは、その事務所又は営業所が実際に関与したものであることが必要ですか。また、日本国内で行われたものに限られますか。　52

[第 5 号関係]

Q 33　日本において事業を行う者に対する訴えについて、当該訴えがその者の日本における業務に関するものであるときは、日本の裁判所に提起するこ

Q 34　第3条の3第4号と同条第5号とは、どのような関係にありますか。
　　　56
Q 35　例えば、外国の事業者が、日本からアクセスが可能なインターネット上のウェブサイトを開設するなどして、日本の法人又は個人に対して製品等を販売した場合、当該製品の代金支払や引渡しに係る訴えは、「日本において事業を行う者に対する訴えについて、当該訴えがその者の日本における業務に関するものであるとき」に該当しますか。　57
Q 36　第3条の3第5号により日本の裁判所に管轄権が認められる場合、国内の土地管轄はどのように定まりますか。　59

[第6号関係]
Q 37　船舶債権その他船舶を担保とする債権に基づく訴えについて、船舶が日本国内にあるときは、日本の裁判所に提起することができるとしたのは、なぜですか。　60
Q 38　船員に対する財産権上の訴えについて特段の規定を設けなかったのは、なぜですか。　62
Q 39　船舶所有者その他船舶を利用する者に対する訴えについて特段の規定を設けなかったのは、なぜですか。　63

[第7号関係]
Q 40　第3条の3第7号の趣旨は、どのようなものですか。　65

[第8号関係]
Q 41　不法行為に関する訴えについて、不法行為があった地が日本国内にあるときに日本の裁判所に提起することができるとしたのは、なぜですか。　68
Q 42　第3条の3第8号括弧書で「外国で行われた加害行為の結果が日本国内で発生した場合において、日本国内におけるその結果の発生が通常予見することのできないものであったときを除く。」としたのは、なぜですか。　70
Q 43　不法行為に関する訴えについて、日本の裁判所の管轄権の有無を判断するに当たっては、原告の主張する事実についてどの程度の証明が必要ですか。　72
Q 44　法適用通則法と異なり、製造物責任に関する訴えの国際裁判管轄について特段の規定を設けなかったのは、なぜですか。　73

[第9号関係]

Q 45　船舶同士の衝突事故に関し、損害賠償の訴えを日本の裁判所に提起することができるのは、どのような場合ですか。　74

[第10号関係]

Q 46　海難救助に関する訴えを日本の裁判所に提起することができるのは、どのような場合ですか。　76

[第11号関係]

Q 47　不動産に関する訴えについて、不動産が日本国内にある場合には、日本の裁判所に訴えを提起することができるとしたのは、なぜですか。　77

[第12号関係]

Q 48　「相続権に関する訴え」、「遺留分に関する訴え」及び「遺贈その他死亡によって効力を生ずべき行為に関する訴え」について、相続開始の時における被相続人の住所等を基準にして日本の裁判所の管轄権の存否を定めたのは、なぜですか。　79

[第13号関係]

Q 49　「相続債権その他相続財産の負担に関する訴え」について、相続開始の時における被相続人の住所等を基準にして日本の裁判所の管轄権の存否を定めたのは、なぜですか。　81

Q 50　「相続債権その他相続財産の負担に関する訴え」について、国内土地管轄の規定（第5条第15号）を改正したのは、なぜですか。　82

[その他]

Q 51　債務不存在確認の訴えの管轄権について、特段の規定を設けなかったのは、なぜですか。　83

第3節　消費者契約及び労働関係に関する訴えの管轄権（第3条の4関係）

Q 52　消費者契約に関する訴えの管轄権について、特則を設けたのは、なぜですか。また、具体的な規定の内容は、どのようなものですか。　84

Q 53　第3条の4第1項の「消費者契約」の意義は、どのようなものですか。　86

Q 54　消費者契約締結時の住所又は訴え提起時の住所が日本国内にある場合に、消費者からの事業者に対する訴えを日本の裁判所に提起することができるとしたのは、なぜですか。　87

Q 55　日本国内に居住している消費者が外国に赴いて消費者契約をした場合（いわゆる能動的消費者）について、第3条の4第1項の規定の適用を除外

していないのは、なぜですか。　88

Q 56　改正法は、事業者からの消費者に対する訴えについて、どのような特則を設けていますか。　90

Q 57　消費者契約に関する訴えの具体例としては、どのようなものがありますか。　92

Q 58　労働関係に関する訴えの管轄権について、特則を設けたのは、なぜですか。また、具体的な規定の内容は、どのようなものですか。　93

Q 59　改正法の適用対象となる「個別労働関係民事紛争」の意義は、どのようなものですか。　95

Q 60　労務の提供の地が日本国内にあるときは、労働者は個別労働関係民事紛争に関する訴えを日本の裁判所に提起できるとしたのは、なぜですか。　97

Q 61　改正法は、事業主からの労働者に対する訴えについて、どのような特則を設けていますか。　99

Q 62　労働者からの事業主に対する訴え及び事業主からの労働者に対する訴えの具体例としては、どのようなものがありますか。　101

第4節　管轄権の専属（第3条の5関係）

[第1項関係]

Q 63　第3条の5第1項に規定する訴えには、どのような訴えが含まれますか。また、これらの訴えの管轄権について、日本の裁判所に専属するとしたのは、なぜですか。　102

Q 64　第3条の5第1項の対象から、会社法第7編第2章第4節及び第6節に規定する訴えが除かれているのは、なぜですか。　104

Q 65　会社その他の社団又は財団に関する訴えの管轄権については、第3条の3第7号にも規定がありますが、同号と第3条の5第1項とは、どのような関係にありますか。　105

Q 66　改正法の下においては、取締役の地位不存在確認の訴え、取締役会決議無効・不存在確認の訴えの国際裁判管轄については、どのように取り扱われますか。　106

[第2項関係]

Q 67　登記又は登録に関する訴えの管轄権について、登記又は登録をすべき地が日本にあるときは日本の裁判所に専属するとしたのは、なぜですか。　107

Q 68　第3条の5第2項の「登録に関する訴え」には、知的財産権の登録に関する訴えも含まれますか。　109

[第3項関係]

Q 69　設定の登録により発生する知的財産権の存否又は効力に関する訴えの管轄権について、その登録が日本でされたものである場合には、日本の裁判所に専属するとしたのは、なぜですか。　110

Q 70　知的財産権の侵害に係る訴えの国際裁判管轄について特段の規定を設けなかったのは、なぜですか。外国で登録された特許権に係る訴えを日本の裁判所に提起することはできますか。　113

Q 71　第3条の5第3項により、外国で登録された特許権の侵害に係る訴えにおいて、その特許が無効であるとの主張が制限されることはありませんか。　115

Q 72　外国における設定の登録により発生した知的財産権の侵害に係る訴えが日本の裁判所に係属すると同時に、外国において当該権利の有効性等を確定するための手続が係属している場合に、日本における訴訟手続を中止することができる旨の規定を設けなかったのは、なぜですか。　116

第5節　併合請求における管轄権等（第3条の6等関係）

[第3条の6関係]

Q 73　改正法は、併合請求における日本の裁判所の管轄権について、どのような規定を設けていますか。　117

Q 74　客観的併合又は主観的併合の場合において、そのうちの一つの請求が法定専属管轄の規定が適用されるものであり、その規定によれば、日本の裁判所の管轄権が認められない場合に、その請求を併合して日本の裁判所に訴えを提起することができますか。　121

Q 75　客観的併合又は主観的併合の場合において、そのうちの一つの請求について、外国の裁判所を専属的な管轄裁判所とする旨の合意がある場合、その請求を併合して日本の裁判所に訴えを提起することができますか。　123

[第145条関係]

Q 76　改正法は、中間確認の訴えの国際裁判管轄について、どのような規定を設けていますか。　124

[第146条関係]

Q 77　改正法は、反訴の国際裁判管轄について、どのような規定を設けていますか。　125

Q 78　反訴の目的である請求が、法定専属管轄の規定が適用されるものであり、その規定によれば、日本の裁判所の管轄権が認められない場合に、日本の裁判所に当該反訴を提起することができますか。　127

Q 79　反訴の目的である請求について、外国の裁判所を専属的な管轄裁判所とする旨の合意がある場合、日本の裁判所に当該反訴を提起することができますか。　128

[その他]

Q 80　訴訟参加、訴訟引受け及び訴訟告知について、特段の規定を設けなかったのは、なぜですか。　129

第6節　管轄権に関する合意等（第3条の7関係）

[第1項ないし第4項関係]

Q 81　国際裁判管轄の合意とは、どのようなものですか。また、改正法は、国際裁判管轄に関する合意について、どのような規定を設けていますか。　131

Q 82　第3条の7第1項から第3項までは、国際裁判管轄の合意一般の効力や方式の原則について、どのようなルールを設けていますか。　134

Q 83　外国の裁判所を指定する専属的な国際裁判管轄の合意は、その裁判所が法律上又は事実上裁判権を行うことができないときは、これを援用することができないとされているのは、なぜですか。　136

Q 84　改正法で設けられた専属的な国際裁判管轄についての規定としては、どのようなものがありますか。　137

Q 85　日本の裁判所に管轄権が専属するとされる請求について、外国の裁判所の専属管轄とする旨の合意がある場合、その請求に係る訴えを日本の裁判所に提起することができますか。　138

Q 86　「日本の裁判所」を管轄裁判所とする国際裁判管轄の合意に基づき日本の裁判所に訴えが提起された場合、国内土地管轄は、どのように定まりますか。　139

Q 87　国際裁判管轄の合意についての最高裁判例（チサダネ号事件）の判示事項の趣旨は、改正法の下でも妥当しますか。　140

Q 88　改正法と管轄合意条約とは、どのような点が共通し、どのような点が異なりますか。　142

[第5項関係]

Q 89　消費者契約に関する紛争を対象とする国際裁判管轄の合意について、特則を設けたのは、なぜですか。　143

Q 90　消費者契約締結時において消費者が住所を有していた国の裁判所に訴えを提起することができる旨の国際裁判管轄の合意については、その効力を有するとしたのは、なぜですか。　145

Q 91　第3条の7第5項第2号の趣旨及び具体的な適用場面は、どのようなものですか。　147

[第6項関係]

Q 92　個別労働関係民事紛争を対象とする国際裁判管轄の合意について、特則を設けたのは、なぜですか。　149

Q 93　労働契約の終了の時にした合意であって、労働関係に関する訴えを労働契約終了時の労務提供地がある国の裁判所に提起することができる旨の国際裁判管轄の合意については、その効力を有するとしたのは、なぜですか。　151

Q 94　第3条の7第6項第2号の趣旨及び具体的な適用場面は、どのようなものですか。　154

第7節　応訴管轄（第3条の8関係）

Q 95　被告が応訴した場合には、日本の裁判所は管轄権を有することになりますか。　155

第8節　特別の事情による訴えの却下（第3条の9関係）

Q 96　特別の事情による訴えの却下の規定を設けたのは、なぜですか。　157

Q 97　日本の裁判所が審理及び裁判をすることが当事者間の衡平を害し、又は適正かつ迅速な審理の実現を妨げることとなる特別の事情があるかどうかを検討して、日本の裁判所の管轄権の有無を判断した従前の裁判例には、どのようなものがありますか。　160

Q 98　専属的な国際裁判管轄の合意に基づく訴えについて、第3条の9の規定の適用を除外しているのは、なぜですか。　162

Q 99　日本の裁判所に提起された訴えにおいて、その訴えについて国際裁判管轄を有する外国の裁判所がないことが判明した場合にも、裁判所は、第3条の9により訴えを却下することができますか。　163

Q100　日本の裁判所に提起された訴えにおいて、被告の住所や主たる事務所又は営業所が日本国内にある場合にも、裁判所は、第3条の9により訴えを却下することができますか。　164

第9節　管轄権が専属する場合の適用除外（第3条の10関係）

Q101　管轄権が専属する場合の適用除外に関する規定の内容は、どのようなも

のですか。　165

第10節　職権証拠調べ等（第3条の11等関係）

[第3条の11関係]

Q102　職権証拠調べに関する規定を設けたのは、なぜですか。　167

[第3条の12関係]

Q103　管轄権の標準時に関する規定を設けたのは、なぜですか。　168

[第10条の2関係]

Q104　国内土地管轄の特例についての規定を設けたのは、なぜですか。また、第10条の2の規定が適用されるのは、どのような場面ですか。　169

第11節　上告等（第312条関係）

[第2項関係]

Q105　日本の裁判所の管轄権に関する規定に違反したことを主張して上告することができるのは、どのような場合ですか。　171

[その他]

Q106　控訴審において、日本の裁判所の管轄権の有無についての原審の判断を争うことができますか。　173

第12節　その他

[国際的訴訟競合]

Q107　日本の裁判所に係属する訴訟と同一の訴訟が外国の裁判所に係属している場合（いわゆる国際的訴訟競合）についての規定を設けなかったのは、なぜですか。　174

[緊急管轄]

Q108　いわゆる緊急管轄の規定を設けなかったのは、なぜですか。　181

第3章　民事保全法改正関係

[民事保全法第11条関係]

Q109　保全命令の申立てについて、日本の裁判所に本案の訴えを提起することができるとき、又は仮に差し押さえるべき物若しくは係争物が日本国内にあるときに限り、日本の裁判所にすることができるとされているのは、なぜですか。　183

Q110　仮に差し押さえるべき物が日本国内にあるが本案の訴えの管轄権は日本の裁判所にないという場合には、仮に差し押さえた物に対する強制執行は、

どのようにして行うことになりますか。また、この場合に、日本の裁判所は、民事保全法第37条第1項に基づき、債権者に対し、外国の裁判所に本案の訴えを提起するよう命ずることができますか。　185

Q111　仮に差し押さえるべき物が外国にあるが本案の訴えの管轄権は日本の裁判所にあるという場合には、保全執行をすることができない場合があり得ますが、そのような場合でも、日本の裁判所は、保全命令を発することができますか。　186

Q112　民事保全法第11条により日本の裁判所に保全命令事件の管轄権が認められる場合であっても、裁判所は、民事訴訟法第3条の9の規定により申立てを却下することができますか。　187

第4章　附則関係

[附則第1条関係]

Q113　改正法の施行期日は、いつですか。　188

[附則第2条関係]

Q114　日本の裁判所の管轄権及び国内土地管轄に関する改正法の規定は、その施行時に係属している訴訟にも適用されますか。　189

Q115　管轄権の合意に関する改正法の規定は、その施行前にした管轄権に関する合意にも適用されますか。　190

[附則第3条ないし第6条関係]

Q116　改正法の施行に伴う関係法律の整備の概要は、どのようなものですか。　191

資料1　民事訴訟法及び民事保全法の一部を改正する法律（平成23年法律第36号）新旧対照条文　193

資料2　民事訴訟法及び民事保全法の一部を改正する法律（平成23年法律第36号）附則　211

資料3　国際裁判管轄法制の整備に関する要綱　213

資料4　民事訴訟法第5条第8号に掲げる訴え　219

資料5　国際裁判管轄をめぐる裁判例　224

事項索引　264

第1章 総論

Q1 今回の改正の趣旨及び概要は、どのようなものですか。

A 今回の改正は、国際的な経済活動に伴う民事紛争の適正かつ迅速な解決を図るため、国際的な要素を有する財産権上の訴え及び保全命令事件に関して日本の裁判所が管轄権を有する場合等について定めるものであり、その主要な点は、次のとおりです。

1 第1に、改正法は、民事訴訟法の一部を改正して、財産権上の訴えについて日本の裁判所が管轄権を有する場合等を定めています。

具体的には、改正法は、①被告の住所、主たる事務所又は営業所が日本国内にある場合には、日本の裁判所が管轄権を有すると定め、②契約上の債務に関する訴え、事務所又は営業所を有する者に対する訴え、不法行為に関する訴え等について、訴えの類型ごとに日本の裁判所に訴えを提起することができる場合を規定し、③消費者契約及び労働関係に関する訴えについて、消費者及び労働者の権利保護に配慮して、日本の裁判所に訴えを提起することができる場合についての特則を設け、④管轄権に関する合意の効力及び方式についての規定を設け、⑤日本の裁判所が管轄権を有することとなる場合においても、事案の性質、応訴による被告の負担の程度等の事情を考慮し、当事者間の衡平を害し又は適正かつ迅速な審理を妨げることとなる特別の事情があるときは、訴えを却下することができると定めるなどしています。

2 第2に、民事保全法の一部を改正して、保全命令事件について、日本の裁判所が管轄権を有する場合を規定しています。

Q2 今回の改正により財産権上の訴えについて国際裁判管轄法制を整備することの意義は、どのようなものですか。

A 改正法は、契約上の債務に関する訴えや不法行為に関する訴え等、具体的な訴えの類型ごとに日本の裁判所が国際裁判管轄を有する場合等を定めており、訴えの類型に即した規定が設けられることにより、裁判所が適用すべきルールが明確化され、国際裁判管轄の存否が問題となる民事訴訟のより適正かつ迅速な解決が可能になると考えられます。

また、国際裁判管轄に関する明文の規定が設けられることにより、国際取引に従事する企業や個人は、いかなる場合に日本の裁判所の管轄権が認められるかを予測しつつ、国際裁判管轄に関する合意の交渉をすることが可能となり、国際取引の円滑化に資することが期待されます。

さらに、改正法は、消費者契約及び労働関係に関する訴えについて、消費者及び労働者の権利保護に配慮し、国際裁判管轄に関する特則を設けており、消費者及び労働者の裁判を受ける権利の保障という観点からも意義を有すると考えられます。

Q3 改正法案の成立に至る経緯及び国会における審議の状況は、どのようなものですか。

A 1　改正前の民事訴訟法には、国内土地管轄についての規定は存在しましたが、国際裁判管轄についての明文の規定は存在しませんでした。従前の裁判実務は、最二判昭和56年10月16日民集35巻7号1224頁（マレーシア航空事件）、最三判平成9年11月11日民集51巻10号4055頁（ファミリー事件）等を踏まえ、基本的には民事訴訟法の国内土地管轄に関する規定に依拠しつつ、各事件における個別の事情を考慮して、「特段の事情」がある場合には日本の裁判所の管轄権を否定するという枠組みにより国際裁判管轄の有無を判断してきました[注1]。

しかし、これらの判例は、個々の訴えの類型に即して国際裁判管轄の判断基準を示したものではなく、一般的な準則を示したものにすぎないため、当事者の予測可能性及び法的安定性を担保するためには国際裁判管轄のルールを法律で明確に定めることが望ましいと考えられます。

2　このような法整備の必要性はかねてから指摘され、平成8年の民事訴訟法改正の際にも、財産権上の訴えに関する国際裁判管轄の規定の整備が検討の対象とされました。ところが、当時、ヘーグ国際私法会議において、国際裁判管轄に関する一般的かつ包括的な条約を作成することが検討されていたことなどから、国内法制の整備は見送られたという経緯があります。

結局、条約交渉は、交渉国間の対立等もあって、当初意図したような一般的かつ包括的なルールの合意に至らず、平成17年に管轄合意に関する小規模な条約（管轄合意条約）が採択されるにとどまりました。その結果、近い将来、国際裁判管轄について包括的な多国間条約が作成される見込みは失われ、国際裁判管轄の法制化は国内法の整備に委ねられることとなりました。

3　そこで、法務省においては、財産権上の訴え及び保全命令事件の国際裁判管轄に関する法整備に着手することとし、平成20年9月、法務大臣から法制審議会に対し、国際裁判管轄法制の整備について要綱を示すことを求める諮問がされ[注2]、国際裁判管轄法制部会（部会長・髙橋宏志中央大学大学院教授）が設置されました。同部会は、同年10月から調査審議を開始して

審議を重ね、平成21年7月には「国際裁判管轄法制に関する中間試案」を取りまとめ、これを公表するとともに、パブリック・コメント手続に付して広く国民の意見を求めました。

パブリック・コメント手続の結果、中間試案に対して様々な意見が寄せられたことから、同部会では、これらの意見も踏まえてさらに審議が進められ、平成22年1月に「国際裁判管轄法制の整備に関する要綱案」が決定されました。この部会決定を受けて、同年2月に開催された法制審議会において「国際裁判管轄法制の整備に関する要綱」が採択され、法務大臣に答申されました。

4　法務省は、この要綱を踏まえて立案作業を進め、平成22年3月2日に法律案を第174回国会(常会)に提出しました。同法律案は、衆議院で可決されましたが、参議院において審議未了により廃案となりました。同一内容の法律案は、同年10月12日に閣議決定の上、第176回国会(臨時会)に再度提出され、参議院において審議未了により継続審議とされたものの、第177回国会(常会)において、平成23年4月19日に参議院の法務委員会で可決され、同月20日に参議院本会議で可決され、同月26日に衆議院の法務委員会で可決され、同月28日に衆議院本会議で可決されて成立し、同年5月2日に公布されました[注3]。

(注1)　前掲最二判昭和56年10月16日(マレーシア航空事件)は、「よるべき条約も一般に承認された明確な国際法上の原則もいまだ確立していない現状のもとにおいては、当事者間の公平、裁判の適正・迅速を期するという理念により条理にしたがつて決定するのが相当」であるとした上、この条理にかなう方法として、「わが民訴法の国内の土地管轄に関する規定、たとえば、被告の居所、法人その他の団体の事務所又は営業所、義務履行地、被告の財産所在地、不法行為地、その他民訴法の規定する裁判籍のいずれかがわが国内にあるとき」は、被告を我が国の裁判権に服させるべきである旨判示しています。

前掲最三判平成9年11月11日(ファミリー事件)は、上記マレーシア航空事件の準則を基本的に前提としながら、「我が国の民訴法の規定する裁判籍のいずれかが我が国内にあるときは、原則として、我が国の裁判所に提起された訴訟事件につき、被告を我が国の裁判権に服させるのが相当であるが、我が国で裁判を行うことが当事者間の公平、裁判の適正・迅速を期するという理念に反する特段の事情があると認められる場合には、我が国の国際裁判管轄を否定すべきである」旨判示しています。

(注2)　法制審議会に対する諮問第86号。

「経済取引の国際化等に対応する観点から、国際裁判管轄を規律するための法整備を行う必要があると思われるので、その要綱を示されたい。」
　（注3）　同法案に対する附帯決議はありません。

Q4 平成8年の民事訴訟法改正の際には、国際裁判管轄についてどのような議論がされましたか。

A 財産権上の訴えに関する国際裁判管轄法制の整備は、平成8年の民事訴訟法改正の際にも検討の対象とされましたが、立法は見送られました。その経緯は次のとおりです。

1　平成2年7月に法制審議会民事訴訟法部会において開始された民事訴訟法の全面的な見直しにおいて、国際裁判管轄に関する規定の整備が検討事項として取り上げられました。すなわち、「民事訴訟手続に関する検討事項」（平成3年12月公表）は、①「国際的な民事訴訟事件に対処するため、国際裁判管轄に関する規定を新たに設けるものとするとの考え方」、②「国際的訴訟競合が生じている場合には、裁判所は、一定の要件の下に、係属する訴訟の手続を中止することができるものとするとの考え方」を国際民事訴訟に関する検討事項として掲げ、関係各界に対する意見照会が行われました。

これに対し、関係各界から様々な意見が寄せられましたが、上記①については、圧倒的多数が賛成の意見でした。また、上記②については、賛成の意見が多数であったものの、国際的訴訟競合が生じた場合の取扱いをめぐっては、学説も分かれている状況にあるので、規定を設けるのは適当ではないなどの反対意見もありました。

2　その後、上記部会の下に設置された民事訴訟法部会小委員会において検討が進められ、国際裁判管轄に関する規定を設ける場合の方式として、(i)国内土地管轄規定とは別個独立に国際裁判管轄に関する規定群を設ける方式、(ii)国内土地管轄規定を基本的に準用しつつ、そのまま準用することが適当でない規定について、その準用を除外し、又は準用に際して修正を加えるなどする方式、(iii)国際裁判管轄の管轄原因等に関する具体的な規定は設けないで、国際裁判管轄の決定に関する抽象的な基準だけを定める方式等が議論されました。しかし、審議のための期間に制約があることなども考慮され、平成5年12月に公表された「民事訴訟手続に関する改正要綱試案」では、上記(iii)の方式を前提とした上で、「国内土地管轄規定の定める管轄原因が我が国にあるときは、我が国の裁判所で審理及び裁判をすることが相当ではな

いと認められる一定の場合を除き、我が国に管轄権がある旨の規定を設けるかどうかについて、なお検討する。」とされました。

　同様に、国際的訴訟競合についても、「国際的訴訟競合が生じている場合には、裁判所は、一定の要件の下に、係属する訴訟の手続を中止することができるものとするかどうかについて、なお検討する。」とされるにとどまりました。

　3　その後も、国際裁判管轄の法制化についての検討は続けられましたが、国際裁判管轄について具体的な準則を設けることについては、その準則の内容をめぐって、多数の論点があって見解が対立しているため、限られた期間内に成案を得ることは困難であると考えられたことや、当時、ヘーグ国際私法会議において国際裁判管轄に関する条約の作成についての議論が開始され、その動向を見守る必要があったことなどが考慮され、最終的な立法は見送られました。

　また、国際的訴訟競合についても、ヘーグ国際私法会議において議論がされる予定であり、条約の採択を待って国内の議論を進める方がより抜本的な解決ができると考えられたことから、最終的な立法は見送られました。

Q5 ヘーグ国際私法会議における条約交渉が合意に至らなかったのは、なぜですか。

A ヘーグ国際私法会議は、米国の提案を受け、1996年（平成8年）、国際裁判管轄及び外国判決の承認・執行に関する包括的な多国間条約（「民事及び商事に関する裁判管轄及び外国判決に関する条約」）の作成作業に着手し、1999年（平成11年）10月、特別委員会において、条約準備草案（以下「1999年草案」といいます）を採択しました。1999年草案における国際裁判管轄に関する規定は、普通裁判籍、特別裁判籍（契約事件、不法行為等）、個別紛争類型（消費者契約事件、労働契約事件）、合意管轄、応訴管轄、訴訟競合、管轄権を行使しない例外的事情等、包括的なものでした。

1999年草案は、条約採択に向け、2000年（平成12年）に開催予定の外交会議において審議される予定でしたが、米国の強い反対により、外交会議は延期され、その後、2001年（平成13年）6月に開催された外交会議においても、各国間の意見の対立は解消しませんでした(注)。

こうした各国間の意見の対立の背景としては、米国と欧州とでは国際裁判管轄に対する基本的な考え方が異なることを挙げることができます。すなわち、米国では、訴えの類型ごとに管轄権の基準を定めるのではなく、合衆国憲法の適正手続条項による一般的な制約の下で、被告と法廷地との関連性に着目して管轄権の有無を定めるのに対し、欧州の多くの国では、請求権ごとに管轄権の基準を定めており、ブリュッセル条約及びルガノ条約も同様です。

このように、交渉に参加した各国の意見の調整は困難であり、1999年草案の審議の見通しが立たなくなったことから、ヘーグ国際私法会議は、その対象範囲を限定することとし、最終的には、2005年（平成17年）6月、管轄合意条約が採択されました。この条約は、専属的管轄合意を適用範囲とするものであり、その適用範囲は限定されたものとなっています。

（注）1999年草案をめぐる外交交渉の状況については、道垣内正人「ヘーグ裁判管轄外国判決条約案の修正作業——外交会議の延期と打開案の模索」ジュリ1194号72頁（2001年）参照。

Q6 国際裁判管轄に関する単行法ではなく、民事訴訟法及び民事保全法の改正という法形式を採用したのは、なぜですか。

A 今回の改正では、民事訴訟法及び民事保全法の一部改正により、国際裁判管轄に関する法整備が行われました。

　今回の改正に当たり、国際裁判管轄に関する単行法を制定する形式ではなく、民事訴訟法等の改正という法形式が選択された理由としては、第1に、国際裁判管轄の規律は、民事訴訟法の規定する国内土地管轄と密接に関連し、連続性を有するものであり、同一の法令において規律することが利用者の便宜にかなうと考えられることが挙げられます。すなわち、財産権上の訴え等が提起されると、まず、国際裁判管轄に関する規定が適用されて日本の裁判所が管轄権を有するかどうかが定められ、日本の裁判所の管轄権が肯定される場合には、次に、民事訴訟法等における国内土地管轄に関する規定が適用されて国内の管轄裁判所が定められることとなりますが、このように、実際に審理判断を行う裁判所を定めるに当たっては、国際裁判管轄の規律と国内土地管轄の規律とが一体的に適用されることとなりますので、同一の法令において規律する方が、その対応関係がより明確になり、利用者の便宜に資すると考えられます。

　第2に、今回の改正により設けられる国際裁判管轄の規律は、広く財産権上の訴え及び保全命令事件に一般的に適用されるものであり、その規律の対象が民事訴訟法及び民事保全法と同様であることが挙げられます。

　第3に、破産法等の倒産処理手続に関する国際裁判管轄については、既にそれぞれの法律に国際裁判管轄に関する規定（同法第4条等）が設けられていることも考慮されています。

Q7 人事に関する訴えが改正法の対象とされていないのは、なぜですか。

A 離婚、養子縁組、認知等の人事に関する訴えについても、国際的な要素を有するものが少なくありませんが、人事訴訟法には国際裁判管轄に関する明文の規定はなく、実務は、最高裁判所の判例が示した準則に沿って運用されています(注1)。

したがって、人事に関する訴えの国際裁判管轄についてもその整備の必要性はあると考えられますが、人事に関する訴えの手続は、同様に家庭に関する事件である点で、家事審判手続とも関連性を有することから、その国際裁判管轄を検討するに当たっては、家事審判手続の国際裁判管轄も含めて総合的に検討する必要があります(注2)。

ところで、家事審判手続については、平成21年2月、法務大臣から法制審議会に対し、非訟事件手続法及び家事審判法の現代化についての諮問がされ、これを受けて設置された法制審議会非訟事件手続法・家事審判法部会における調査審議を経て、非訟事件手続法及び家事審判法の見直しに関する要綱案が決定され、これを踏まえて立案された家事事件手続法案が第177回国会（常会）に提出されました。同法案は、平成23年5月19日に成立し、同月25日、家事事件手続法（平成23年法律第52号）として公布されたところであり、家事審判手続の国際裁判管轄は、家事事件手続法を踏まえてさらに検討する必要があります。

そこで、改正法は、平成8年の民事訴訟法改正の際にも検討された財産権上の訴え及びその保全命令事件を対象とすることとし、人事に関する訴え及び人事訴訟を本案とする保全命令事件については適用しないこととしています（附則第5条）。

（注1）　例えば、最大判昭和39年3月25日民集18巻3号486頁は、外国人間の離婚事件について、「離婚の国際的裁判管轄権の有無を決定するにあたつても、被告の住所がわが国にあることを原則とすべき」であるが、「原告が遺棄された場合、被告が行方不明である場合その他これに準ずる場合」には、原告の住所が日本国内にあれば、日本の裁判所の管轄権を認めることができると判示しています。

（注2） 人事に関する訴えと家事審判はいずれも家庭に関する事件をその対象に含む点で共通している上、離婚訴訟及び婚姻取消訴訟の附帯処分である子の監護に関する事項、財産分与等に関する事項は、家事審判事項とされています。さらに、家事調停を行うことができる事件について訴えを提起しようとする当事者は、まず調停を申し立てなければならず（家事審判法第18条第1項、家事事件手続法第257条第1項）、婚姻又は養子縁組の無効又は取消しの訴え等、所定の訴えに係る事項についての家事調停の手続において、必要な要件を充足するときは、「合意に相当する審判」をすることができるとされ（家事審判法第23条、家事事件手続法第277条）、また、この合意に相当する審判の対象となる事項以外の家事調停の手続では、裁判所は、調停が成立しない場合において、相当と認めるときは、事件の解決のため離婚、離縁その他の必要な審判をすることができるとされています（家事審判法第24条、家事事件手続法第284条第1項）。

Q8

国際裁判管轄とは、どのような意義を有しますか。また、改正法において、国際裁判管轄を意味するものとして「管轄権」という用語を用いているのは、なぜですか。

A 　民事上の紛争に関する訴えを提起された裁判所が審理判断をするには、その裁判所がその訴えについて民事裁判権を有することが必要です。国際裁判管轄は、国際的な視点からは、いずれの国の裁判所に裁判権を配分することが妥当かという問題ですが、国内の法制としては、日本の裁判所に民事裁判権が帰属するかどうかを定める基準であると考えられます。

　民事訴訟法において、「管轄権」という用語は、土地管轄の観点から裁判所が有する権限を意味する場合等に用いられています（第6条、第6条の2等）。国際裁判管轄も、いかなる場合に日本の裁判所が訴えについて審理判断をする権限を有するかという問題であり、広い意味での土地管轄の問題であることから、改正法は、民事訴訟法の規律との整合性を考慮し、国際裁判管轄を意味する用語として「管轄権」という用語を用いています。

　なお、他の法令においても、国際裁判管轄を意味するものとして「管轄権」という用語が用いられているものがあります。例えば、対外国民事裁判権法第9条第2項第6号においては、国際裁判管轄を意味するものとして「管轄権」という用語が用いられ、船舶油濁損害賠償保障法第12条第1項においても、国際裁判管轄との意味で「管轄権」という文言が用いられています。

Q9 国際裁判管轄に関する規定と、民事訴訟法上の国内土地管轄に関する規定とは、どのような関係にありますか。

A 国際裁判管轄に関する規定は、日本の裁判所が管轄権を有する範囲を定めるものであり、他方、国内土地管轄に関する規定は、日本の裁判所が管轄権を有することを前提とした上で、日本国内のいずれの裁判所(東京地方裁判所、大阪地方裁判所等)が管轄権を有するかを定めるものです。

したがって、訴えが提起されると、まず、国際裁判管轄に関する規定により、日本の裁判所に訴えを提起することができるかどうかが定まり、次に、国内土地管轄に関する規定により、日本国内のいずれの裁判所に訴えを提起することができるかどうかが定まることとなります。

このように、国際裁判管轄に関する規律は、日本の裁判所に民事裁判権が帰属するかどうかを定める基準であることから、渉外的な要素を含む事案のみならず、渉外的な要素を含まない純然たる国内事件についても適用されます。しかし、純然たる国内事件で、両当事者が日本国内に住所等を有する場合には、日本の裁判所の管轄権が否定されることは考え難いので(第3条の2等)、国際裁判管轄が問題となるのは、主として、被告が外国に居住している場合等の渉外的要素を含む事案であると考えられます。

Q10 改正法が定める国際裁判管轄の基準と国内土地管轄の基準とが異なるのは、どのような場合ですか。

A 1 国際裁判管轄と国内土地管轄は、いずれも広義の土地管轄の問題であり、いずれの規律も、当事者間の衡平及び適正かつ迅速な裁判の実現等の理念に基づき、事案の性質、応訴による被告の負担の程度、証拠の所在地等を考慮して定められる点で共通します。

しかし、国内土地管轄の規律は、同一の法制度、訴訟手続、使用言語を前提として、日本国内のいずれの裁判所が管轄を有するかを定めるものであり、当事者間の衡平を図るため必要があると認めるときは、日本国内の他の管轄裁判所に訴訟を裁量移送することができます（第17条）。

これに対し、国際裁判管轄の規律は、日本の裁判所に提起された訴えにつき日本の裁判所がその訴えについて管轄権を有するかどうかを定めるものであり、裁判所は外国の裁判所に事件を移送することにより当事者間の衡平を図ることはできません。日本に居住する原告が外国に居住する被告に対し訴えを提起した場合を考えると、外国に居住する被告は、日本の裁判所に管轄権が認められる場合には、日本の裁判所で応訴することを余儀なくされ、逆に、日本に居住する原告は日本の裁判所の管轄権が否定される場合には、言語、法制度、訴訟手続の異なる外国の裁判所で訴訟提起することを余儀なくされますので、日本の裁判所が管轄権を有するかどうかにより、当事者の負担は大きく異なることとなります。また、外国に所在する物的証拠を収集し、また外国に居住する証人の尋問をすることとなれば、審理に要する期間は長くなりますから、適正かつ迅速な裁判の実現という観点からは、国内土地管轄を定める場合にもまして証拠の所在地が重要となります。

このように、国際裁判管轄の規律と国内土地管轄の規律とは、その基礎となる理念を共有するものの、国際裁判管轄の判断は、国内土地管轄の判断と比べて、当事者及び裁判所の審理判断に与える影響が大きいことや、国際取引の実情等を踏まえる必要があることから、国内土地管轄とは異なる規律を設ける必要が生じる場合があります。また、国際裁判管轄の規律が外国判決の承認・執行の要件（いわゆる間接管轄）になることも考慮する必要があり

ます。

2　改正法により設けられた国際裁判管轄に関する規定と民事訴訟法で定められている国内土地管轄に関する規定とで規律が異なる場合を例示すると、次のとおりです（各規定の趣旨・内容については、該当部分の解説参照）。

(1)　**同一の訴えについて規律が異なる場合**

例えば、不法行為に関する訴えの国内土地管轄は、「不法行為があった地」（第5条第9号）を管轄する裁判所に認められますが、国際裁判管轄については、「不法行為があった地」を管轄の原因としつつも、加害行為地が外国にあり、結果発生地が日本にある場合において、日本国内におけるその結果の発生が通常予見することのできないものであったときは、日本の裁判所に訴えを提起することはできないものとしています（第3条の3第8号）。

(2)　**国内土地管轄には存在しない規律を設けている場合**

今回の改正により、消費者契約に関する訴え（第3条の4第1項及び第3項）、労働関係に関する訴え（同条第2項及び第3項）、知的財産権のうち設定の登録により発生するものの存否又は効力に関する訴え（第3条の5第3項）等について、国際裁判管轄に関する規定が設けられましたが、これらの訴えについての国内土地管轄に関する規定はありません。

(3)　**国内土地管轄に存在する規律を置いていない場合**

国内土地管轄については、船員に対する財産権上の訴え（第5条第3号）、船舶所有者その他船舶を利用する者に対する船舶又は航海に関する訴え（同条第6号）等についての特別な規定がありますが、今回の改正法では、これらの訴えについての国際裁判管轄に関する規定は設けられていません。

Q11 改正法で設けられた国際裁判管轄に関する規定相互間の関係は、どのようなものですか。

A 国際裁判管轄の原因は、一つの訴えにおいて複数存在することがあり得ることから、国際裁判管轄に関する規定相互間の関係が問題となります。

1　まず、訴えの管轄権について日本の裁判所に専属する旨の法令の定めがある場合（いわゆる法定専属管轄の規定が適用される場合）には、その定めが他の管轄原因を定める規律に優先して適用され（第3条の10参照）、法定専属管轄の原因となる事由が日本にあるときは、日本の裁判所にのみ訴えを提起することができ、逆に、法定専属管轄の原因となる事由が日本にないときには、他の管轄原因が日本にあっても、日本の裁判所に訴えを提起することはできないこととなります。

したがって、例えば、日本の裁判所に提起された登記又は登録に関する訴えにおいて、その登記又は登録をすべき地が国内にある場合には、他の管轄原因の有無にかかわらず、日本の裁判所が管轄権を有することとなります（第3条の5第2項）。逆に、日本の裁判所に提起された登記又は登録に関する訴えにおいて、その登記又は登録をすべき地が外国にある場合には、被告の住所が日本にあり、第3条の2第1項を適用すれば日本の裁判所に管轄権が認められるときであっても、第3条の5第2項が優先して適用され、訴えが却下されることとなります。

2　次に、特定の国の裁判所にのみ訴えを提起することができる旨の合意（専属的な国際裁判管轄の合意）が有効と認められる場合には、法令により定められた法定専属管轄以外の管轄原因に優先することとなります。

したがって、例えば、日本の裁判所に提起された売買代金の支払を求める訴えにおいて、日本の裁判所を専属的な管轄裁判所とする旨の国際裁判管轄の合意がある場合には、他の管轄原因（法定専属管轄の原因を除く）の有無にかかわらず、日本の裁判所が管轄権を有することとなります。逆に、外国の裁判所を専属的な管轄裁判所とする旨の国際裁判管轄の合意の存在が本案前の抗弁として主張され、その合意が有効と認められる場合には、他の管轄原

因（法定専属管轄の原因を除く）が日本にある場合であっても、訴えが却下されることとなります。

　3　第3に、法定専属管轄以外の管轄原因又は専属的ではない国際裁判管轄の合意については、適用順序又は優先関係はありませんので、いずれかの管轄原因が日本にあり、又はその訴えについて日本の裁判所に訴えを提起することができる旨の国際裁判管轄の合意がある場合には、日本の裁判所が管轄権を有することとなります。

　したがって、例えば、日本の裁判所に提起された不法行為に関する訴えにおいて、不法行為があった地が外国にあることから第3条の3第8号の要件を満たさないとしても、被告の住所地が日本国内にあり第3条の2第1項の要件を満たす場合や、被告の差押可能な財産が日本国内にあり第3条の3第3号の要件を満たす場合には、日本の裁判所が管轄権を有することとなります。

Q12 今回の改正は、外国裁判所のした確定判決の承認・執行に関し、どのような影響を及ぼしますか。

A 　外国裁判所の確定判決の承認については民事訴訟法第118条に、承認要件を満たす外国裁判所の確定判決の執行については民事執行法第24条に、それぞれ規定がありますが、改正法は、これらの条項を改正するものではありません。

　しかし、民事訴訟法第118条第1号にいう「法令又は条約により外国裁判所の裁判権が認められること」との要件（いわゆる間接管轄の要件）を満たすかどうかは、承認国である我が国の国際裁判管轄に関する規定を適用した場合に、その事件について当該外国裁判所が国際裁判管轄を有すると認められるかどうかによると解するのが通説であり（注）、新法の国際裁判管轄に関する規定は、外国裁判所の確定判決を承認・執行する際の判断基準となります。

　したがって、改正法で定められた国際裁判管轄に関する規定は、その限度で、外国裁判所の確定判決の承認・執行に影響を及ぼすものということができます。

（注）　直接管轄とは、ある訴えについて、具体的にどの国の裁判所に裁判権が認められるか（どの国の裁判所に訴えを提起することができるか）という問題であるのに対し、間接管轄とは、承認要件としての外国裁判所の裁判権が認められるかという問題であり、通説は、原則として直接管轄と間接管轄は一致するとの前提に立ち、承認国たる我が国の直接管轄規範を当該事件について仮定的に適用し、判決国裁判所が国際裁判管轄を有する場合に間接管轄が認められるとしています（秋山幹男＝伊藤眞＝加藤新太郎＝髙田裕成＝福田剛久＝山本和彦『コンメンタール民事訴訟法Ⅱ〔第2版〕』514頁（日本評論社、2006年））。なお、最三判平成10年4月28日民集52巻3号853頁は、間接管轄の範囲について、基本的には我が国の民事訴訟法の定める土地管轄に関する規定に準拠しつつ、個々の事案における具体的事情に即して、条理に照らし判断すべきものである旨判示しています。

Q13 改正法が定める国際裁判管轄と、対外国民事裁判権法及び法適用通則法が定める事項とは、どのような関係にありますか。

A 1 改正法は、国際的な要素を有する財産権上の訴え及び保全命令事件に関して日本の裁判所が管轄権を有する場合等について規定しています。これに対し、対外国民事裁判権法は、主として外国等が被告である場合において、外国等に対して日本の民事裁判権が及ぶ範囲を規定するものであり(注)、また、法適用通則法は、いずれの国の法律がその紛争に適用されるかを規定するものです。

2 国際的な要素を有する訴えが日本の裁判所に提起された場合、裁判所は、①改正法の規定により、日本の裁判所が管轄権を有するかどうかを判断し、②特に被告が外国等である場合には、対外国民事裁判権法により、日本の裁判所の裁判権が及ぶかどうかを判断し、日本の裁判所の裁判権が及ぶ場合には、③法適用通則法を適用し、その紛争についていずれの国の法律が適用されるかを判断することとなります。

(注) 国際裁判管轄の規律は、日本の裁判所が行使し得る民事裁判権の範囲を定めるものであり、当事者間の衡平や適正かつ迅速な裁判の実現等の観点から、一定の事由が存在する場合に日本の裁判所に訴えを提起することができることを定めるものですが、対外国民事裁判権法における裁判権からの免除は、国際法上の国家主権の尊重という要請に基づき、外国国家という特定の主体について対人的に民事裁判権の行使を制限するとの問題であると考えられます。両者は、いずれも訴訟要件であり、広義の民事裁判権の問題ということができますが、異なる観点に立つものです。

なお、外国国家を被告とする民事訴訟においては、訴えの却下を求める理由として、国際裁判管轄がないという主張と対外国民事裁判権法に基づく我が国の裁判権からの免除の主張がともにされることがあり得ますが、裁判所はいずれの主張を先に取り上げて判断することもできると考えられます。

Q14 我が国の民事訴訟法以外の法令又は我が国が締結している条約において、国際裁判管轄に関する規定を有するものはありますか。

A 民事訴訟法には、例えば、日本国内に住所がない者等に対する財産権上の訴えに関する管轄（第5条第4号）等、国際的な要素のある民事訴訟を念頭に置いた規定と解されるものもありますが、今回の改正前は、国際裁判管轄についての明文の規定はありませんでした。

我が国の民事訴訟法以外の法令においては、例えば、法適用通則法第5条に後見開始、保佐開始又は補助開始の審判の規定が、同法第6条に失踪の宣告の国際裁判管轄についての規定が、それぞれ置かれています。また、破産法、民事再生法、会社更生法等の倒産処理手続に関する国際裁判管轄については、それぞれの法律に国際裁判管轄に関する規定（破産法第4条、民事再生法第4条、会社更生法第4条等）が置かれています。

我が国が締結している条約においては、例えば、1999年（平成11年）に成立した国際航空運送についてのある規則の統一に関する条約（モントリオール条約）第33条1及び2、1992年の油による汚染損害についての民事責任に関する国際条約第9条2等に国際裁判管轄に関する規定が置かれています。

Q15 諸外国又は条約においては、国際裁判管轄に関し、どのようなルールが設けられていますか。

A 1 国際裁判管轄に関する地域的な条約としては、ヨーロッパ域内におけるブリュッセル条約、ルガノ条約及びブリュッセルⅠ規則があります。ブリュッセル条約は、1968年（昭和43年）にヨーロッパ共同体構成国間において、裁判管轄規則及び判決の承認・執行に関する手続の統一及び簡素化を目指して締結されたものです。その後、1988年（昭和63年）には、ヨーロッパ自由貿易連合（EFTA）構成国を取り込む形でルガノ条約が締結され、2000年（平成12年）には、ブリュッセル条約を一部改正し、規則化したものとして、ブリュッセルⅠ規則が制定されました。なお、ルガノ条約はその後改正され、改正ルガノ条約は2010年に発効しています。これらの条約及び規則は、同一の基本原則を根拠とし、類似する内容の規定を多数含んでいます。

なお、ヘーグ国際私法会議における交渉の結果採択された管轄合意条約は、民事又は商事に関して締結されたいわゆる専属的な管轄合意をその対象とするものです[注]。

2 国内法で国際裁判管轄に関する規定を有する国としては、オーストリア、スイス及び韓国等があり、さらに、ドイツでは国内土地管轄に関する民事訴訟法の規定が国際裁判管轄にも適用され、米国では判例により国際裁判管轄の基準が定められています。

（注）管轄合意に関する条約は、平成23年12月現在、メキシコが加入し、米国とECが署名しています。

第2章 民事訴訟法改正関係

第1節　被告の住所等による管轄権（第3条の2関係）

[第1項関係]

> （被告の住所等による管轄権）
> 第3条の2　裁判所は、人に対する訴えについて、その住所が日本国内にあるとき、住所がない場合又は住所が知れない場合にはその居所が日本国内にあるとき、居所がない場合又は居所が知れない場合には訴えの提起前に日本国内に住所を有していたとき（日本国内に最後に住所を有していた後に外国に住所を有していたときを除く。）は、管轄権を有する。
>
> 参考
> （普通裁判籍による管轄）
> 第4条　訴えは、被告の普通裁判籍の所在地を管轄する裁判所の管轄に属する。
> 2　人の普通裁判籍は、住所により、日本国内に住所がないとき又は住所が知れないときは居所により、日本国内に居所がないとき又は居所が知れないときは最後の住所により定まる。

Q16　被告の住所、居所等が日本国内にある場合に、日本の裁判所が管轄権を有するとしたのは、なぜですか。

A　1　第3条の2第1項は、自然人に対する訴えについて、被告の住所、居所等が日本国内にある場合に、日本の裁判所が管轄権を有すると定めています。これは、国際的な事案においても、相当な準備をして訴えを提起することのできる原告と、不意に訴えを提起されて応訴を余儀なくされる被告との間の衡平を図る必要があるからであり、国内土地管轄に関する第4条第1項及び第2項と同様の趣旨に基づくものです。

2　第3条の2第1項は、第1次的には被告の住所、第2次的には被告の居所を基準として、日本の裁判所の管轄権の存否を定めることとしています。同項の「住所」は、日本国内における住所のみならず外国における住所も含みますから、訴え提起の時点において被告が外国に住所を有すると認められる場合には、同時に日本国内に居所を有するときであっても、日本の裁判所は訴えについて管轄権を有しないこととなります(注1)。

3　第3条の2第1項は、国内外に被告の住所も居所もない場合又はその所在が知れない場合には、被告の最後の住所を基準に日本の裁判所の管轄権の存否を定めることとしています。ただし、裁判所が外国における住所の有無も含めて調査をし、日本国内に被告の最後の住所が存在したかどうかを認定することは困難であることから、訴えの提起前に被告が日本国内に住所を有していたと認められるときは、原則として日本の裁判所が管轄権を有するものとした上で、被告が日本国内に最後の住所を有していた後、訴えの提起前に外国に住所を有していたと認められる場合には、日本の裁判所は管轄権を有しないものとしています。

4　第3条の2第1項における「住所」は、生活の本拠を意味し、「居所」は、生活の本拠ではないものの多少の時間継続して居住する場所を意味します。「住所」や「居所」の概念は国によって異なることから、被告が住所等を有するかどうかを判断する場合に、被告が所在する国の法令によるのか、我が国の法令によるのかが問題となりますが、日本の裁判所の管轄権の及ぶ範囲は、法廷地法である我が国の民事訴訟法により定められるべき手続的事項であることから、住所等の有無は民事訴訟法上の住所等の概念に基づいて判断されるべきであると考えられます。したがって、被告が外国に居住している場合であっても、その地が生活の本拠といえるかどうかにより、住所の有無が判断されることとなります(注2)。

（注1）　民法第23条第2項本文は、日本に住所を有しない者について、日本における居所をその者の住所とみなすと定めていますが、同項ただし書は、準拠法を定める法律に従いその者の住所地法によるべき場合は、この限りではないと規定しています。この規定は、国際私法の規律により、住所が準拠法決定の基準とされている場合には、我が国にある居所をもって住所とみなさず、外国にある住所が準拠法の決定基準となることを注意的

に規定したものであるとされています。第3条の2第1項は、日本国内に居所がある場合であっても、外国に住所がある場合には、日本の裁判所が管轄権を有しないと定めており、第1次的には被告の住所を管轄権の有無の決定基準とするものであることから、民法第23条第2項ただし書と同様の趣旨に基づき、同項本文の規定は適用されないものと考えられます。

　(注2)　なお、法適用通則法第5条に規定されている後見開始等の審判の国際裁判管轄については、法制審議会国際私法（現代化関係）部会において、「常居所」と「住所」のいずれを管轄の原因をすべきかが議論されましたが、最終的には、「住所」が基準とされました（その経緯及び理由については、小出邦夫編著『逐条解説 法の適用に関する通則法』58頁（商事法務、2009年）参照）。

　(参考)　ブリュッセルⅠ規則第2条1、ブリュッセル条約第2条第1項等は、被告が住所を有する国の裁判所に国際裁判管轄を認めています。

[第2項関係]

(被告の住所等による管轄権)
第3条の2
2　裁判所は、大使、公使その他外国に在ってその国の裁判権からの免除を享有する日本人に対する訴えについて、前項の規定にかかわらず、管轄権を有する。

参考
(普通裁判籍による管轄)
第4条
3　大使、公使その他外国に在ってその国の裁判権からの免除を享有する日本人が前項の規定により普通裁判籍を有しないときは、その者の普通裁判籍は、最高裁判所規則で定める地にあるものとする。

Q17　大使、公使等接受国の裁判権からの免除を享有する日本人に対する訴えについて、日本の裁判所が管轄権を有するとしたのは、なぜですか。

A　日本から外国に派遣される大使、公使等の外交官やその家族等は、原則として、派遣された国（接受国）の裁判権から免除されることから、これらの者に対する訴えを接受国の裁判所に提起することはできません。

　しかし、これらの者に対する訴えについても、世界中のどこかに少なくとも一つは国際裁判管轄が認められる地が存在するようにする必要があることから、第3条の2第2項は、外国に在ってその国の裁判権からの免除を享有する大使、公使等が日本人である場合には、これらの者に対する訴えについて、日本国内に住所等を有するか否かにかかわらず、日本の裁判所が管轄権を有するとしています(注)。

　(注)　第3条の2第2項については、接受国の裁判権からの免除を享有する日本人の外交官が私用で接受国以外の第三国を旅行中に交通事故を起こした場合に、その外交官に対する訴えを、日本の裁判所に提起することができるかが問題となり得ます。この点については、解釈に委ねられることとなりますが、同項が普通裁判籍に相当する規定であること

に照らすと、当該第三国の裁判所に特別裁判籍に相当する管轄権が認められる可能性があるとしても、接受国の裁判権から免除されて住所のある国の裁判所に管轄権が認められない以上、日本の裁判所が管轄権を有すると解することも可能であると考えられます。

Q18 改正法が、外国国家に対する訴えの国際裁判管轄についての規定を設けなかったのは、なぜですか。

A 改正法においては、外国国家を被告とする訴えについて、普通裁判籍に相当する規定は設けられていません。これは、外国国家の本拠が外国にあることは明らかであることに基づくものですが、外国国家を被告とする訴えについても、第3条の3以下の規定（例えば、事務所又は営業所の所在地による管轄権（同条第4号）、不法行為に関する訴えの管轄権（同条第8号）等）により日本の裁判所の管轄権が認められる場合はあると考えられます。ただし、外国国家を被告とする訴えについて、改正法を適用すれば日本の裁判所に管轄権が認められることとなる場合であっても、対外国民事裁判権法に基づき当該外国国家に日本の裁判所の裁判権が及ばないとして、訴えが却下される場合があります。

[第3項関係]

> **(被告の住所等による管轄権)**
> 第3条の2
>   3　裁判所は、法人その他の社団又は財団に対する訴えについて、その主たる事務所又は営業所が日本国内にあるとき、事務所若しくは営業所がない場合又はその所在地が知れない場合には代表者その他の主たる業務担当者の住所が日本国内にあるときは、管轄権を有する。
>
> 参考
> **(普通裁判籍による管轄)**
> 第4条
>   4　法人その他の社団又は財団の普通裁判籍は、その主たる事務所又は営業所により、事務所又は営業所がないときは代表者その他の主たる業務担当者の住所により定まる。
>   5　外国の社団又は財団の普通裁判籍は、前項の規定にかかわらず、日本における主たる事務所又は営業所により、日本国内に事務所又は営業所がないときは日本における代表者その他の主たる業務担当者の住所により定まる。

Q19　法人その他の社団又は財団に対する訴えについて、その主たる事務所又は営業所が日本にあるときに、日本の裁判所が管轄権を有するとしたのは、なぜですか。

A　1　第3条の2第3項は、法人その他の社団又は財団に対する訴えにつき、①その主たる事務所又は営業所が日本国内にあるとき、②その事務所若しくは営業所がない場合又はその所在地が知れない場合において、その代表者その他の主たる業務担当者の住所が日本国内にあるときには、日本の裁判所が管轄権を有すると定めています。これは、法人その他の社団又は財団に対する訴えについても、自然人に対する訴えの場合と同様に、その住所地に相当する地のある国の裁判所に国際裁判管轄を認めることが相当であると考えられることによります。

　　2　第3条の2第3項の「法人その他の社団又は財団」には、その社団又は財団が日本の法人等の場合には、①権利能力を有する法人、②権利能力は

有しないものの代表者又は管理人の定めがあることにより当事者能力が認められる社団又は財団が含まれ（第29条参照）、外国の法人等の場合には、①本国法（設立準拠法）において権利能力が認められているもの、②外国及び外国の行政区画、外国会社、外国の非営利法人で法律又は条約によって認許されたもの（民法第35条第1項参照）、③①、②のいずれにも該当しないが、第29条の要件を満たすものが含まれます。

3　第3条の2第3項の「事務所」とは、非営利法人がその業務を行う場所、「営業所」とは、営利法人がその業務を行う場所を意味し、「代表者その他の主たる業務担当者」とは、法人にあっては代表理事、会社にあっては代表取締役・執行役、法人でない社団又は財団にあっては代表者若しくは管理人又はこれらの者に準ずる代表清算人等をいいます(注)。

4　第3条の2第3項は、「事務所若しくは営業所がない場合又はその所在地が知れない場合」と規定して、事務所又は営業所がないときのみならず、その所在地が知れないときも規律の対象としています。これは、我が国においては、商業登記・法人登記制度が存在するため、法人の事務所又は営業所の有無を把握することが可能ですが、外国においては、商業登記等の公示制度が存在するとは限らず、法人等の外国における事務所又は営業所の有無を把握することが困難な場合があることに基づくものです。

　（注）　法人について、登記簿上の主たる営業所と実質的な活動の本拠とが異なる場合には、いずれが第3条の2第3項にいう「主たる営業所」に当たるのかという問題があります。同項は、法人が実質的に本拠として活動している国の裁判所に管轄権を認めるものであり、「主たる営業所」とは、法人の実質的な活動の本拠を意味しますので、実質的な活動の本拠となっている営業所が「主たる営業所」に該当すると考えられます。ただし、法人の商業登記簿上の主たる営業所が形骸化しているにもかかわらず、原告がその事実を知らず、その営業所のある国の裁判所に訴えを提起した場合において、被告が、実質的な活動をしている営業所は別の国にあると主張して、国際裁判管轄の欠缺を主張することができるかどうかについては、各事案における裁判所の判断に委ねられることとなります（なお、大決大正15年7月10日大審院民事判例集5巻558頁は、本店を移転したものの登記を移転しない間に、現在の登記地の裁判所に破産申立てがされた事案において、登記地に本店がないことを善意の第三者に対抗することができないと判示しています）。

　（参考）　ブリュッセルⅠ規則第60条1は、法人の定款上の本拠、管理の中心地又は主

たる営業所の所在地を普通裁判籍として認め、ブリュッセル条約第53条第1項は、法人の本拠を普通裁判籍として認めています。

Q20 第3条の2第3項の規定は、最高裁判例（マレーシア航空事件）を変更するものですか。

A 1　前掲最二判昭和56年10月16日（マレーシア航空事件）は、日本人が外国において外国の国内線の航空券を購入したところ、その航空機が外国で墜落したことから、死亡した被害者の遺族が、損害賠償を求めて日本の裁判所に訴えを提起した事案ですが、この事件において、最高裁判所は、被告である外国航空会社が日本における代表者を定め、日本国内に営業所を有することを摘示して、日本の裁判所の管轄権を認めました。

この一般的説示をそのまま適用すると、同事件における外国人乗客の遺族も、すべて日本の裁判所において損害賠償を求める訴えを提起することができることとなりますが、本判決の射程がそこまで広範に及ぶかどうかは明らかではなく、むしろ、この事案は、原告が日本人の被害者の遺族であり、訴え提起の時に日本に住所を有していたという事情が考慮されているものと考えられます(注1)。

2　改正法は、法人その他の社団又は財団に対する訴えについて、主たる事務所又は営業所の所在地が日本国内にある場合に日本の裁判所の管轄権を認めるものであり（第3条の2第3項）、その事務所又は営業所が日本国内にあれば日本の裁判所の管轄権を一般的に認めるという考え方は採用していません(注2)。

その代わり、改正法は、マレーシア航空事件のような航空機の墜落事故の事案については、各事案における事実関係を踏まえ、特別裁判籍に相当する国際裁判管轄の原因を充足するかどうかを個別に検討することにより、当事者間の衡平と適正かつ迅速な審理の実現を図ることとしています。例えば、①被告が差し押さえることのできる財産を日本国内に有している場合には、第3条の3第3号により、②被害者が被告の日本における事務所又は営業所や、インターネット上に開設された日本人向けのウェブサイトを通じて航空券を購入した場合には、同条第4号又は第5号により、③不法行為があった地（加害行為地又は結果発生地）が日本国内にあるときは、同条第8号により、④当該航空運送に関する契約が消費者契約に該当する場合において、その契

約締結時又は訴え提起時における原告（消費者）の住所が日本国内にあるときは、第3条の4第1項により、それぞれ日本の裁判所に管轄権が認められる可能性があります(注3)。

　また、国際航空運送に関するモントリオール条約第33条は、旅客の死傷事故に基づく損害賠償の訴えの国際裁判管轄について、一定の要件の下、事故発生時の旅客の「主要かつ恒常的な居住地」の裁判所に提起することができると定めていることから、同条約が適用される航空機事故により死亡した乗客は、所定の要件を充足する限り、その事故発生時の住居地の裁判所に訴えを提起することができることとなります。

　3　このように、改正法は、外国会社その他の外国の社団又は財団に対する訴えについて、日本に事務所又は営業所があれば、一般的に日本の裁判所の管轄権を認めるのではなく、事案ごとの事実関係を踏まえて、第3条の2ないし第3条の4等に規定された国際裁判管轄の原因を充足するかどうかを個別に検討して、日本の裁判所が管轄権を有するかどうかを判断することにより、当事者間の衡平及び適正かつ迅速な審理の実現を図ることとしています(注4)。

　（注1）　マレーシア航空事件判決の最高裁判所判例解説も、「本件は、外国の航空会社の航空機に搭乗していて墜落事故により死亡した日本人の遺族が右会社を相手に損害賠償を訴求する事案であることが、その背景事情として措定されているものであることはいうまでもないから、右一般的説示を本件とは異なる事案にまで当然に適用してわが国の裁判管轄権を広汎に認めるべきものと断定したものとみることはできない」としています（最判解民事篇昭和56年度611頁）。

　（注2）　法制審議会国際裁判管轄法制部会においては、「被告が外国会社その他外国の社団又は財団である場合において、被告の日本における代表者の住所が日本国内にあるときは、日本の裁判所が管轄権を有するものとする」という考え方についても議論がされました（同部会配付資料8及び第2回会合議事録参照）。この考え方は、平成14年の商法改正により外国会社に対する営業所設置義務が撤廃されたことを踏まえ、外国の社団又は財団の日本における代表者の住所が日本国内にあれば、訴えに係る請求が我が国と何ら関係を有しない場合であっても、日本の裁判所の管轄権を認めるというものです。

　同部会では、被告の日本における代表者の住所が日本国内にあるとしても、訴えに係る請求が我が国と何ら関係のない場合にまで日本の裁判所に管轄権を認めるのは、過度に広範な管轄権を認めるものであって相当ではなく、日本の裁判所の管轄権を認めるためには、

当該請求が日本との相応の関連性を有することを要すべきであるなどの意見が大勢を占め、この考え方は採用されませんでした。

　（注3）　改正法によれば、マレーシア航空事件のような事案は、航空機事故で死亡した被害者が航空運送契約の締結時に日本国内に住所を有し、又はその相続人が訴え提起時に日本国内に住所を有する場合には、消費者契約に関する訴えとして、第3条の4第1項に基づき、日本の裁判所に管轄権が認められる可能性が高いと考えられます。

　（注4）　なお、被告の事務所と関連のない請求について日本で訴訟が提起された例として、東京地判昭和59年2月15日判時1135号70頁があります。この事案は、日本に駐在員事務所を有する米国銀行（被告）が、パナマ国法人（原告）に対し、カリフォルニア州に停泊中の原告所有船舶に対して差押えをしたところ、その差押えが不法行為に当たるとして、原告が、被告に対し、日本の裁判所に損害賠償請求訴訟を提起したものですが、裁判所は、被告の駐在員事務所の業務と訴えに係る請求とは関連がないことなどを指摘して、国際裁判管轄を否定しました。

Q21 外国の社団又は財団に対する訴えに関する国内土地管轄の規定（第4条第5項）と第3条の2第3項とは、どのような関係にありますか。

A 第3条の2第3項は、社団又は財団に対する訴えの国際裁判管轄について定め、第4条第5項は、同じ訴えの国内土地管轄について定めています。

　第3条の2第3項によれば、その主たる事務所又は営業所が日本国内にあるときには、日本の裁判所の管轄権が認められることとなるので、外国の社団又は財団に対する訴えは、原則として、同項により日本の裁判所の管轄権が認められることはありませんが、第3条の3各号のいずれかの要件を満たすことにより、日本の裁判所が管轄権を有する場合があります。

　その場合の国内土地管轄については、第4条第5項により、日本における主たる事務所又は営業所の所在地、日本国内に事務所又は営業所がないときは日本における代表者その他の主たる業務担当者の住所により定まることとなります。

第2節　契約上の債務に関する訴え等の管轄権（第3条の3関係）

[第1号関係]

> **（契約上の債務に関する訴え等の管轄権）**
> 第3条の3　次の各号に掲げる訴えは、それぞれ当該各号に定めるときは、日本の裁判所に提起することができる。
> 一　契約上の債務の履行の請求を目的とする訴え又は契約上の債務に関して行われた事務管理若しくは生じた不当利得に係る請求、契約上の債務の不履行による損害賠償の請求その他契約上の債務に関する請求を目的とする訴え　　契約において定められた当該債務の履行地が日本国内にあるとき、又は契約において選択された地の法によれば当該債務の履行地が日本国内にあるとき。
>
> 参考
> **（財産権上の訴え等についての管轄）**
> 第5条　次の各号に掲げる訴えは、それぞれ当該各号に定める地を管轄する裁判所に提起することができる。
> 一　財産権上の訴え　　義務履行地

Q22　第3条の3第1号は、どのような訴えを対象としていますか。また、同号において、契約において定められた債務の履行地が日本国内にあるとき、又は契約において選択された地の法によれば債務の履行地が日本国内にあるときに、その訴えを日本の裁判所に提起することができるとしたのは、なぜですか。

A　1　第3条の3第1号が対象とする訴えは、財産権上の訴えのうち、契約上の債務に関する訴えです。具体的には、①契約上の債務の履行の請求を目的とする訴え、及び②契約上の債務に関する請求を目的とする訴えを対象としています。同号にいう「契約上の債務に関する請求を目的とする訴え」は、債務の成立に関する訴えを除外するものではなく、債務

の種類も限定していません。

(1) 契約上の債務の履行の請求

上記①の「契約上の債務の履行の請求」とは、契約で定められた債務の履行を請求することをいい、例えば、売買契約で定められた代金の支払請求又は目的物の引渡請求等をいいます。

(2) 契約上の債務に関する請求

上記②の「契約上の債務に関する請求」には、(i)契約上の債務に関する事務管理に係る請求、(ii)契約上の債務に関する不当利得に係る請求、(iii)契約上の債務の不履行による損害賠償請求、(iv)その他契約上の債務に関する請求が含まれます。

不当利得の返還を求める訴えや不法行為に基づく損害賠償を求める訴えは、その性質は法定債権ですが、これらの請求が契約上の債務に関する請求である場合には、契約の当事者は、その契約上の債務の履行地がある国で解決されると予測し又は期待するのが通常であると考えられることから、契約上の債務の履行地が日本国内にある場合には、その契約上の債務に関する請求に係る訴えについても、日本の裁判所に提起することができるとしています。

上記(i)の例としては、受任者が委任の範囲を超えて義務なく受任者のために事務をした場合における費用償還請求を、上記(ii)の例としては、売買契約において、売主が買主の代金不払により契約を解除した場合における目的物返還請求を、上記(iii)の例としては、売買契約において買主が売主の目的物引渡義務の不履行により契約を解除した場合における債務不履行による損害賠償請求を、それぞれ挙げることができます。上記(iv)は、契約上の債務に関する訴えのうち、上記(i)ないし(iii)以外のものを含むものであり、その例としては、売買契約における目的物引渡義務に付随して発生する説明義務違反による損害賠償請求を挙げることができます。

2 次に、第3条の3第1号は、契約上の債務に関する訴えを日本の裁判所に提起することができる場合について、(a)契約において定められた当該債務の履行地が日本国内にあるとき、又は(b)契約において選択された地の法によれば当該債務の履行地が日本国内にあるときとしています。

上記(a)は、当事者が契約において債務の履行地を定めた場合です。例えば、

当事者が売買契約において代金の支払地を日本と定めた場合には、売主は買主に対する売買代金の支払を請求する訴えを日本の裁判所に提起することができることとなります。このような規定を設けたのは、契約において定められた債務の履行地が日本国内にあるときには、その債務の履行の請求を目的とする訴えは日本において解決することが当事者の意思にかなうと考えられるからです(注1)。

　上記(b)は、当事者が契約において準拠法を選択した場合です。例えば、当事者が売買契約において紛争を解決するための準拠法を日本法と定めたときは、日本の民法等により債務の履行地が日本国内にあれば、日本の裁判所に訴えを提起することができることとなります。このような規定を設けたのは、契約において選択された準拠法によれば債務の履行地が日本国内にあるときは、債務の履行地を当事者が予測することが可能であり、その債務の履行地がある日本の裁判所に管轄権を認めても当事者の予測に反しないと考えられるからです(注2)。

（注1）　契約において債務の履行地を定める場合には、明示の合意に限らず、黙示の合意も含むことが前提とされています。具体的にどのような場合に黙示の合意があると認められるかは、個々の事案において裁判所が認定することとなりますが、例えば、日本の企業間の取引に関する契約においては、明示的な契約条項がないとしても、日本を債務の履行地とする旨の黙示の合意があることが通常であると考えられます。

（注2）　国際物品売買契約に関する国際連合条約（ウィーン売買条約）第57条(1)は、契約に規定がない場合の代金支払場所（売主の営業所等）についての定めを置いていることから、同条約が適用される売買契約において債務の履行地が定められていない場合に、同条約第57条(1)により定まる債務の履行地を基準として日本の裁判所の管轄権を認めるべきかどうかが問題となります。

　しかし、国際取引では、支払場所を事前に合意し、支払を可能にするための諸措置を予め講じておくことが極めて重要であり、契約には、通常、支払場所及び方法について明確な定めが入っていることが多いと考えられます。また、契約の両当事者の営業所が異なる国に所在する当事者間の物品売買契約の場合において、いずれかの営業所が締約国内に所在しない場合には、法廷地の国際私法の準則により締約国法が適用されるときに同条約が適用されることとなりますが（同条約第1条(1)(b)）、原告が訴えを提起した国の国際私法により同条約の適用の有無が決まるとなると、当事者の予測可能性を害するおそれがあります。

　このような理由から、改正法では、同条約により定まる債務の履行地を管轄の基礎とす

ることなく、同条約が適用される売買契約についても、第3条の3第1号に該当する場合に日本の裁判所の管轄権を認めることとしています（法制審議会国際裁判管轄法制部会配付資料18及び第9回会合議事録参照）。

　（参考）　ブリュッセルⅠ規則第5条1(a)、ブリュッセル条約第5条1等は、義務履行地の対象となる訴えを契約に関するものに限定しています。

Q23 第3条の3第1号の「債務の履行地」は、売買契約のような双務契約に関する訴えの場合には、どのようにして定められますか。

A 1 売買契約のような双務契約の場合には、訴えに係る請求が、売買契約に基づく代金支払請求である場合と目的物引渡請求である場合が考えられますが、第3条の3第1号の「債務」とは、訴えに係る請求に対応する債務を意味しますので、前者の場合（売買代金請求）には売買代金支払債務の履行地が日本国内にあるときに、後者の場合（目的物引渡請求）には目的物引渡債務の履行地が日本国内にあるときに、それぞれ日本の裁判所に訴えを提起することができることとなります。

2 また、売買契約において、売主が代金不払を理由にして契約を解除し、引き渡した目的物の返還を請求する場合には、当該目的物返還債務は売買契約上の代金支払債務の不履行から転じたものということができ、売主としては、売買代金が本来支払われるべきであった地が日本であれば、売買代金支払債務の不履行の結果、買主が負うに至った目的物返還債務の履行も日本においてされると期待するのが通常ですから、日本の裁判所に訴えを提起することができることとなります。

逆に、買主が目的物の引渡しがないことを理由として、売買代金相当額の返還を請求する場合には、当該代金相当額返還債務は売買契約上の目的物引渡債務の不履行から転じたものということができ、買主としては、目的物が本来引き渡されるべきであった地が日本であれば、目的物引渡債務の不履行の結果、売主が負うに至った代金相当額返還債務の履行も日本においてされると期待するのが通常ですから、日本の裁判所に訴えを提起することができることとなります(注)。

3 売買契約上の債務不履行による損害賠償請求についても、同様に、売買代金不払による損害賠償を請求する場合には売買契約上の代金支払債務の履行地が日本国内にあるときに、目的物の引渡しがないことにより損害賠償を請求する場合には目的物引渡債務の履行地が日本国内にあるときに、それぞれ日本の裁判所に訴えを提起することができることとなります。

(注)　契約において、特定の債務の履行地は日本であると定めるとともに、その債務に関して生じた不当利得を返還する地はＡ国であると定めている場合に、当該債務に関する不当利得返還請求の訴えを日本の裁判所に提起することができるのかが問題となります。このような場合について、第３条の３第１号は明示的に規定していませんが、当事者が契約において定めた履行地を基準とするという同号の趣旨に照らすと、契約において不当利得返還債務の履行地を明示的に定めている以上、その不当利得返還請求自体が同号にいう「契約上の債務の履行の請求」となり、その債務の履行地はＡ国であると解するのが相当であると考えられます。

Q24 国内土地管轄に関する第5条第1号と異なり、第3条の3第1号がその対象を契約上の債務に関する訴えに限定しているのは、なぜですか。

A 　第3条の3第1号の対象とする訴えは、財産権上の訴えのうち、契約上の債務の履行の請求を目的とする訴え又は契約上の債務に関する請求を目的とする訴えであり、契約上の債務とは関連性のない法定債権（不法行為に基づく損害賠償請求、不当利得返還請求等）に基づく請求に係る訴えは含まれません。これは、法定債権に係る義務履行地は、原告が訴えを提起した国の国際私法により決定される準拠法により定まることとなるので、契約上の債務とは関連性のない不法行為等の場合には、原因行為が行われた時点では、被告がその義務履行地を予測することは困難であり、義務履行地のある国の裁判所に国際裁判管轄を認めると、被告の予測し得ない国の裁判所での応訴を強いることになるからです。

　このため、同号では、国内土地管轄における「義務履行地」（第5条第1号）という用語ではなく、「債務の履行地」との用語を用いています(注)。

（注）　国内土地管轄に関し、大正15年改正以前の民事訴訟法第18条は、「契約ノ成立若クハ不成立ノ確定又ハ其履行若クハ鎖除、廃罷、解除又ハ其不履行若クハ不十分ノ履行ニ関スル賠償ノ訴ハ其訴訟ニ係ル義務ヲ履行ス可キ地ノ裁判所ニ之ヲ起スコトヲ得」と定め、履行地を契約事件の裁判籍としていましたが、同年の改正において財産上の請求一般の管轄に改められました。平成8年の民事訴訟法改正の際には、消費者保護等の観点から義務履行地の特別裁判籍を制限するかどうかが法制審議会民事訴訟法部会において議論されましたが、最終的には制限をしないこととなりました。

[第2号関係]

> （契約上の債務に関する訴え等の管轄権）
> 第3条の3　次の各号に掲げる訴えは、それぞれ当該各号に定めるときは、日本の裁判所に提起することができる。
> 二　手形又は小切手による金銭の支払の請求を目的とする訴え　　手形又は小切手の支払地が日本国内にあるとき。
>
> 参考
> （財産権上の訴え等についての管轄）
> 第5条　次の各号に掲げる訴えは、それぞれ当該各号に定める地を管轄する裁判所に提起することができる。
> 二　手形又は小切手による金銭の支払の請求を目的とする訴え　　手形又は小切手の支払地

Q25 手形又は小切手による金銭の支払の請求を目的とする訴えについて、その支払地が日本国内にあるときに日本の裁判所に提起することができるとしたのは、なぜですか。

A 　第3条の3第2号は、手形又は小切手による金銭の支払の請求を目的とする訴えについて、手形又は小切手の支払地が日本国内にあるときは、日本の裁判所に提起することができるとしています(注)。

　これは、手形又は小切手が国際取引において支払・決済手段として利用されることが多いことから、手形又は小切手による金銭の支払の請求を目的とする場合について、債権者によるその迅速な回収を可能にするため、手形又は小切手に明記された支払地に付加的な管轄権を認めることにより、手形又は小切手上の債務者が複数存在するときに支払地に管轄権を集中することを可能にするものであり、国内土地管轄に関する第5条第2号と同様の趣旨に基づくものです。支払地は手形又は小切手上に明記されており、被告となる手形又は小切手上の義務者にとっても、手形又は小切手による金銭の支払の請求を目的とする訴えが支払地とされている日本国内の裁判所に提起される可能性があることを予測することができるため、被告の予測可能性を害するものではないと考えられます。

（注）　法制審議会国際裁判管轄法制部会においては、荷為替信用状に関する訴えについても議論されました（同部会配付資料8及び第2・3回会合議事録参照）。信用状とは、その発行依頼人（例えば買主）がその受益者（例えば売主）に対して負担する債務について信用状条件が成就されると支払をする旨を表示した書面であり、荷為替手形（為替手形上の権利を担保するために、運送証券を含む船積書類が添付されたもの）と組み合わされ、荷為替信用状という形で国際取引における決済手段として多く利用されています。ただ、信用状自体には手形・小切手の支払地に相当する記載はなく、信用状に基づく金銭の支払を求める訴えの国際裁判管轄については、債務の履行地による第3条の3第1号等の規定で対応できると考えられることから、信用状に基づく金銭の支払を求める訴えについての規定は設けられませんでした。

[第3号関係]

(契約上の債務に関する訴え等の管轄権)
第3条の3　次の各号に掲げる訴えは、それぞれ当該各号に定めるときは、日本の裁判所に提起することができる。

三　財産権上の訴え	請求の目的が日本国内にあるとき、又は当該訴えが金銭の支払を請求するものである場合には差し押さえることができる被告の財産が日本国内にあるとき（その財産の価額が著しく低いときを除く。）。

参考

(財産権上の訴え等についての管轄)
第5条　次の各号に掲げる訴えは、それぞれ当該各号に定める地を管轄する裁判所に提起することができる。

四　日本国内に住所（法人にあっては、事務所又は営業所。以下この号において同じ。）がない者又は住所が知れない者に対する財産権上の訴え	請求若しくはその担保の目的又は差し押さえることができる被告の財産の所在地

Q26　財産権上の訴えについて、請求の目的が日本国内にあるときに日本の裁判所に提起することができるとしたのは、なぜですか。

A　第3条の3第3号は、財産権上の訴えについて、請求の目的が日本国内にあるときは、日本の裁判所に提起することができるとしています。これは、国際的な事案においても、請求の目的の所在地で訴えを提起することは、被告にとって不意打ちにはならないと考えられることに基づくものです。

「請求の目的が日本国内にある」とは、例えば、売買契約に基づき引渡しを求めた自動車が日本国内にある場合、所有権に基づき返還を求めた機械が日本国内にある場合等をいいます。

Q27 金銭の支払を請求する財産権上の訴えについて、差し押さえることができる被告の財産が日本国内にあるときに日本の裁判所に提起することができるとしたのは、なぜですか。また、第3条の3第3号括弧書の「その財産の価額が著しく低いとき」には日本の裁判所は管轄権を有しないとしたのは、なぜですか。

A 1 第3条の3第3号は、金銭の支払を請求する財産権上の訴えについて、差し押さえることができる被告の財産が日本国内にあるときは、日本の裁判所に提起することができるとしています。これは、被告の差押可能財産が日本国内にある場合には、債権者である原告が債務名義を得てその財産に対して強制執行をすることができるようにするのが相当であると考えられることに基づくものです(注1)(注2)。

このように、債権者が日本国内に所在する財産に対して強制執行をする便宜を考慮して差押可能財産の所在地による管轄権を認めることとしたことから、訴えの対象については、財産権上の訴えのうち「金銭の支払を請求するもの」に限定しています。

2 第3条の3第3号括弧書は、差し押さえることができる被告の財産の価額が著しく低いときには同号を適用しないとしています。これは、被告の差押可能財産が日本国内にある場合であっても、その財産の価額が著しく低く、強制執行をしても債権の回収の見込みがほとんどないような場合に日本の裁判所の管轄権を認めると、その財産に対して強制執行をして債権の回収を図る便宜を考慮するという同号の趣旨にもそぐわず、名目的な財産の存在を理由とする過剰な管轄権を認めることとなるからです。

このように、第3条の3第3号括弧書は、名目的な財産の存在を理由とする過剰な管轄権を認めることを防ぐことを目的としていますので、「財産の価額が著しく低い」かどうかは、強制執行をして債権を回収するに足りる価値を有するかどうかという観点から判断されるべきものであり、請求金額との均衡を要するものではないと考えられます。

価額が著しく低い財産の例としては、強制執行をしても換価の可能性がな

く、又はほとんど債権の回収の見込みのない商品の見本や身回品等の動産が考えられますが、どのような財産が第3条の3第3号括弧書に該当するかについては、個別の事案ごとに裁判所が判断することとなります(注3)。

3　改正法は、原告が、差し押さえることができる被告の財産の所在に基づいて日本の裁判所に訴えを提起し、請求を認容する確定判決を得た場合に、外国の裁判所に承認・執行の申立てをすることを妨げるものではありません。外国の裁判所に承認・執行を求めた場合には、その国の裁判所が自国の法律に基づいて、日本の裁判所の確定判決を承認・執行するかどうかを決することとなります。

（注1）　金銭債権の所在地は債務者の普通裁判籍の所在地であると考えられることから、金銭債務の不存在確認の訴えの国際裁判管轄について差し押さえることのできる財産の所在地による管轄を認めると、常に原告の住所地のある国の裁判所に管轄権が認められることとなります。そうすると、被告に不利益を及ぼすとして、金銭債務の不存在確認の訴えについては、差押可能財産の所在地による管轄権を認めるべきではないとの考え方もありますが、今回の改正では、債務不存在確認の訴えについて特段の規定は設けられず、この点については解釈に委ねられています（Q51参照）。なお、金銭債務の不存在確認の訴えについて第3条の3第3号が適用されると解した場合でも、第3条の9により訴えの全部又は一部が却下される可能性があります。

（注2）　法制審議会国際裁判管轄法制部会においては、ほかに、①判決の効力を日本国内にある財産に限定する考え方、②当該財産に対する仮差押えを要件とする考え方、③原告の請求と財産との関連性を要件とする考え方、④日本国内の被告の財産と原告の請求額との均衡を要件とする考え方等について議論がされましたが（同部会配付資料8・14・18・22・23及び第2・6・9・12・13回会合議事録参照）、最終的には、第3条の3第3号のような規律を設けることが望ましいとの結論となり、改正法により同号が設けられました。

（注3）　被告の差押可能財産の所在による日本の裁判所の管轄権の有無が争われた主な事例としては、①財産が商品の見本等であり、それらが日本国内に所在したのは偶然の結果に近いことなどを理由に日本の裁判所の管轄権が否定された事例（東京地判昭和34年6月11日判時191号13頁）、②被告の不動産に基づき差押可能財産の所在による裁判籍を認めた上で、被告と日本との関連性が強いことなどから管轄を否定すべき特段の事情もないとして、日本の裁判所の管轄権を認めた事例（東京地八王子支中間判平成3年5月22日判タ755号213頁）、③被告の商標権に基づき差押可能財産の所在による裁判籍を認めた上で、特段の事情があるとして日本の裁判所の管轄権が否定された事例（東京地判平成15年9月26日判タ1156号268頁）等があります。

（参考）　外国の例として、ドイツ民事訴訟法第 23 条は、財産所在地による管轄を認めていますが、ドイツ連邦最高裁判所は、1991 年（平成 3 年）、国際裁判管轄を認める要件として、ドイツ国内における被告の財産の所在のほかに、訴訟事件とドイツとの間に関連性があることを要すると判断しました。また、オーストリア裁判管轄法第 99 条は、国内に存在する財産の価値と訴訟物の価額との均衡を要件とし、スイス連邦国際私法第 4 条は、他の管轄原因が存在しない場合に限り、仮差押えの存在を要件として、財産所在地による管轄を認めています。なお、二国間執行条約等により、財産所在地による国際裁判管轄の承認・執行が制限されている場合もあります。

Q28 国内土地管轄に関する第5条第4号は、その対象について「日本国内に住所（法人にあっては、事務所又は営業所。）がない者又は住所が知れない者に対する」財産権上の訴えに限定していますが、第3条の3第3号ではそのような限定をしていないのは、なぜですか。

A 　国内土地管轄に関する第5条第4号は、その対象について「日本国内に住所（法人にあっては、事務所又は営業所。）がない者又は住所が知れない者に対する」財産権上の訴えに限定しています。これは、普通裁判籍による管轄が認められる場合にはそれを優先すべきであり、同号は、普通裁判籍を有しない者、つまり日本に生活の本拠を有しない者に対して適用するという趣旨です。

　他方、第3条の3第3号ではこのような限定はしていません。これは、国内土地管轄については、普通裁判籍による管轄裁判所で判決を得て、国内に存在する財産に執行することが容易であるのに対し、国際裁判管轄については、債権者の日本国内における強制執行の便宜を考慮すると、日本国内に住所等を有するか否かにかかわらず、請求の目的や被告の差押可能財産が所在する場合には、日本の裁判所の管轄権を認めるのが相当であると考えられることによるものです。

Q29 被告の差押可能財産は、どの時点で日本国内にあることが必要ですか。訴えの提起後にその財産が散逸した場合でも、日本の裁判所の管轄権は認められますか。

A 日本の裁判所の管轄権は、訴え提起の時を標準として定めることとされていますので（第3条の12）、被告の差押可能財産は訴え提起の時に日本国内にあることが必要です。

したがって、訴え提起の時に被告の差押可能財産が日本国内にあれば、日本の裁判所の管轄権が認められることになり、その後にその財産が散逸した場合でも日本の裁判所の管轄権は失われないと考えられます。

Q30 国内土地管轄に関する第5条第4号と異なり、請求の担保の目的が日本国内にあるときに日本の裁判所の管轄権を認める旨の規定を設けなかったのは、なぜですか。

A 国内土地管轄に関する第5条第4号は、請求の目的及び被告の差押可能財産の所在地に加え、請求の担保の目的の所在地を国内土地管轄の原因としています。

しかし、①物的担保の目的物が日本国内にある場合には、債務名義を得ることなく担保権を実行することができ、日本の裁判所に管轄権を認めて訴訟を追行する必要がないこと、②国際的な事案において、保証人が日本に所在しているという理由から、日本の裁判所に主債務者のみを被告とする訴えを提起することを認めると、外国に居住する主債務者に過度の負担を課すことなどの理由から、改正法においては、請求の担保の目的が日本国内にある場合に日本の裁判所の管轄権を認める旨の規定は設けられませんでした。

[第4号関係]

> **（契約上の債務に関する訴え等の管轄権）**
> 第3条の3　次の各号に掲げる訴えは、それぞれ当該各号に定めるときは、日本の裁判所に提起することができる。
> 　四　事務所又は営業所を有する者に　　当該事務所又は営業所が日本国内
> 　　対する訴えでその事務所又は営　　　にあるとき。
> 　　業所における業務に関するもの
>
> 参考
> **（財産権上の訴え等についての管轄）**
> 第5条　次の各号に掲げる訴えは、それぞれ当該各号に定める地を管轄する裁判所に提起することができる。
> 　五　事務所又は営業所を有する者に　　当該事務所又は営業所の所在地
> 　　対する訴えでその事務所又は営
> 　　業所における業務に関するもの

Q31　事務所又は営業所を有する者に対する訴えでその事務所又は営業所における業務に関するものについて、当該事務所又は営業所が日本国内にあるときに日本の裁判所に提起することができるとしたのは、なぜですか。

A　第3条の3第4号は、事務所又は営業所を有する者に対する訴えでその事務所又は営業所における業務に関するものは、その事務所又は営業所が日本国内にある場合に、日本の裁判所に提起することができるとしています。これは、業務の中心となっている事務所又は営業所は、その業務については住所に準ずるもの（業務の本拠地）とみることができ、証拠の収集という観点からも、その所在地のある国の裁判所に当該業務に関する紛争を審理させることが便宜であると考えられるからです。

　第3条の3第4号の「事務所」とは、非営利法人がその業務を行う場所を意味し、「営業所」とは、営利法人がその業務を行う場所を意味します。

　第3条の3第4号によれば、例えば、日本企業である原告が、外国企業である被告の日本における支店を通じて取引をした場合には、原告は、その取引に関する訴えを日本の裁判所に提起することができることとなります。

Q32 第3条の3第4号の「事務所又は営業所における業務」とは、その事務所又は営業所が実際に関与したものであることが必要ですか。また、日本国内で行われたものに限られますか。

A 1 第3条の3第4号は、事務所又は営業所における業務に関する訴えについて、その事務所又は営業所を業務の本拠地とみることができ、証拠収集の便宜にもかなうことなどから、その事務所又は営業所が日本国内にある場合には日本の裁判所に提起することができるとしています。仮に、同号の「事務所又は営業所における業務」が、抽象的に当該事務所又は営業所の業務範囲に属することで足りるとすると、その範囲に属しさえすれば、当該事務所又は営業所が何ら関与することなく、外国で行われた取引に関する訴えであっても、すべて日本の裁判所に提起することができることになりますが、これは、同号の趣旨に合致せず、過度に広範に日本の裁判所の管轄権を認めることになると考えられます。このため、同号の「事務所又は営業所における業務」とは、当該事務所又は営業所が実際に関与した業務であることを要するものと解されます。ちなみに、国内土地管轄に関する第5条第5号の「事務所又は営業所における業務」との文言も、同様に、当該事務所又は営業所が実際に関与したことを要すると解されています(注)。

2 当該事務所又は営業所が、日本国内のみならず、アジア地域を統括する支店等として近隣の外国における業務をも担当しているのであれば、当該事務所又は営業所が関与する業務である限り、その業務が外国で行われたとしても、第3条の3第4号の対象となります。

　(注)　被告は日本国内に営業所を設置していないものの、被告の子会社が営業所を設置して日本において取引を継続して行っている場合、第3条の3第4号により、被告との取引に関する訴えを日本の裁判所に提起することができるかという問題がありますが、第3条の3第4号の「事務所又は営業所」は、訴えを提起された被告の「事務所又は営業所」であることが要件とされていますので、原則として同号の規定は適用されず、同条第5号の規定の適用の有無が問題になるにとどまるものと考えられます。

[第5号関係]

> （契約上の債務に関する訴え等の管轄権）
> 第3条の3　次の各号に掲げる訴えは、それぞれ当該各号に定めるときは、日本の裁判所に提起することができる。
> 五　日本において事業を行う者（日本において取引を継続してする外国会社（会社法（平成17年法律第86号）第2条第2号に規定する外国会社をいう。）を含む。）に対する訴え　　当該訴えがその者の日本における業務に関するものであるとき。

Q33　日本において事業を行う者に対する訴えについて、当該訴えがその者の日本における業務に関するものであるときは、日本の裁判所に提起することができるとしたのは、なぜですか。

A　1　第3条の3第5号は、日本において事業を行う者に対する訴えは、その訴えがその者の日本における業務に関するものであるときには、日本の裁判所に提起することができると定めています。

日本の法人については、日本国内に本店等の主たる営業所等が存在するのが通常ですが（会社法第27条第3号、一般法人法第11条第1項第3号等）、日本において取引を継続してしようとする外国会社については、平成14年の商法改正により、営業所の設置義務が廃止され、営業所の存否にかかわらず、日本における代表者を定めなければならず、日本における代表者のうち1人以上は日本に住所を有するものでなければならないと定められています（会社法第817条第1項）。そして、外国会社の日本における代表者は、当該外国会社の日本における業務に関する一切の裁判上又は裁判外の行為をする権限を有するとされています（同条第2項）。

このように、現在、日本において取引を継続してしようとする外国会社には、営業所を設置しているものと、営業所を設置していないものとが存在することとなります。第3条の3第4号は、日本国内に営業所等を有する者に対する訴えに関する規律であり、営業所を設置せずに、日本における代表者

を定めているにすぎない外国会社に対する訴えについては適用されませんが、営業所を設置することなく、日本において取引を継続してする外国会社の場合も、その者の日本における業務に関する訴えについては、日本の裁判所に提起することができるようにすることが相当であると考えられます。また、営利事業を営む外国会社に限らず、日本において事業を行う外国の個人や社団又は財団についても、同様の趣旨が当てはまると考えられます。

そこで、第3条の3第5号は、日本において事業を行う者に対する訴えについて、当該訴えがその者の日本における業務に関するものであるときに、日本の裁判所の管轄権を認めることとしています(注)。

2　第3条の3第5号の「事業」とは、一定の目的をもって反復継続的に遂行される同種の行為の総体を指し、「業務」とは、営業所等において事業に関して反復継続して行われる個々の行為を意味します。同号の「事業」には、営利の目的をもってなされたものではないものも含まれます。これは、日本において一定の活動を継続的に行う者に対する訴えで、当該訴えがその者の日本における業務に関するものであるときは、その活動が営利活動であるか、非営利活動であるかを問わず、日本においてそのような活動を行っていることに基づいて日本の裁判所の管轄権を認めることが相当であり、営利活動のみに限定すべき合理的な理由はないと考えられることによります。

3　第3条の3第5号は、事業の主体を法人に限定するものではなく、個人もその対象に含まれます。また、営業所を有することなく日本において事業を継続する者の典型例としては、日本において取引を継続してする外国会社（会社法第817条第1項、第818条第1項等参照）を挙げることができることから、第3条の3第5号括弧書においてその旨を明示しています。

（注）　第3条の3第5号は、事業の継続性に着目して、日本の管轄権を認めるものであり、米国のいわゆるドゥーイング・ビジネスの法理の考え方に類する点がないわけではありません。しかし、米国のいわゆるドゥーイング・ビジネスの法理とは、被告が管轄を肯定するに十分な事業をその州内で継続していると認められる場合には、訴えに係る請求と当該事業との関連性を問うことなく、州内にその会社が存在するものと同視して、管轄を認めるという考え方であるのに対し、第3条の3第5号は、その訴えがその者の日本における業務に関するものであることを要件としており、被告が日本において事業を行っていることのみに着目しているものではありませんので、米国のいわゆるドゥーイング・ビジ

ネスの法理とは異なるものであると考えられます。

Q34 第3条の3第4号と同条第5号とは、どのような関係にありますか。

A 1 第3条の3第5号は、日本において事業を行う者に対する訴えを対象とするものであるのに対し、同条第4号は、日本国内に事務所又は営業所を有する者に対する訴えを対象とするものです。第4号と第5号は、いずれかの規定の適用が優先するものではないので、いずれの規定によっても日本の裁判所に訴えを提起することができます。

2 第4号と第5号の関係は、次のように整理できます。

(1) **第4号と第5号のいずれの要件も満たす場合**

例えば、日本に営業所を設置して事業を行う者に対する訴えで、その営業所における業務に関するものは、第4号にも第5号にも該当すると考えられ、その場合には、原告は、いずれの規定によっても、日本の裁判所に訴えを提起することができます。

(2) **第4号の要件は満たすが、第5号には該当しない場合**

例えば、日本における営業所が、日本国内のみならず、アジア地域を統括する支店等として近隣の外国における業務をも担当しているのであれば、当該営業所が関与する業務である限り、その業務が外国で行われたものであったとしても、第4号により日本の裁判所に訴えを提起することができますが、第5号は、日本において事業を行う者の日本における業務に関する訴えであることを要件としていますので、この場合には、同号には該当せず、同号により日本の裁判所に訴えを提起することはできないことになります。

(3) **第5号の要件は満たすが、第4号には該当しない場合**

例えば、被告が日本国内に営業所を設置せず、インターネット等を介して日本で事業を行っている場合は、第4号には該当しませんが、その訴えが、被告の日本における業務に関するものであるときは、第5号により日本の裁判所に訴えを提起することができるものと考えられます。

Q35 例えば、外国の事業者が、日本からアクセスが可能なインターネット上のウェブサイトを開設するなどして、日本の法人又は個人に対して製品等を販売した場合、当該製品の代金支払や引渡しに係る訴えは、「日本において事業を行う者に対する訴えについて、当該訴えがその者の日本における業務に関するものであるとき」に該当しますか。

A 外国の事業者が、日本国内に事務所又は営業所を設置することなく、又はその日本における事務所又は営業所を介することなく、日本の法人又は個人と取引を直接行った場合に、その取引に係る訴えについて日本の裁判所が管轄権を有するかどうかは、①当該外国の事業者が「日本において事業を行う者」に該当するかどうか、②「当該訴えが、その者の日本における業務に関するもの」といえるかどうかによることとなり、裁判所が事案ごとの事実関係を踏まえて個別に判断することとなります(注)。

本問のように、外国の事業者が日本からアクセスが可能なインターネット上のウェブサイトを開設するなどして、日本の法人又は個人に対して製品等を販売した場合には、当該ウェブサイトが日本語で記載されているかどうか、ウェブサイトを通じて日本から申込みをすることが可能かどうか、購入した製品の日本への送付が可能かどうか、当該事業者と日本の法人又は個人の取引実績等の事情を考慮し、上記①及び②の要件を充足するかどうかを判断することとなると考えられます。

(注) 第3条の3第5号は、今回の改正で設けられた新たな管轄原因であり、これに直接対応する国内土地管轄に関する規定もないことから、本問のような設例のほかにも今後の解釈に委ねられている点が少なくありません。

例えば、外国の事業者が、日本国内に営業所を設置することはなく、日本国内に子会社を設立し、又は輸入総代理店等を通じて、日本においてその製品等を販売している場合に、その取引に係る訴えについて日本の裁判所が管轄権を有するかどうかは、本問と同様に、①当該外国の事業者が「日本において事業を行う者」に該当するかどうか、②当該訴えが、「その者の日本における業務に関するもの」といえるかどうかによることとなり、裁判所が事案ごとの事実関係を踏まえて個別に判断することとなります。なお、子会社や輸入総代理店等が関与している取引といっても、その事実関係は様々であることから、外国の事

業者の事業の内容と我が国との関係、我が国における子会社や輸入総代理店を通じた取引と当該事業者との関係、その事業と訴えに係る取引との関係、当該取引の内容や契約関係等を踏まえながら、事案ごとの事実関係に基づいて、上記①及び②の要件を充足するかどうかが判断されることとなると考えられます（法制審議会国際裁判管轄法制部会第2・6・13回会合議事録参照）。

Q36 第3条の3第5号により日本の裁判所に管轄権が認められる場合、国内の土地管轄はどのように定まりますか。

A 第3条の3第5号は、国内土地管轄には存在しない管轄原因に基づき日本の裁判所の管轄権の有無を判断するものであり、その原因に基づいて日本の裁判所に管轄権が認められるときは、対応する国内土地管轄が定まらない場合もあり得ることから、改正法では、そのような場合の国内土地管轄に関する規定として第10条の2を新設し、最高裁判所規則で定める地を管轄する裁判所の管轄に属すると定めています。

ただし、第3条の3第5号に基づく訴えについて、被告が外国の社団又は財団で日本における代表者の住所がある場合には第4条第5項に基づいて普通裁判籍が認められる上、義務履行地（第5条第1号）、財産所在地（同条第4号）等の規定が適用されるため、実際に第10条の2が適用されるのは例外的な場合に限られると考えられます（Q104参照）。

[第6号関係]

(契約上の債務に関する訴え等の管轄権)
第3条の3　次の各号に掲げる訴えは、それぞれ当該各号に定めるときは、日本の裁判所に提起することができる。
　六　船舶債権その他船舶を担保とする債権に基づく訴え　　　船舶が日本国内にあるとき。

参考
(財産権上の訴え等についての管轄)
第5条　次の各号に掲げる訴えは、それぞれ当該各号に定める地を管轄する裁判所に提起することができる。
　三　船員に対する財産権上の訴え　　　船舶の船籍の所在地
　六　船舶所有者その他船舶を利用する者に対する船舶又は航海に関する訴え　　　船舶の船籍の所在地
　七　船舶債権その他船舶を担保とする債権に基づく訴え　　　船舶の所在地

Q37 船舶債権その他船舶を担保とする債権に基づく訴えについて、船舶が日本国内にあるときは、日本の裁判所に提起することができるとしたのは、なぜですか。

A 　第3条の3第6号は、船舶債権その他船舶を担保とする債権(注)に基づく訴えについて、船舶が日本国内にあるときは、日本の裁判所に提起することができるとしています。

　船舶債権その他船舶を担保とする債権に基づく訴えについては、被告が船舶所有者であり、その船舶が日本国内にある場合には、第3条の3第3号（差押可能財産の所在による管轄権）により、原則として、日本の裁判所が管轄権を有することとなりますが、被告が船舶所有者以外の第三者（例えば傭船者）である場合には、同号の規定は適用されません。

　また、実務上は、例えば、船舶先取特権に基づいて担保権実行手続を開始した場合に、船舶所有者又は船舶運行者は、船舶債権不存在確認の訴えを本案として船舶航行許可の仮処分の申立てをし、又は同仮処分の申立てと同時

に船舶債権不存在確認の訴えを提起することがありますが、この訴えについては、船舶が日本国内にあるときに日本の裁判所が管轄権を有するという規律があれば、日本の裁判所に国際裁判管轄が認められることとなります。さらに、船舶については、債権者にとって換価のための保管費用の負担が重いこと、船舶運行者にとっても船舶が運航できないことによる損害が非常に大きくなることから、船舶の換価にまで至らず、債務者が保険会社による保証状を債権者に差し入れることにより債権者が差押えの解放に応じることが少なくありません。このような理由から、船舶を担保とする債権に基づく訴えについては、その船舶が日本国内にあるときは、日本の裁判所に管轄権を認める必要性が高いと考えられます。

さらに、財産権上の訴えについて一般的に担保の目的が日本国内にある場合に管轄権を認めることについては、人的担保が存在する国において主債務者に対する訴えを提起することを認めると主債務者に過度の負担を課すことになるとの問題がありますが、船舶債権その他船舶を担保とする債権については人的担保の問題点もないと考えられます。

そこで、改正法は、第3条の3第6号の規定を設け、船舶債権その他船舶を担保とする債権に基づく訴えについて、船舶が日本国内にあるときは、日本の裁判所に提起することができるとしています。

(注) 船舶債権とは、商法第842条各号所定の債権（例えば、船舶等の競売に関する費用等（同条第1号）、水先案内料等（同条第4号）、航海継続の必要によって生じた債権（同条第6号）等）であり船舶等の上に特別の先取特権が発生するものを、船舶を担保とする債権とは、船舶抵当権（同法第848条）及び未登記船舶に対する質権（同法第850条参照）により担保される債権をいいます。

(参考) ブリュッセル条約やブリュッセルⅠ規則は、第5条に規定されている海事関係の訴えに対応する国際裁判管轄に関する規定を設けていません。

Q38 船員に対する財産権上の訴えについて特段の規定を設けなかったのは、なぜですか。

A 　第5条第3号は、船員に対する財産権上の訴えの国内土地管轄について、船舶の船籍の所在地を管轄する裁判所に提起することができると規定しています。同号が船舶の船籍の所在地に国内土地管轄を認めたのは、各地を移動する船舶に乗り組む船員は船舶の船籍所在地に長く滞在すると一般に推定されるからであるとされています。

　他方、船員に対する財産権上の訴えの国際裁判管轄についても、外航船に関する紛争等があり得ることから、同様の規定を設けるかどうかが問題となりますが、外航船には便宜置籍船、すなわち節税等の目的により船舶の所有者が所在する国以外の国（例えばパナマやリベリア等）に便宜上船籍を置いている船が広く利用されており(注)、外国船に乗り組む船員に対する財産権上の訴えについては、船籍所在地に船員が滞在することを前提とする同号の趣旨は妥当しないと考えられます。

　また、船舶同士の事故等については被害額が巨大になるので、船員個人に対する請求をすることはまれであり、船上における死傷等も含め船員個人の被害については船会社が加入している保険から支払がされることが通常であるとされています。

　そこで、改正法においては、船員に対する財産権上の訴えの国際裁判管轄についての規定は設けられませんでした。

（注）　現在、国際的には便宜置籍船が広く利用されており、便宜置籍船の船籍国となっているパナマやリベリア等には、形式上の船主であるペーパー・カンパニーが置かれているにすぎず、船籍地に事務所又は営業所の営業の拠点が存在しないのが通常であるとされています。

Q39 船舶所有者その他船舶を利用する者に対する訴えについて特段の規定を設けなかったのは、なぜですか。

A 第5条第6号は、船舶所有者その他船舶を利用する者に対する訴えの国内土地管轄について、船舶の船籍の所在地を管轄する裁判所に提起することができると規定しています。同号が船籍所在地に管轄を認めたのは、船籍港が船舶に関する営業の中心地であり、事務所又は営業所の所在地に相当するからであるとされています。

他方、船舶所有者その他船舶を利用する者に対する訴えの国際裁判管轄についても、外航船に関する紛争等があり得ることから、同様の規定を設けるかどうかが問題となりますが、便宜置籍船が広く利用されている外航船については、船籍の所在地が船舶に関する営業の中心地であるとの前提が妥当しない上、船舶又は航海に関する訴えには多様な請求が含まれ、これらに共通する他の合理的な管轄の原因を認めることも困難であると考えられます。

そこで、改正法においては、船舶所有者等に対する船舶又は航海に関する訴えの国際裁判管轄についての規定は設けられませんでした。

[第7号関係]

（契約上の債務に関する訴え等の管轄権）
第3条の3　次の各号に掲げる訴えは、それぞれ当該各号に定めるときは、日本の裁判所に提起することができる。

七　会社その他の社団又は財団に関する訴えで次に掲げるもの 　イ　会社その他の社団からの社員若しくは社員であった者に対する訴え、社員からの社員若しくは社員であった者に対する訴え又は社員であった者からの社員に対する訴えで、社員としての資格に基づくもの 　ロ　社団又は財団からの役員又は役員であった者に対する訴えで役員としての資格に基づくもの 　ハ　会社からの発起人若しくは発起人であった者又は検査役若しくは検査役であった者に対する訴えで発起人又は検査役としての資格に基づくもの 　ニ　会社その他の社団の債権者からの社員又は社員であった者に対する訴えで社員としての資格に基づくもの	社団又は財団が法人である場合にはそれが日本の法令により設立されたものであるとき、法人でない場合にはその主たる事務所又は営業所が日本国内にあるとき。

参考

（財産権上の訴え等についての管轄）
第5条　次の各号に掲げる訴えは、それぞれ当該各号に定める地を管轄する裁判所に提起することができる。

八　会社その他の社団又は財団に関する訴えで次に掲げるもの 　イ　会社その他の社団からの社員若しくは社員であった者に対する訴え、社員からの社員若しくは社員であった者に対する訴え又は社員であった者からの社員	社団又は財団の普通裁判籍の所在地

に対する訴えで、社員としての
　　　資格に基づくもの
　ロ　社団又は財団からの役員又は
　　　役員であった者に対する訴えで
　　　役員としての資格に基づくもの
　ハ　会社からの発起人若しくは発
　　　起人であった者又は検査役若し
　　　くは検査役であった者に対する
　　　訴えで発起人又は検査役として
　　　の資格に基づくもの
　ニ　会社その他の社団の債権者か
　　　らの社員又は社員であった者に
　　　対する訴えで社員としての資格
　　　に基づくもの

Q40　第3条の3第7号の趣旨は、どのようなものですか。

A　1　第3条の3第7号は、会社その他の社団又は財団に関する訴えで、同号イからニまでに掲げるものについて、①当該社団又は財団が法人である場合にはそれが日本の法令により設立されたものであるとき、②法人でない場合にはその主たる事務所又は営業所が日本国内にあるときは、日本の裁判所に提起することができると定めています。

		原告	被告
イ		会社その他の社団	社員又は社員であった者
		社員	社員又は社員であった者
		社員であった者	社員
ロ		社団又は財団	役員又は役員であった者
ハ		会社	発起人又は発起人であった者
			検査役又は検査役であった者
ニ		会社その他の社団の債権者	社員又は社員であった者

　2　第3条の3第7号イからニまでに掲げる訴えの意義は、第5条第8号

のイからニまでに掲げる訴えと同義であり、イに掲げる訴えの例としては、持分会社から社員に対する出資懈怠に基づく損害賠償請求（会社法第582条第1項）、持分会社から業務執行社員に対する任務懈怠に基づく損害賠償請求（同法第596条）、ロに掲げる訴えの例としては、清算持分会社から清算人に対する任務懈怠に基づく損害賠償請求（同法第652条）、ハに掲げる訴えの例としては、会社から検査役に対する任務懈怠に基づく損害賠償請求、ニに掲げる訴えの例としては、持分会社の債権者から社員に対する会社債務の履行請求（同法第580条第1項）をそれぞれ挙げることができます（資料4「民事訴訟法第5条第8号に掲げる訴え」参照）。

3　第3条の3第7号は、上記①又は②の場合に、上記イからニまでに掲げる訴えを日本の裁判所に提起できると定めています。

上記①は、社団又は財団が法人である場合について、設立準拠法国を基準にして日本の裁判所の管轄権の有無について定めることを趣旨とするものです。これは、国内土地管轄を定める場合には、日本の裁判所が管轄権を有することが前提となりますので、設立準拠法国を基準とする余地はありませんが、国際的な事案はいずれの国の裁判所が管轄権を有するか否かが問題となる場面であることから、法人に関する訴えについては、その活動を規律する設立準拠法国を国際裁判管轄の基準とすることが相当であるとの考え方に基づくものです。

上記②は、社団又は財団が法人でない場合について、その主たる事務所又は営業所の所在国を基準として、日本の裁判所の管轄権の有無について定めることを趣旨とするものであり、その対象としては、いわゆる権利能力なき社団又は財団が想定されています。権利能力なき社団又は財団の場合には、法令により設立されるものではなく、様々な形態のものがあることから、国際裁判管轄の存否を定めるに当たっては、主たる事務所又は営業所の所在国を基準とするのが相当であると考えられます。そこで、権利能力なき社団又は財団の主たる事務所又は営業所が日本国内にあるのであれば、当該社団又は財団に関する訴えについて日本の裁判所に提起することができることとされたものです。

4　なお、国内土地管轄に関する第5条第8号は、同号ニにおいて、会社その他の社団の債権者からの社員等に対する訴えで社員としての資格に基づ

くものについて定めていますが、会社その他の社団の債権者からの役員に対する訴えで役員としての資格に基づくもの（例えば、第三者から取締役に対する損害賠償請求（会社法第429条第1項））についての定めはありません。法制審議会国際裁判管轄法制部会においては、後者の訴えについて、国際裁判管轄の規定を設けるかどうかが議論されましたが、不法行為地による管轄権（第3条の3第8号）等の別の規定により管轄権を認めれば足りるという理由から特段の規定は設ける必要はないとされ、改正法においても同趣旨の規定は設けられませんでした（同部会配布資料15及び第7回会合議事録参照）。

　（参考）　ブリュッセルⅠ規則第22条2、ブリュッセル条約第16条2等は、会社その他の法人の設立の有効無効若しくは解散、又はその機関の決議の有効性に関する事件について、「会社その他の法人が本拠を有する構成国（締約国）」の裁判所が専属管轄を有すると定めています。

[第8号関係]

> **(契約上の債務に関する訴え等の管轄権)**
> 第3条の3　次の各号に掲げる訴えは、それぞれ当該各号に定めるときは、日本の裁判所に提起することができる。
> 　八　不法行為に関する訴え　　　不法行為があった地が日本国内にあるとき（外国で行われた加害行為の結果が日本国内で発生した場合において、日本国内におけるその結果の発生が通常予見することのできないものであったときを除く。）。
>
> 参考
> **(財産権上の訴え等についての管轄)**
> 第5条　次の各号に掲げる訴えは、それぞれ当該各号に定める地を管轄する裁判所に提起することができる。
> 　九　不法行為に関する訴え　　　不法行為があった地

Q41 不法行為に関する訴えについて、不法行為があった地が日本国内にあるときに日本の裁判所に提起することができるとしたのは、なぜですか。

A　第3条の3第8号は、不法行為に関する訴えについて、不法行為があった地が日本国内にあるとき（外国で行われた加害行為の結果が日本国内で発生した場合において、日本国内におけるその結果の発生が通常予見することのできないものであったときを除く）は、日本の裁判所に提起することができるとしています。同号が「不法行為があった地」を国際裁判管轄の基準としたのは、不法行為があった地には訴訟資料、証拠方法等が所在していることが多く、また、不法行為があった地での提訴を認めることが被害者にとっても便宜であると考えられることに基づくものです。

　第3条の3第8号における「不法行為に関する訴え」は、不法行為責任に基づく権利義務を訴訟物とする訴えを意味し、民法第709条から第724条までに規定される不法行為に関するものばかりでなく、その他の法令に規定す

る違法行為に基づく損害賠償請求に関する訴えを含み、例えば、知的財産権の侵害に基づく損害賠償請求及び差止請求もこれに含まれると考えられます(注1)。

また、第3条の3第8号の「不法行為があった地」には、加害行為が行われた地と結果が発生した地の双方が含まれます(注2)。

(注1) 最一決平成16年4月8日民集58巻4号825頁は、不正競争防止法の規定に基づく侵害停止等の差止請求訴訟につき、第5条第9号の「不法行為に関する訴え」に該当するものと判示しています。

(注2) 上記のとおり、第3条の3第8号の「不法行為があった地」には結果発生地が含まれますが、例えば、外国で交通事故に遭い、日本で入院して治療費を支払った場合や、外国で行われた不法行為の結果、日本の企業の利益が減少した場合等のいわゆる二次的・派生的な損害について、結果発生地が日本国内にあると認められるかどうかについては、国内土地管轄（第5条第9号）についても考え方が分かれるところであり、違法行為や損害に関する実体法上の解釈とも関連することから、改正法では特段の規定は設けられていません。新法の下では「不法行為があった地」という文言の解釈に委ねられ、事案ごとに判断されることになると考えられます。

この点について、今回の改正前の裁判例ですが、二次的・派生的に生ずる経済的な損害のみの発生地は含まないとした裁判例として、東京地判平成18年10月31日判タ1241号338頁は、物理的、直接的な損害の発生地が不法行為の結果発生地というべきであり、結果的に生じる経済的損害の発生地を不法行為の結果発生地とすることは、不法行為の結果発生地を国際裁判管轄の管轄原因とする趣旨を逸脱するものであって相当でないと判示しており、同趣旨の裁判例として、東京地判昭和59年2月15日判時1135号70頁があります。

(参考) 不法行為地の管轄規定につき、ブリュッセルⅠ規則第5条3は「損害をもたらす事実が発生したか、発生する危険がある地」、ブリュッセル条約第5条3は「損害をもたらす事実が発生した地」としています。

Q42 第3条の3第8号括弧書で「外国で行われた加害行為の結果が日本国内で発生した場合において、日本国内におけるその結果の発生が通常予見することのできないものであったときを除く。」としたのは、なぜですか。

A 1 第3条の3第8号括弧書は、加害行為が行われた地が外国にあり、結果が発生した地が日本国内にある場合において、日本国内におけるその結果の発生が通常予見することのできないものであったときには、同号を適用しないとしています。

　国内土地管轄に関する第5条第9号には、第3条の3第8号括弧書のような規律はありません。これは、国内土地管轄については、このような規律を置かなくとも、第17条に基づき、具体的な事情を考慮して、加害行為地を管轄する裁判所に事件を裁量移送して当事者間の衡平を図ることができるからです。

　これに対し、国際裁判管轄においては、裁量移送の制度を利用することにより当事者間の衡平を図ることができないため、このようなときにまで日本の裁判所の管轄権を認めると、予測できない国の裁判所での裁判を強いられる被告の応訴の負担が大きくなり、当事者間の衡平を欠くこととなります。また、このように結果の発生について予見可能性を欠く場合には、結果が発生した地に訴訟資料、証拠方法等が所在している可能性はそれほど高くないと考えられます。

　もっとも、第3条の3第8号括弧書のような規定が設けられなくても、日本国内における結果の発生が通常予見することのできない場合には、日本の裁判所が審理及び裁判をすることが当事者間の衡平を害し、又は適正かつ迅速な審理の実現を妨げることとなる特別な事情があるとして、第3条の9の規定により訴えが却下されることが少なくないと考えられます。しかし、定型的に日本の裁判所の管轄権が及ばない場合は、これを明確にした方が当事者の予測可能性及び法的安定性に資すると考えられます。

　そこで、改正法においては、国際裁判管轄と国内土地管轄のこのような差異を踏まえ、当事者間の利益を適切に調整するため、加害行為が行われた地

が外国にあり、結果が発生した地が日本国内にある場合において、日本国内におけるその結果の発生が通常予見することのできないものであったときには、日本の裁判所は管轄権を有しないと定められています。

2　第3条の3第8号括弧書に規定する「日本国内におけるその結果の発生が通常予見することのできないものであったとき」とは、加害行為者が日本国内における結果の発生を具体的に予見し得たか否かという加害行為者の内心等の主観的事情を問題とするのではなく、当事者間の利益の衡平を図る観点から、加害行為者及び加害行為の性質・態様、被害発生の状況等、当該不法行為に関する事情を総合して、客観的・類型的に判断されるものであると考えられます(注)。

3　いかなる事案が第3条の3第8号括弧書に該当するかについては、事案ごとの事実関係を踏まえて、裁判所が判断することになります。今日では、国際化が進み、国境を越えた人の移動や製品の流通が日常化していることから、こうした点も含めて予見可能性が判断されることになりますが、具体例を挙げるとすれば、外国においてのみ使用可能な規格の電化製品を外国滞在中に購入した日本人が、日本に帰国後に日本国内においてその製品を使用したところ、その製品の故障によりその日本人が負傷した場合に、その日本人が外国の製造業者を被告として製造物責任に基づく訴えを日本の裁判所に提起する場合等が考えられます。

(注)　法適用通則法第17条も、当事者間の利益の衡平を図ることを趣旨とする規定であり、第3条の3第8号括弧書と同様の文言が用いられています。法適用通則法第17条も、客観的事情を考慮して予見可能性の有無を判断するものであり、裁判所が具体的状況に応じて客観的・類型的に認定判断をすることが可能であることを前提として規定されているものです。

Q43

不法行為に関する訴えについて、日本の裁判所の管轄権の有無を判断するに当たっては、原告の主張する事実についてどの程度の証明が必要ですか。

A

不法行為に関する訴えが提起された場合に、日本の裁判所の管轄権の有無を判断するに当たり、原告の主張する事実をそのまま前提としなければならないとすると、根拠のない事実主張により国際裁判管轄を作出することが可能になるおそれがあります。そこで、原告の主張する事実につきどの程度の証明が必要かという点が問題となりますが、この点について、最高裁判所は、「不法行為の存在が一応の証拠調べに基づく一定程度以上の確かさをもって証明されること（一応の証明）」までは必要ではないが、「原則として、被告が我が国においてした行為により原告の法益について損害が生じたとの客観的事実関係が証明されれば足りる」旨判示しています（最二判平成13年6月8日民集55巻4号727頁）。

この判例は、改正法の下においても妥当しますので、日本国内で加害行為が行われたなどと主張され、第3条の3第8号により日本の裁判所に不法行為に関する訴えが提起された場合に、日本の裁判所の管轄権が認められるためには、被告が我が国においてした行為により原告の法益について損害が生じたとの客観的事実関係が証明されることが必要になると考えられます。

Q44 法適用通則法と異なり、製造物責任に関する訴えの国際裁判管轄について特段の規定を設けなかったのは、なぜですか。

A 国際的な経済活動の進展により、海外で製造された製品が日本国内で使用され、又は日本国内で製造された製品が海外で使用されるようになるに伴い、製造物の欠陥により人の生命、身体又は財産に係る被害が生じたとして、日本に住所を有する個人等が外国企業を相手として、又は外国に住所を有する個人等が日本企業を相手として製造物責任に基づく損害賠償請求等を求める事案も少なくありません。

製造物責任法（平成6年法律第85号）に基づく製造物責任に関する訴えは、「不法行為に関する訴え」に含まれるものと考えられますが、製造物責任に関する訴えの国際裁判管轄については、加害行為地に当たる製品の製造地及び結果発生地に加え、製品の流通過程にある引渡地、使用地等がある国の管轄権を認めるべきであるとの考え方もあります。

そこで、法制審議会国際裁判管轄法制部会では、製造物責任に関する訴えの国際裁判管轄について特段の規定を設けるかどうかが議論されましたが、製造物責任に関する訴えについては、製品の流通に訴訟当事者以外の複数の第三者が介在していることも多く、流通過程にある地が必ずしも当事者の訴訟追行や裁判所の審理の便宜にかなうとは限らず、又は同地に主要な証拠が所在する蓋然性は必ずしも高くないと考えられることから、不法行為に関する訴えの一類型として、第3条の3第8号の要件を満たす場合に日本の裁判所の管轄権を認めれば足りるとされ（同部会配付資料8及び第3回会合議事録参照）、改正法においても、製造物責任に関する訴えの国際裁判管轄について特段の規定は設けられませんでした。

[第9号関係]

（契約上の債務に関する訴え等の管轄権）
第3条の3　次の各号に掲げる訴えは、それぞれ当該各号に定めるときは、日本の裁判所に提起することができる。
　九　船舶の衝突その他海上の事故に　　損害を受けた船舶が最初に到達し
　　　基づく損害賠償の訴え　　　　　　た地が日本国内にあるとき。

参考
（財産権上の訴え等についての管轄）
第5条　次の各号に掲げる訴えは、それぞれ当該各号に定める地を管轄する裁判所に提起することができる。
　十　船舶の衝突その他海上の事故に　　損害を受けた船舶が最初に到達し
　　　基づく損害賠償の訴え　　　　　　た地

Q45　船舶同士の衝突事故に関し、損害賠償の訴えを日本の裁判所に提起することができるのは、どのような場合ですか。

A　第3条の3第9号は、船舶の衝突その他海上の事故に基づく損害賠償の訴えについて、損害を受けた船舶が最初に到達した地が日本国内にあるときは、日本の裁判所に提起することができるとしています。

　船舶の衝突その他海上の事故が日本の領海内で起こった場合には、第3条の3第8号（不法行為による管轄権）により日本の裁判所が管轄権を有することになりますが、船舶の衝突その他海上の事故が公海上で起こった場合には、同号の規定は適用されません。

　しかし、公海上で船舶の衝突その他海上の事故が生じた場合であっても、被害を受けた船舶が最初に到達した地が日本国内にあるときは、国内土地管轄に関する第5条第10号と同様の趣旨に基づき、損害を受けた船舶が最初に到達した地の国の裁判所で審理することが証拠調べの便宜にかなうことが多いと考えられます。

　そこで、第3条の3第9号は、船舶の衝突その他海上の事故に基づく損害賠償の訴えについて、損害を受けた船舶が最初に到達した地が日本国内にあるときは、日本の裁判所に提起することができるとしています(注)。

（注）　共同海損分担金請求の訴えの国内土地管轄に関し、第5条第10号が適用されるかどうかについては、従前から考え方が分かれていましたが、第3条の3第9号が適用されるかどうかについても、第5条第10号と同様、解釈に委ねられています。ただし、国際的な共同海損については、船荷証券において共同海損分担義務を包含する合意管轄条項が設けられ、これにより管轄が定まることが多いとされていますので（平塚眞「海事裁判管轄」落合誠一＝江頭憲治郎編『日本海法会創立百周年祝賀・海法大系』623頁（商事法務、2003年）以下参照）、実務上問題となることはそれほど多くないと考えられます。

[第10号関係]

> **（契約上の債務に関する訴え等の管轄権）**
> 第3条の3　次の各号に掲げる訴えは、それぞれ当該各号に定めるときは、日本の裁判所に提起することができる。
> 　十　海難救助に関する訴え　　海難救助があった地又は救助された船舶が最初に到達した地が日本国内にあるとき。

参考

> **（財産権上の訴え等についての管轄）**
> 第5条　次の各号に掲げる訴えは、それぞれ当該各号に定める地を管轄する裁判所に提起することができる。
> 　十一　海難救助に関する訴え　　海難救助があった地又は救助された船舶が最初に到達した地

Q46　海難救助に関する訴えを日本の裁判所に提起することができるのは、どのような場合ですか。

A　第3条の3第10号は、海難救助に関する訴えについて、海難救助があった地又は救助された船舶が最初に到達した地が日本国内にあるときは、日本の裁判所に提起することができるとしています。

　実務上、国際的海難救助の場合は、ロイズ・オープンフォーム（ロイズ海難救助契約標準書式）に基づいて救助契約を締結することが少なくないとされ、同フォームは海難救助契約上の紛争をロンドンにおける仲裁手続によって解決すべきものと定めていますが、合意に基づかずに海難救助が行われることもあり得ることに照らすと、海難救助についての国際裁判管轄の規定を設ける必要があると考えられます。

　そこで、第3条の3第10号は、海難救助があった地又は救助された船舶が最初に到達した地の国の裁判所に管轄権を認めることが証拠調べの便宜にかなうと考えられることから、国内土地管轄に関する第5条第11号と同様の趣旨に基づき、海難救助があった地又は救助された船舶が最初に到達した地が日本国内にあるときは、日本の裁判所に訴えを提起することができるとしています。

[第11号関係]

(契約上の債務に関する訴え等の管轄権)
第3条の3　次の各号に掲げる訴えは、それぞれ当該各号に定めるときは、日本の裁判所に提起することができる。
十一　不動産に関する訴え　　　　　　不動産が日本国内にあるとき。

参考
(財産権上の訴え等についての管轄)
第5条　次の各号に掲げる訴えは、それぞれ当該各号に定める地を管轄する裁判所に提起することができる。
十二　不動産に関する訴え　　　　　　不動産の所在地

Q47 不動産に関する訴えについて、不動産が日本国内にある場合には、日本の裁判所に訴えを提起することができるとしたのは、なぜですか。

A 　1　第3条の3第11号は、不動産に関する訴えについて、不動産が日本国内にあるときは、日本の裁判所に提起することができると定めています。これは、不動産の所在地には係争物である土地・建物や登記簿等が存在するため、証拠調べに便宜であり、また、利害関係者が近くに居住していることも多いと考えられることによるものです。

　2　法制審議会国際裁判管轄法制部会では、不動産に関する訴えのうち、日本にある不動産についての物権及び物権的請求権に係る訴えについて、その国際裁判管轄を日本の裁判所に専属させるとの考え方について議論がされましたが、①当事者が不動産の引渡しを請求する場合、物権的請求権と債権的請求権のいずれの構成によるかによって適用される規律が異なるのは不合理であること、②日本に住所を有する両当事者が外国の不動産の所有権の帰属について日本の裁判所の判断を求める場合には、日本の裁判所において審理判断を行うことが両当事者にとって便宜であることから、そのような考え方は採用されませんでした（同部会配付資料9・15及び第3・7回会合議事録参照）。改正法においても、物権及び物権的請求権に係る訴えの管轄権を日本の裁判所に専属させることとはせず、外国の不動産の所有権の帰属等につ

いて日本の裁判所が審理し得るものとしています。

　3　第3条の3第11号の「不動産」及び「不動産に関する訴え」の意義は、国内土地管轄に関する第5条第12号と同様であり、「不動産に関する訴え」とは、不動産に関する権利を目的とする訴えをいい、具体的には、不動産上の物権の確認請求、所有権に基づく返還請求、契約に基づく不動産の引渡請求の訴え等が含まれますが、不動産の売買代金請求、賃料請求の訴え等は含まれません。

　4　第3条の3第11号の訴えと第3条の5第2項の登記に関する訴えとの関係に関し、例えば、不動産についての所有権移転登記手続を求める訴えは、第3条の3第11号の不動産に関する訴えに該当するとともに、第3条の5第2項の登記に関する訴えにも該当します。この場合、登記に関する訴えの規定は、第3条の10の「訴えについて法令に日本の裁判所の管轄権の専属に関する定めがある場合」に当たりますので、不動産に関する訴えの規定に優先して適用されることとなります。

　5　また、不動産に関する訴えのうち、例えば、日本国内にある不動産の引渡しを求める訴えは、その不動産が「請求の目的」（第3条の3第3号）にも該当すると考えられ、その場合には、第3条の3第11号及び同条第3号のいずれの規定によっても、日本の裁判所に訴えを提起することができることになります。他方、例えば相隣関係の訴え等、不動産に関する訴えには該当するものの、その不動産が「請求の目的」とはいえない場合もあります。

　（参考）　ブリュッセルⅠ規則第22条1、ブリュッセル条約第16条1(a)等は、不動産物権及び不動産賃貸借に関する事件について、不動産が所在する国の専属管轄を定める一方、6か月以内の個人的使用のための賃貸借については、所有者と賃借人が同一の国に住所を有するなどの一定の要件の下で、被告の住所地国の管轄も認めています。

[第12号関係]

(契約上の債務に関する訴え等の管轄権)
第3条の3 次の各号に掲げる訴えは、それぞれ当該各号に定めるときは、日本の裁判所に提起することができる。

| 十二 相続権若しくは遺留分に関する訴え又は遺贈その他死亡によって効力を生ずべき行為に関する訴え | 相続開始の時における被相続人の住所が日本国内にあるとき、住所がない場合又は住所が知れない場合には相続開始の時における被相続人の居所が日本国内にあるとき、居所がない場合又は居所が知れない場合には被相続人が相続開始の前に日本国内に住所を有していたとき(日本国内に最後に住所を有していた後に外国に住所を有していたときを除く。)。 |

参考
(財産権上の訴え等についての管轄)
第5条 次の各号に掲げる訴えは、それぞれ当該各号に定める地を管轄する裁判所に提起することができる。

| 十四 相続権若しくは遺留分に関する訴え又は遺贈その他死亡によって効力を生ずべき行為に関する訴え | 相続開始の時における被相続人の普通裁判籍の所在地 |

Q48 「相続権に関する訴え」、「遺留分に関する訴え」及び「遺贈その他死亡によって効力を生ずべき行為に関する訴え」について、相続開始の時における被相続人の住所等を基準にして日本の裁判所の管轄権の存否を定めたのは、なぜですか。

A 第3条の3第12号は、相続権若しくは遺留分に関する訴え又は遺贈その他死亡によって効力を生ずべき行為に関する訴えについて、相続開始の時における被相続人の住所等が日本国内にあるときは、日本の裁判所に提起することができると定めています。これは、相続開始の時に

おける被相続人の住所等が相続関係の中心地であることや、相続に関する証拠や関係人の多くが所在する可能性が高いことを考慮したもので、第3条の2第1項と同様、第1次的には相続開始の時における被相続人の住所、第2次的にはその居所、第3次的にはその最後の住所を基準としています。

第3条の3第12号の「相続権に関する訴え」の例としては相続権の存否の確認訴訟を、「遺留分に関する訴え」の例としては遺留分減殺請求訴訟や遺留分の確認訴訟を、「遺贈その他死亡により効力を生ずべき行為に関する訴え」の例としては遺贈や死因贈与等の行為により発生する権利に基づく給付訴訟を、それぞれ挙げることができます。

[第13号関係]

(契約上の債務に関する訴え等の管轄権)
第3条の3　次の各号に掲げる訴えは、それぞれ当該各号に定めるときは、日本の裁判所に提起することができる。
　十三　相続債権その他相続財産の負　　同号に定めるとき。
　　　担に関する訴えで前号に掲げる訴
　　　えに該当しないもの

参考

(財産権上の訴え等についての管轄)
第5条　次の各号に掲げる訴えは、それぞれ当該各号に定める地を管轄する裁判所に提起することができる。
　十五　相続債権その他相続財産の負　　同号に定める地
　　　担に関する訴えで前号に掲げる訴
　　　えに該当しないもの

Q49　「相続債権その他相続財産の負担に関する訴え」について、相続開始の時における被相続人の住所等を基準にして日本の裁判所の管轄権の存否を定めたのは、なぜですか。

A　第3条の3第13号は、相続債権その他相続財産の負担に関する訴えで同条第12号に掲げる訴えに該当しないものについて、相続開始の時における被相続人の住所等が日本国内にあるときは、日本の裁判所に提起することができると定めています。これは、相続開始の時における被相続人の住所等が相続関係の中心地であることや、相続に関する証拠や関係人の多くが所在する可能性が高いことを考慮したものであり、第3条の2第1項と同様、第1次的には相続開始の時における被相続人の住所、第2次的にはその居所、第3次的にはその最後の住所を基準としています。

　第3条の3第13号の「相続債権その他相続財産の負担に関する訴えで前号に掲げる訴えに該当しないもの」の例としては、相続によって相続人が承継すべき被相続人の債務の履行を求める訴え、葬式費用、遺言執行費用等の相続開始後に生じる費用に関する給付の訴えを挙げることができます。

Q50 「相続債権その他相続財産の負担に関する訴え」について、国内土地管轄の規定（第5条第15号）を改正したのは、なぜですか。

A 国内土地管轄に関する改正前の民事訴訟法第5条第15号は、相続財産の全部又は一部が相続開始の時における被相続人の普通裁判籍の所在地を管轄する裁判所の管轄区域内にあることを要件としていました。その趣旨は、強制執行の便宜にあるとされていますが、同号によれば、例えば、相続開始の時における被相続人の普通裁判籍の所在地が東京である場合、東京地方裁判所の管轄区域内に相続財産がなければ、同号の訴えを東京地方裁判所に提起することができないこととなります。

しかし、我が国においては、権利法律関係の存否を判断する裁判所と執行裁判所とは異なることが前提とされていますので、上記の例でいえば、東京地方裁判所の管轄区域内に相続財産があることを訴訟要件としても、強制執行の便宜が図られる程度はさほど大きいとはいえず、かえって、相続開始の時における被相続人の普通裁判籍の所在地を管轄する裁判所において紛争を解決することが制限される結果となります。

そこで、改正法においては、相続債権その他相続財産の負担に関する訴えについて、相続開始の時における被相続人の住所等を基準にして日本の裁判所の管轄権の存否を定めることとしたことに伴い、国内土地管轄についても、相続開始の時における被相続人の普通裁判籍の所在地を管轄する裁判所の管轄区域内に相続財産があることを要件とはしないこととして、改正前の第5条第15号の括弧書を削除しています。

[その他]

Q51 債務不存在確認の訴えの管轄権について、特段の規定を設けなかったのは、なぜですか。

A 法制審議会国際裁判管轄法制部会においては、債務不存在確認の訴えの管轄権について国際裁判管轄の規定を設けるかどうかが議論されましたが、原告が債務不存在確認の訴えにおいて存在しないと主張する債権は、その債権に基づく給付請求と表裏一体の関係にあり、債務不存在確認の訴えについて日本の裁判所に国際裁判管轄が認められるか否かは、訴えの類型や訴えに係る債務の性質等に応じて個別に判断されるべきものと考えられることから、特段の規定を設ける必要はないとされ（同部会配付資料9及び第3回会合議事録参照）、改正法においても、債務不存在確認の訴えの国際裁判管轄について、特段の規定は設けられませんでした(注)。

（注）不法行為に基づく損害賠償債務の不存在確認の訴えについて、不法行為地の特別裁判籍を認めた裁判例は複数あります。例えば、東京地判平成10年11月27日判タ1037号235頁は、不法行為に基づく損害賠償債務の不存在確認の訴えについても、不法行為地を管轄する裁判所が管轄を有すると判示しています。財産所在地による管轄権に基づく債務不存在確認の訴えについては、Q27参照。

第3節 消費者契約及び労働関係に関する訴えの管轄権(第3条の4関係)

> **(消費者契約及び労働関係に関する訴えの管轄権)**
> 第3条の4 消費者(個人(事業として又は事業のために契約の当事者となる場合におけるものを除く。)をいう。以下同じ。)と事業者(法人その他の社団又は財団及び事業として又は事業のために契約の当事者となる場合における個人をいう。以下同じ。)との間で締結される契約(労働契約を除く。以下「消費者契約」という。)に関する消費者からの事業者に対する訴えは、訴えの提起の時又は消費者契約の締結の時における消費者の住所が日本国内にあるときは、日本の裁判所に提起することができる。
> 2 労働契約の存否その他の労働関係に関する事項について個々の労働者と事業主との間に生じた民事に関する紛争(以下「個別労働関係民事紛争」という。)に関する労働者からの事業主に対する訴えは、個別労働関係民事紛争に係る労働契約における労務の提供の地(その地が定まっていない場合にあっては、労働者を雇い入れた事業所の所在地)が日本国内にあるときは、日本の裁判所に提起することができる。
> 3 消費者契約に関する事業者からの消費者に対する訴え及び個別労働関係民事紛争に関する事業主からの労働者に対する訴えについては、前条の規定は、適用しない。

Q52 消費者契約に関する訴えの管轄権について、特則を設けたのは、なぜですか。また、具体的な規定の内容は、どのようなものですか。

A 1 消費者と事業者との間の契約においては、国内の事案か国際的な事案かを問わず、情報の質及び量並びに経済力及び交渉力に格差が存在しますが(消費者契約法第1条参照)、とりわけ、国際的な事案においては、①法令や言語の異なる外国の裁判所において消費者が訴えを提起し又はその裁判所で応訴することは困難であること、②国内の事案と異なり、裁量移送により当事者間の衡平を図ることはできないことなどの事情があ

り、国内の事案に比べて、裁判所へのアクセスの保障に配慮する必要性がより一層高いということができます。

そこで、改正法においては、消費者契約に関する訴えの管轄権について特段の規定が設けられています。

2　具体的な規定の内容は、次のとおりです。

第1に、消費者からの事業者に対する訴えについて、消費者の裁判所へのアクセスの便宜と訴えを提起される事業者の予測可能性を考慮し、第3条の2及び第3条の3による管轄権に加え、消費者契約締結時の消費者の住所又は訴え提起時の消費者の住所が日本国内にある場合には、日本の裁判所に訴えを提起することができるとしています（第3条の4第1項）。

第2に、事業者からの消費者に対する訴えについては、消費者が住所等のある国以外の国の裁判所に応訴することは困難であることを考慮し、第3条の3各号に規定する管轄権の原因により日本の裁判所に訴えを提起することを制限しています（第3条の4第3項）。同項によれば、事業者が消費者に対する訴えを日本の裁判所に提起した場合には、①消費者の住所等が日本国内にあるとき（第3条の2第1項）、②消費者契約に関する国際裁判管轄の合意が効力を有するとき（第3条の7第5項）、又は③消費者が応訴したとき（第3条の8）に限り、日本の裁判所が管轄権を有することとなります。

第3に、消費者契約に関する紛争を対象とする事前の管轄権に関する合意の効力を一定の範囲で制限することとしています（第3条の7第5項）。

　(参考)　消費者契約に関する国際裁判管轄の規定が設けられている条約としては、ブリュッセル条約（第4節）、ブリュッセルⅠ規則（第4節）等があります。例えば、ブリュッセルⅠ規則第16条1は、消費者が提起する訴えは、その住所地国の裁判所においても提起することができると定め、同規則第16条2は、消費者を被告とする訴えは、その住所地国の裁判所においてのみ提起することができると定めています。

Q53 第3条の4第1項の「消費者契約」の意義は、どのようなものですか。

A 　第3条の4第1項は、消費者契約を「消費者（個人（事業として又は事業のために契約の当事者となる場合におけるものを除く。）をいう。）と事業者（法人その他の社団又は財団及び事業として又は事業のために契約の当事者となる場合における個人をいう。）との間で締結される契約（労働契約を除く。）」と定義しています。同項の「消費者契約」の定義は、法適用通則法第11条第1項における「消費者契約」の定義と同じです。

　他方、消費者契約法は、「消費者」を「個人（事業として又は事業のために契約の当事者となる場合におけるものを除く。）」と定義し（同法第2条第1項）、「事業者」を「法人その他の団体及び事業として又は事業のために契約の当事者となる場合における個人」と定義した上で（同法第2条第2項）、「消費者契約」を「消費者と事業者との間で締結される契約」と定義しています（同法第2条第3項）。

　このように、法適用通則法と消費者契約法は、「消費者」の意義については同一であるものの、「事業者」については、法適用通則法が「法人その他の社団又は財団及び事業として又は事業のために契約の当事者となる場合における個人」を対象としているのに対し、消費者契約法は「法人その他の団体及び事業として又は事業のために契約の当事者となる場合における個人」を対象としている点で異なります。第3条の4第1項の「事業者」の定義は法適用通則法と同一ですが、これは、同項の「事業者」は、訴訟の追行主体としての法主体性が必要であると考えられること、第4条第4項でも「法人その他の社団又は財団」との用語が用いられていることによるものです。

Q54 消費者契約締結時の住所又は訴え提起時の住所が日本国内にある場合に、消費者からの事業者に対する訴えを日本の裁判所に提起することができるとしたのは、なぜですか。

A 第3条の4第1項は、第3条の2及び第3条の3による管轄権に付加し、消費者の裁判所へのアクセスの便宜と訴えを提起される事業者の予測可能性を考慮し、消費者契約締結時の消費者の住所又は訴え提起時の消費者の住所が日本国内にあれば、消費者は、その契約に関する事業者に対する訴えを日本の裁判所に提起することができるとしています。

これは、①訴え提起時に住所を有する国の裁判所が消費者にとって最もアクセスしやすい裁判所であること、②消費者契約締結時に消費者の住所がある国であれば、事業者にとって予測可能であり、消費者にとっても消費者契約締結時の住所がある国で紛争を解決することを予期していたともいえること、③消費者契約が締結された地には証拠が所在している可能性が高いことなどに基づくものです。

Q55

日本国内に居住している消費者が外国に赴いて消費者契約をした場合（いわゆる能動的消費者）について、第3条の4第1項の規定の適用を除外していないのは、なぜですか。

A 消費者が消費者契約をする場合には、その居住する国内で契約をする場合と、旅行等で外国に赴いた際に当該外国で契約をする場合が考えられます。第3条の4第1項は、外国に赴いて消費者契約をした消費者（いわゆる能動的消費者）についても適用されることを前提としていますので、日本に住所を有する消費者が外国に赴いて消費者契約をした場合であっても、その消費者が訴え提起時に日本国内に住所を有する場合には、その契約に関する事業者に対する訴えを日本の裁判所に提起することができます。

これに対し、法適用通則法第11条第6項第1号及び第2号は、例えば、消費者が海外に自ら赴いてホテルに宿泊したり、物品を購入したりした場合には、消費者契約の特例を適用しないとしています(注)。

しかし、法適用通則法は適用される法令に関する定めであるのに対し、国際裁判管轄の規律はいずれの国で審理判断をすることができるかという法廷地に関する定めであることから、消費者契約に関する規定の適用を除外すると、消費者は一時的に滞在したにすぎない国の裁判所で応訴することを強いられることになり、実質的にその権利を主張することが困難になります。

そこで、改正法は、いわゆる能動的消費者についても、第3条の4第1項の規定を適用することとしています。

（注）法適用通則法第11条第6項第1号及び第2号は、消費者契約に関係する事業者の事業所が消費者の常居所地と法を異にする地に所在した場合であって、消費者自らが当該事業所の所在する地に赴いて契約を締結し、又は当該事業所の所在する地において債務の全部の履行を受ける旨の契約を締結した、いわゆる能動的消費者については、通常自らの常居所地法による保護を期待しておらず、また、このような消費者についても常居所地法による保護を与えることとすると、国内でのみ活動している事業者の活動に支障を来すと考えられることから、これを消費者保護規定の適用除外としています。ただし、このような消費者であっても、消費者が常居所地に在る時に事業者から上記のような契約を締結

することの勧誘を受けて契約締結に至ったような場合にまで消費者保護規定の適用を除外することは相当でないことから、このような勧誘がされた場合を除外することとしています（小出邦夫編著『逐条解説 法の適用に関する通則法』140頁（商事法務、2009年）以下参照）。

Q56 改正法は、事業者からの消費者に対する訴えについて、どのような特則を設けていますか。

A 1 第3条の4第3項は、事業者からの消費者に対する訴えについては、国内土地管轄における特別裁判籍に相当する第3条の3の規定は適用しないと定めています。この規定は、事業者からの消費者に対する訴えについて日本の裁判所が管轄権を有する場合を、いわば裏から規定したものであり、消費者が住所等のある国以外の国の裁判所に応訴することが困難であることを考慮したものです。第3条の4第3項によれば、事業者が消費者に対する訴えを日本の裁判所に提起した場合には、①消費者の住所等が日本国内にあるとき（第3条の2第1項）、②消費者契約に関する国際裁判管轄の合意が効力を有するとき（第3条の7第5項）、又は③消費者が応訴したとき（第3条の8）に限り、日本の裁判所が管轄権を有することとなります。

2 第3条の4第3項の規定を適用すれば、例えば、外国の事業者と日本国内に住所を有する消費者との間の売買契約において、売買代金支払債務の履行地を当該外国とする旨の条項が置かれている場合であっても、債務の履行地による管轄権の規定（第3条の3第1号）は適用されないことになります。もとより、その事業者がその消費者に対する訴えを外国の裁判所に提起した場合には、当該外国の民事訴訟法が適用されますので、その国の裁判所が国際裁判管轄を認め、請求を認容する判決が確定する可能性はあります。しかし、事業者がその外国判決の承認・執行を日本の裁判所に求めても、第118条第1号（いわゆる間接管轄）の要件を充足しない場合には外国判決は承認・執行されませんので、我が国の法律によれば当該外国裁判所に国際裁判管轄が認められない場合には、消費者が有する日本国内の財産に対する強制執行は許されないこととなります。

3 逆に、日本の事業者と外国の消費者との間の売買契約において、売買代金支払債務の履行地を日本とする旨の条項が置かれている場合、第3条の4第3項によれば、債務の履行地による管轄権の規定（第3条の3第1号）は適用されないことになりますので、その消費者に対する売買代金の支払を

求める訴えについては、①消費者が訴えの提起の時に日本国内に住所を有する場合、②日本の裁判所を管轄裁判所とする有効な国際裁判管轄の合意がされた場合、③消費者が日本の裁判所で応訴した場合に、日本の裁判所が管轄権を有することとなります。

Q57 消費者契約に関する訴えの具体例としては、どのようなものがありますか。

A 消費者からの事業者に対する訴えとしては、例えば、日本の消費者がインターネットを介して外国の事業者から商品購入後、商品に瑕疵があったとして代金返還請求や損害賠償請求をする事例が考えられます。

　また、事業者からの消費者に対する訴えとしては、例えば、上記と同様の事案において、売買契約締結後、商品は既に消費者に引き渡されているにもかかわらず、消費者が代金を支払わないことから売買代金支払請求をする事例が考えられます。

Q58 労働関係に関する訴えの管轄権について、特則を設けたのは、なぜですか。また、具体的な規定の内容は、どのようなものですか。

A 1 労働者と事業主との間の契約においては、国内の事案か国際的な事案かを問わず、その経済力及び交渉力に格差が存在しますが、とりわけ、国際的な事案においては、①法令や言語の異なる外国の裁判所において労働者が訴えを提起し又はその裁判所で応訴することは困難であること、②国内の事案と異なり、裁量移送により当事者間の衡平を図ることはできないことなどの事情があり、国内の事案に比べて、裁判所へのアクセスの保障に配慮する必要性がより一層高いということができます。

そこで、改正法においては、消費者契約に関する訴えと同様、労働関係に関する訴えの管轄権について特段の規定が設けられています。

2 具体的な規定の内容は、次のとおりです。

第1に、個別労働関係民事紛争（Q59参照）のうち、労働者からの事業主に対する訴えについて、労働者の裁判所に対するアクセスを確保するとの観点から、第3条の2及び第3条の3による管轄権に加え、労務の提供の地（これが定まっていないときは雇入事業所の所在地）が日本国内にある場合に、日本の裁判所に提起することができるとしています（第3条の4第2項）。

第2に、事業主からの労働者に対する訴えについては、労働者が住所等のある国以外の国の裁判所に応訴することは困難であることを考慮し、第3条の3の規定により訴えを提起することを制限しています（第3条の4第3項）。同項によれば、事業主が労働者に対する訴えを日本の裁判所に提起した場合には、①労働者の住所等が日本国内にあるとき（第3条の2第1項）、②個別労働関係民事紛争に関する国際裁判管轄の合意が効力を有するとき（第3条の7第6項）、又は③労働者が応訴したとき（第3条の8）に限り、日本の裁判所が管轄権を有することとなります。

第3に、個別労働関係民事紛争を対象とする事前の管轄権に関する合意の効力を一定の範囲で制限することとしています（第3条の7第6項）。

（参考）　労働関係に関する国際裁判管轄の規定が設けられている条約としては、ブリュッセル条約（第5条1、第17条第6項）及びブリュッセルⅠ規則（第5節）等があります。ブリュッセルⅠ規則第19条2は、労働者が提起する訴えは、その労務提供地のある国の裁判所においても訴えを提起することができると定め、同規則第20条1は、労働者を被告とする訴えは、その住所地国においてのみ提起することができると定めています。

Q59 改正法の適用対象となる「個別労働関係民事紛争」の意義は、どのようなものですか。

A 1 改正法は、労働関係に関する訴えの特則を「労働契約の存否その他の労働関係に関する事項について個々の労働者と事業主との間に生じた民事に関する紛争」(個別労働関係民事紛争)に適用することとしています(第3条の4第2項)。改正法における「個別労働関係民事紛争」の定義は、労働審判法第1条の定義と同じであり(注1)、その具体例としては、例えば、労働契約の存否や解雇の効力を争う紛争、賃金や退職金の支払を求める紛争等を挙げることができます。

2 改正法の適用の対象となる紛争は「労働関係に関する事項」であり、労働者と事業主との間の個人的な関係から生じる一般の民事紛争(個人的な金銭の貸借をめぐる紛争等)はその対象から除外されます。また、改正法の適用の対象となる紛争は「個々の労働者」と事業主との間に生じた紛争であり、労働組合等の労働者の団体が当事者となる集団的な労働紛争はその対象から除外されます。さらに、個別労働関係民事紛争は、「事業主」と「労働者」との間の紛争であり、家事使用人を個人的に雇って使用している者については第3条の4第2項の「事業主」には該当しないこととなります。

3 労働者の募集及び採用に関する事項についての個々の求職者と事業主との間の紛争については、①労働契約の締結前の段階の紛争であり、紛争当事者間には何ら契約関係等がないこと、②その解決には、企業の経営上、人事政策上の観点等からの総合的な判断が必要である上、そもそも、両当事者の納得を得られる解決を図ることが非常に困難であることから、都道府県労働局における個別労働関係紛争のあっせん手続の対象とされておらず(個別労働関係紛争の解決の促進に関する法律第5条第1項)、労働審判制度においても、労働者の募集及び採用に関する紛争は対象とされていません(注2)。改正法においても、上記の点を考慮し、労働者の募集及び採用に関する紛争は、「個別労働関係民事紛争」に当たらないことを前提としています。

ただし、採用内定の取消し等に関する紛争については、判例上、採用内定の法的性質が就労始期付き解約権留保付きの労働契約と解されていること

(最二判昭和 54 年 7 月 20 日民集 33 巻 5 号 582 頁（大日本印刷事件）等）に照らし、労働審判手続の対象となると解されており(注3)、同様の趣旨から、第 3 条の 4 第 2 項の個別労働関係民事紛争に該当すると考えられます。

　4　労働者派遣事業の適正な運営の確保及び派遣労働者の就業条件の整備等に関する法律（以下「労働者派遣法」といいます）第 2 条第 2 号に規定する派遣労働者については、派遣先の事業者との間に雇用関係はないものの、派遣先の事業者にも労働基準法等の規定の一部の適用があること、派遣労働者と派遣先との関係について労働者派遣法の関係規定により一定の規律がされていることから、派遣労働者と派遣先の事業主との間のこれらの規定に基づく労働関係に関する紛争については、労働審判手続の対象となり得るものと解されています(注4)。改正法は、この点についても、労働審判法と解釈を異にするものではありません。

　（注1）　労働審判法には「事業主」及び「労働者」の定義規定はありませんが、労働基準法第 10 条にいう「事業主」とは、その事業の経営の主体をいい、個人企業にあってはその企業主個人、会社その他の法人組織にあってはその法人そのものをいうと解されており（厚生労働省労働基準局編『平成 22 年版労働基準法（上）』142 頁）、また、同法第 9 条において、「労働者」は「事業又は事務所（以下「事業」という。）に使用される者で、賃金を支払われる者」と定義されています。改正法においても、「事業主」及び「労働者」の定義規定はありませんが、その意義は、労働基準法上の「事業主」及び「労働者」の意義と同様であると考えられます。

　他方、労働契約法は、「使用者」を「その使用する労働者に対して賃金を支払う者」と、「労働者」を「使用者に使用されて労働し、賃金を支払われる者」と定義し（同法第 2 条第 1 項及び第 2 項）、事業主であることや、事業において使用されることを要件としていません。改正法は、労働審判法等との整合性、国際的な民事紛争が生起する可能性等も考慮して、「事業主」と「労働者」との間の紛争を適用対象としています。

　（注2）　菅野和夫＝山川隆一＝齊藤友嘉＝定塚誠＝男澤聡子『労働審判制度〔第 2 版〕——基本趣旨と法令解説』58 頁（弘文堂、2007 年）。

　（注3）　近藤昌昭＝齊藤友嘉『司法制度改革概説 2　知的財産関係二法／労働審判法』319 頁（商事法務、2004 年）。

　（注4）　近藤＝齊藤・前掲（注 3）293 頁。

Q60 労務の提供の地が日本国内にあるときは、労働者は個別労働関係民事紛争に関する訴えを日本の裁判所に提起できるとしたのは、なぜですか。

A 1　第3条の4第2項は、労働者からの事業主に対する訴えについては、労働者の裁判所に対するアクセスを確保するとの観点から、労務の提供の地（これが定まっていないときは雇入事業所の所在地）が日本国内にある場合には、日本の裁判所が管轄権を有するとしています。

　第3条の4第2項が労務の提供の地を基準としているのは、労働者が労務を提供している地は、労働者にとってアクセスが容易であり、事業主にとっても、労務の提供の地で訴えを提起されたとしても、その予測可能性を害するとはいえないと考えられるからです。

2　第3条の4第2項の「労務の提供の地」とは、労働者の裁判所へのアクセスを確保するという趣旨に照らし、契約書上の形式的な労務提供地ではなく、労働契約に基づき現実に労務を提供している地又は提供していた地を意味します。したがって、労働者が外国を転々として労務の提供をした場合には、「労務の提供の地」は必ずしも一つには限られないこととなります。この点、法適用通則法第12条第2項にいう「労務を提供すべき地」は、準拠法を決定するためにいずれかの1か所に定められるものであり、第3条の4第2項の「労務の提供の地」とはその意義を異にします。したがって、労働者が複数の国で労務を提供した場合には、日本がその中に含まれていれば、労働者は事業主に対する訴えを日本の裁判所に提起することができることとなります。

3　第3条の4第2項は、労務の提供の地が定まっていない場合には、労働者を雇い入れた事業所の所在地を基準として、日本の裁判所の管轄権の有無を判断することとしています。労務の提供の地が定まっていない場合とは、雇入れの直後で労務の提供の地がまだ定まっていないような場合をいいます。

　このように、労務の提供の地が定まっていない場合に、労働者を雇い入れた事業所の所在地を基準としているのは、労務の提供の地が定まっていない

場合には、労働者を雇い入れた事業所の所在地のある国で紛争を解決することが労働者の裁判所のアクセス及び事業者の予測可能性に合致すると考えられるからです。

Q61 改正法は、事業主からの労働者に対する訴えについて、どのような特則を設けていますか。

A 1 第3条の4第3項は、事業主からの労働者に対する訴えについては、国内土地管轄における特別裁判籍に相当する第3条の3の規定は適用しないと定めています。この規定は、事業主からの労働者に対する訴えについて日本の裁判所が管轄権を有する場合を、いわば裏から規定したものであり、労働者が住所等のある国以外の国の裁判所に応訴することが困難であることを考慮したものです。第3条の4第3項によれば、事業主が労働者に対する訴えを日本の裁判所に提起した場合には、①労働者の住所等が日本国内にあるとき（第3条の2第1項）、②個別労働関係民事紛争に関する国際裁判管轄の合意が効力を有するとき（第3条の7第6項）、又は③労働者が応訴したとき（第3条の8）に限り、日本の裁判所が管轄権を有することとなります。

2 第3条の4第3項の規定を適用すれば、例えば、外国の事業主と日本国内に住所を有する労働者との間の労働契約において、労働者の負う債務の履行地を当該外国とする旨の条項が置かれている場合であっても、債務の履行地による管轄権の規定（第3条の3第1号）は適用されないことになります。もとより、その事業主がその労働者に対する訴えを外国の裁判所に提起した場合には、当該外国の民事訴訟法が適用されますので、その国の裁判所が国際裁判管轄を認め、請求を認容する判決が確定する可能性があります。しかし、その事業主がその外国判決の承認・執行を日本の裁判所に求めても、第118条第1号（いわゆる間接管轄）の要件を充足しない場合には外国判決は承認・執行されませんので、我が国の法律によれば当該外国裁判所に国際裁判管轄が認められない場合には、労働者が有する日本国内の財産に対する強制執行は許されないこととなります。

3 日本の事業主と外国の労働者との間の労働契約において、労働者の負う債務の履行地を日本とする旨の条項が置かれている場合、第3条の4第3項によれば、債務の履行地による管轄権の規定（第3条の3第1号）は適用されないことになりますので、その労働者に対する当該債務の履行を求める

訴えは、①労働者が訴えの提起の時に日本国内に住所を有する場合、②日本の裁判所を管轄裁判所とする有効な国際裁判管轄の合意がされた場合、③労働者が日本の裁判所で応訴した場合に、日本の裁判所が管轄権を有することとなります。

Q62 労働者からの事業主に対する訴え及び事業主からの労働者に対する訴えの具体例としては、どのようなものがありますか。

A 労働者からの事業主に対する訴えの具体例としては、労働契約上の地位確認請求、未払賃金支払請求等が考えられます(注)。

逆に、事業主からの労働者に対する訴えの具体例としては、競業避止義務違反に基づく損害賠償請求等が考えられます。

(注) 今回の改正前の裁判例としては、成田空港をホームベースとするエアホステスである原告らがドイツの航空会社である被告に対し、基本給のほかに支給していた付加手当の支給を一方的に取りやめたのは無効であるとして、手当等の支払を求めた事案(ただし、原告らは、管轄原因としては、被告の営業所が日本にあることを主張)について、日本の裁判所の管轄を認めたものとして、東京地判平成9年10月1日判夕979号144頁(ルフトハンザ航空事件)、米国イリノイ州シカゴに本社がある航空会社に採用されて試用期間中の日本人である労働者が原告となり、米国法人である被告に対し、退職届の作成を強要されたのは、実質的な採用拒否であるとして、従業員としての地位確認、未払賃金の支払を求めた事案につき、雇用契約書中の専属的管轄合意の効力を認めて、訴えを却下したものとして、東京地判平成12年4月28日判時1743号142頁、その控訴審である東京高判平成12年11月28日判時1743号137頁(ユナイテッド航空事件)等があります。

第4節　管轄権の専属（第3条の5関係）

[第1項関係]

> **（管轄権の専属）**
> 第3条の5　会社法第7編第2章に規定する訴え（同章第4節及び第6節に規定するものを除く。）、一般社団法人及び一般財団法人に関する法律（平成18年法律第48号）第6章第2節に規定する訴えその他これらの法令以外の日本の法令により設立された社団又は財団に関する訴えでこれらに準ずるものの管轄権は、日本の裁判所に専属する。

Q63 第3条の5第1項に規定する訴えには、どのような訴えが含まれますか。また、これらの訴えの管轄権について、日本の裁判所に専属するとしたのは、なぜですか。

A　1　第3条の5第1項は、①会社法第7編第2章に規定する訴え（同章第4節及び第6節に規定するものを除く）、②一般法人法第6章第2節に規定する訴え、③その他これらの法令以外の日本の法令により設立された社団又は財団に関する訴えでこれらに準ずるものの管轄権について、日本の裁判所に専属することを定めています。第3条の5第1項が上記①から③までの訴えの管轄権について日本の裁判所の専属としているのは、これらの訴えについては、法律関係の画一的処理の必要性が高く、日本の裁判所が迅速かつ適正に審理判断すべきであると考えられることによります。

2　第3条の5第1項に規定する訴えのうち、上記①の会社法第7編第2章に規定する訴え（同章第4節及び第6節に規定するものを除く）には、(i)会社の組織に関する訴え（会社の設立無効の訴え、株主総会の決議の取消しの訴え、会社の解散の訴え等）、(ii)株式会社における責任追及等の訴え（取締役の責任を追及する訴え等）、(iii)株式会社の役員の解任の訴え、(iv)持分会社の社員の除名の訴え等、(v)社債発行会社の弁済等の取消しの訴えが含まれます。

第3条の5第1項の規定する訴えのうち、上記②の一般法人法第6章第2

節に規定する訴えには、(i)一般社団法人等の組織に関する訴え、(ii)一般社団法人における責任追及の訴え、(iii)一般社団法人等の役員等の解任の訴えが含まれます。

　同様に、上記③のその他これらの法令以外の日本の法令により設立された社団又は財団に関する訴えでこれらに準ずるものには、(i)会社法及び一般法人法（以下「会社法等」といいます）の上記訴えに関する規定を準用する当該法令上の訴え（保険業法第30条の8第6項、弁理士法第55条第1項に規定する訴え等）、(ii)当該法令には会社法等の上記訴えに関する規定を準用する規定はないものの、性質上、会社法等の上記訴えに準ずるとされる訴え（宗教法人や医療法人の組織に関する訴え等）が含まれます。宗教法人等の法人については、会社法等の上記訴えに関する規定は準用されていませんが、その組織に関する訴え等が提起されることが考えられ、その場合は、会社法等の上記訴えと同様に団体固有性が強く、法律関係の画一的な処理の必要性が高いことから、上記(ii)の場合も第3条の5第1項の対象とすることとされたものです。

　なお、上記③の訴えについて、「その他これらの法令以外の日本の法令」として、日本の法令から会社法等が除かれていますが、これは、単に「日本の法令」とすると、その中に会社法等が含まれることになり、例えば、会社法第7編第2章第7節の「社債発行会社の弁済等の取消しの訴え」について、「社債」等の概念を拡張してこれに類する債権に関する訴えまで「準ずる訴え」として第3条の5第1項の対象となると解されるおそれがあるからです。

　3　第3条の5第1項が対象とする訴えは、日本の法令により設立された社団又は財団に関する訴えに限定されていますので、いわゆる権利能力なき社団又は財団は含まれません。これは、権利能力なき社団又は財団の場合には、組織や構成員の責任が法令により規定されているものではなく、その態様も様々であることから、同項の対象とすることは相当ではなく、またその必要性も低いと考えられることに基づくものです。

Q64 第3条の5第1項の対象から、会社法第7編第2章第4節及び第6節に規定する訴えが除かれているのは、なぜですか。

A 会社法第7編第2章に規定する訴えのうち、第4節（特別清算に関する訴え）及び第6節（清算持分会社の財産処分の取消しの訴え）に規定する訴えは、第3条の5第1項の対象から除かれています。

同章第4節（特別清算に関する訴え）に規定する訴えが第3条の5第1項の対象とされなかったのは、特別清算という倒産処理手続に類する訴えと、同章第1節から第3節まで、第5節及び第7節に規定する訴えとは、規定の趣旨及び内容を異にすることによります。

また、同章第6節（清算持分会社の財産処分の取消しの訴え）に規定する訴えが第3条の5第1項の対象とされなかったのは、この訴えの管轄は、国内土地管轄についても専属とされておらず、民事訴訟法の定める管轄原因によるものとされている上、この訴えが通常の詐害行為取消しの訴えと同趣旨のものであることに照らすと、日本の裁判所の専属とする必要はないと考えられることによります。

Q65 会社その他の社団又は財団に関する訴えの管轄権については、第3条の3第7号にも規定がありますが、同号と第3条の5第1項とは、どのような関係にありますか。

A 1 第3条の5第1項は、①会社法第7編第2章に規定する訴え（同章第4節及び第6節に規定するものを除く）、②一般法人法第6章第2節に規定する訴え、③その他これらの法令以外の日本の法令により設立された社団又は財団に関する訴えでこれらに準ずるものの管轄権について、日本の裁判所に専属することを定めています。

他方、第3条の3第7号は、会社その他の社団又は財団に関する訴えで同号に掲げるものについて、社団又は財団が日本の法令により設立されたものであるときは、日本の裁判所が管轄権を有することを定めており、いわゆる付加的な管轄権を定めています。

このような違いは、第3条の3第7号に規定する訴えは、役員等を被告とする個別的な訴えであり、法律関係の画一的処理の必要性は必ずしも高くないと考えられるのに対し、第3条の5第1項の訴えは、会社の組織に関する訴え等、法律関係の画一的処理の必要性が高いと考えられることに基づくものです。

2 訴えによっては、例えば、株式会社から取締役に対する任務懈怠に基づく責任追及の訴え（会社法第423条第1項、第848条）のように、第3条の5第1項及び第3条の3第7号のいずれの対象にも含まれる場合がありますが、その場合には、専属的な管轄権の定めである第3条の5第1項の規定が優先して適用されることとなります。

Q66 改正法の下においては、取締役の地位不存在確認の訴え、取締役会決議無効・不存在確認の訴えの国際裁判管轄については、どのように取り扱われますか。

A 会社法には、取締役の地位不存在確認の訴えに関する特段の規定は存在せず、管轄に関する規定もありませんが、同訴えの請求を認容する確定判決には対世効があると解されていることから、既判力の矛盾抵触が生じるようなことは避けるべく、会社法第835条第1項（組織に関する訴え）の類推適用により、会社の本店所在地を管轄する地方裁判所に専属管轄が認められると解されています。また、取締役会決議無効・不存在確認の訴えについても、同様の理由から、会社の本店所在地を管轄する地方裁判所に専属管轄が認められると解されています[注]。

改正法においても、取締役の地位不存在確認の訴え等に関する国際裁判管轄の規定は設けられていませんが、国内土地管轄と同様の理由から、第3条の5第1項が類推適用されるものと考えられます。

（注）　東京地方裁判所商事研究会編『類型別会社訴訟Ⅰ〔第3版〕』59頁（判例タイムズ社、2011年）、同『類型別会社訴訟Ⅱ〔第3版〕』559頁（判例タイムズ社、2011年）。

[第2項関係]

(管轄権の専属)
第3条の5
2 登記又は登録に関する訴えの管轄権は、登記又は登録をすべき地が日本国内にあるときは、日本の裁判所に専属する。

参考
(財産権上の訴え等についての管轄)
第5条 次の各号に掲げる訴えは、それぞれ当該各号に定める地を管轄する裁判所に提起することができる。
　十三　登記又は登録に関する訴え　　登記又は登録をすべき地

Q67 登記又は登録に関する訴えの管轄権について、登記又は登録をすべき地が日本にあるときは日本の裁判所に専属するとしたのは、なぜですか。

A 1　第3条の5第2項は、登記又は登録に関する訴えの管轄権について、登記又は登録をすべき地が日本国内にあるときは、日本の裁判所に専属すると定めています。

　登記又は登録に関する訴えは、実質的には、公簿に一定の事項を記載することにより権利関係を公示することを目的とするものであり、公益性の高い公示制度と不可分の関係を有します。また、一国の登記又は登録の手続に関する訴えについては、その国の裁判所がより迅速かつ適正に審理判断することができると考えられます。さらに、日本においてすべき登記又は登録について外国判決を得ても、別途日本の裁判所の執行判決が必要になるなど、日本の裁判所に訴えを提起する場合に比べて手続が迂遠であり、当事者の便宜に資する面も少ないと考えられます。そこで、改正法においては、登記又は登録に関する訴えの管轄権について、登記又は登録をすべき地が日本国内にあるときは、日本の裁判所に専属することとされています。

　2　第3条の5第2項における「登記」、「登録」及び「登記又は登録に関する訴え」の意義は、第5条第13号と同様です。すなわち、第3条の5第2項の訴えには、義務者に対する登記又は登録の手続をすべきことの意思表

示を求める訴え、登記又は登録の義務の積極的・消極的確認を求める訴え等が含まれ、「登記」とは、民法、商法その他の法令に従って登記官が一定の事項を登記簿に記載することをいい、「登録」とは、行政庁が登記簿以外の公簿に一定の事項を記載することをいいます。

　3　第3条の5第2項は、登記又は登録に関する訴えの管轄権は、登記又は登録をすべき地が日本国内にあるときは、日本の裁判所に専属するとしています。同項によれば、登記又は登録に関する訴えについて、登記又は登録をすべき地が日本にあるときは日本の裁判所に管轄権が認められますが、登記又は登録をすべき地が外国にあるときは、他の管轄権の原因（第3条の2等）の存在が認められる場合であっても、日本の裁判所には管轄権は認められず、その訴えは却下されることとなります。

Q68 第3条の5第2項の「登録に関する訴え」には、知的財産権の登録に関する訴えも含まれますか。

A 　第3条の5第2項の「登録」とは、行政庁が登記簿以外の公簿に一定の事項を記載することを意味しますので、知的財産権の登録に関する訴えも、同項の登録に関する訴えに含まれます。登録に関する訴えは、登録された権利一般を対象にするものであり、同項の対象となる知的財産権には、設定の登録により発生する権利に限らず、著作権等の登録が対抗要件である権利も含まれます。

　これは、知的財産権の登録に関する訴えも、公益性の高い公示制度と不可分の関係を有し、登録国の裁判所がより迅速かつ適正に審理判断することができると考えられ、日本においてすべき登記又は登録について外国判決を得ても、別途、日本の裁判所の執行判決が必要になるなど、日本の裁判所に訴えを提起する場合に比べて手続が迂遠であり、当事者の便宜に資する面も少ないと考えられることに基づくものです(注)。

（注）　知的財産権の登録に関する訴えをいわゆる法定専属管轄とすることについては、法制審議会国際裁判管轄法制部会においても議論され、そこでは、専属管轄とするほどの公益性は認め難いなどとして、これに反対する考え方も示されましたが、上記の理由から法定専属管轄とすることとされ（同部会配付資料11・15・22及び第4・7・12回会合議事録参照）、改正法においても、知的財産権の登録に関する訴えはいわゆる法定専属管轄とされています。

[第3項関係]

> **（管轄権の専属）**
> 第3条の5
> 3　知的財産権（知的財産基本法（平成14年法律第122号）第2条第2項に規定する知的財産権をいう。）のうち設定の登録により発生するものの存否又は効力に関する訴えの管轄権は、その登録が日本においてされたものであるときは、日本の裁判所に専属する。
>
> 参考　知的財産基本法
> **（定義）**
> 第2条
> 2　この法律で「知的財産権」とは、特許権、実用新案権、育成者権、意匠権、著作権、商標権その他の知的財産に関して法令により定められた権利又は法律上保護される利益に係る権利をいう。

Q69　設定の登録により発生する知的財産権の存否又は効力に関する訴えの管轄権について、その登録が日本でされたものである場合には、日本の裁判所に専属するとしたのは、なぜですか。

A　1　第3条の5第3項は、知的財産基本法第2条第2項に規定する知的財産権のうち、設定の登録により発生するものの存否又は効力に関する訴えの管轄権は、当該登録が日本においてされたものであるときは、日本の裁判所に専属すると定めています。

　設定の登録により発生するこれらの知的財産権は、各国の行政処分により付与されることも多く、その権利の存否や有効性については、登録国の裁判所が最もよく判断することができると考えられ、また、登録国以外の国の裁判所が特許権等の無効を確認する判決をしたとしても、その権利を対世的に無効とするには、通常、その権利が登録された国において所定の手続をとることが必要となります。そうすると、設定の登録により発生する知的財産権の存否又は効力に関する訴えについては、その登録国の裁判所が専属的な管轄権を有することとすることが相当であると考えられます。

そこで、改正法においては、特許権等の「存否又は効力に関する訴え」の管轄権については、登録が日本においてされたときは、日本の裁判所に専属するとしています。

2 第3条の5第3項が対象とする権利は、知的財産基本法第2条第2項に規定する知的財産権のうち、設定の登録により発生するものです。したがって、設定の登録によって発生する特許権、実用新案権、意匠権、商標権、育成者権等（以下「特許権等」といいます）の知的財産権は第3条の5第3項の対象に含まれますが、設定の登録を要することなく発生する著作権等の知的財産権は同項の対象に含まれません(注1)。

このように第3条の5第3項が特許権等のように設定の登録により発生する知的財産権を対象としているのは、これらの権利は、各国の行政処分により付与されることも多く、その権利の存否や有効性については、登録国の裁判所が最もよく判断することができるのに対し、著作権のように権利の発生に設定の登録を要しないものについては、行政処分により付与されるものではなく、権利の登録は対抗要件にすぎないことから（著作権法第77条参照）、他の財産権と異なる規定を設ける必要はないと考えられることによります。

3 第3条の5第3項が対象とするのは、知的財産権の「存否又は効力」に関する訴えであり、権利の「帰属」に関する訴えは対象とされていません。これは、知的財産権の帰属に関する訴えは、権利の主体に関するものであることから、その判断に技術性・専門性を要することはそれほど多くなく、必ずしも登録国の裁判所が最もよく判断し得る事項とはいえないことによるものです。

知的財産権の「存否又は効力」に関する訴えとは、知的財産権の存否又は効力自体が訴訟物として争われる場合をいいます。具体的には、特許権等の不存在確認の訴えや無効確認の訴え等が考えられます(注2)。

4 例えば、特許権の侵害に係る訴えのように、被告が抗弁として権利の無効を主張することが認められているものもありますが（特許法第104条の3第1項）、特許権の侵害に係る訴えは不法行為に関する訴え（第3条の3第8号）であり、特許権の「存否又は効力」を訴訟物として争っているものではないため、被告が抗弁として特許権の無効を主張したかどうかにかかわらず、第3条の5第3項の規定は適用されません。

（注1）　例えば、特許権の専用実施権は、特許法上認められている権利であり、設定の登録によりその効力が発生する権利であることから（同法第77条、第98条第1項第2号）、第3条の5第3項の対象とする設定の登録により発生する知的財産権に含まれるものと考えられます。他方、通常実施権は、特許法上認められている権利ではあるものの、設定の登録によりその効力が発生する権利ではないため、同項の対象とする設定の登録により発生する知的財産権には含まれないものと考えられます。このため、通常実施権に関する訴えについての国際裁判管轄は、第3条の2や第3条の3等の規定により定まるものと解されます。

（注2）　第3条の5第3項は、設定の登録により発生する国内及び外国の知的財産権のいずれをも対象とするものですが、我が国においては、設定の登録により発生する権利（特許権等）は、特許庁等の行政処分として付与され、特許出願について拒絶査定を受けた場合には拒絶査定不服審判（特許法第121条第1項等）を、その権利を対世的に無効にするには特許無効審判（同法第123条等）を経なければならず、特許等の拒絶査定不服審判や無効審判に対する審決等に対しては、東京高等裁判所に審決取消訴訟を提起することができるとされています（同法第178条第1項等）。したがって、第3条の5第3項の規定の適用が実際に問題となるのは、主として、外国で設定の登録がされて発生した知的財産権の存否又は効力に関する訴えであると考えられます。

Q70 知的財産権の侵害に係る訴えの国際裁判管轄について特段の規定を設けなかったのは、なぜですか。外国で登録された特許権に係る訴えを日本の裁判所に提起することはできますか。

A 1 知的財産権の侵害に基づく損害賠償請求及び差止請求については、不法行為に関する訴え（第3条の3第8号）に含まれると解されます（Q41参照）。日本で設定の登録がされた特許権等の侵害に係る訴えについては、特許権等の属地性に照らし、侵害行為の全部又は一部が日本国内で行われるのが通常であり、その場合には、同号により日本の裁判所に訴えを提起することができるものと考えられます。また、被告の主たる営業所が日本国内にある場合等にも、日本の裁判所に訴えを提起することができます（第3条の2第3項等）。

2 他方、外国で設定の登録がされた特許権等（以下「外国特許権等」といいます）の侵害に係る訴えについても、その侵害行為の一部が日本国内で行われた場合や、被告の主たる営業所が日本国内にある場合等には、日本の裁判所に訴えを提起することができることとなりますが、外国特許権等の侵害に係る訴えの国際裁判管轄については、その特許権等を審査・登録した国の裁判所に専属させるべきであるとの考え方もあります[注]。

3 我が国の従前の裁判例をみると、最一判平成14年9月26日民集56巻7号1551頁（カードリーダー事件）、東京地判昭和28年6月12日下民集4巻6号847頁（満州国特許事件）、東京地判平成15年10月16日判時1874号23頁（サンゴ砂事件）等において外国特許権等の侵害が問題とされましたが、いずれの事案も、外国特許権等の侵害に係る訴えであることを理由として訴えを却下することとはしていないため、これらの裁判例は、外国において登録されて発生した知的財産権の侵害に係る訴えについて、登録国の裁判所の管轄に専属するとの考え方には立っていないものと考えられます。

4 法制審議会国際裁判管轄法制部会においては、以上を踏まえて議論がされましたが、①日本企業の間で外国特許権等の侵害に係る紛争が生じた場合において、当事者が日本の裁判所で裁判をすることを望むのであれば、日

本の裁判所に管轄権を認めることが当事者の便宜にかなうこと、②当事者が、日本の特許権等について、外国の裁判所に侵害に係る訴えを提起する旨の合意をした場合には、その合意を無効とする必要はないと考えられることから、外国特許権等の侵害に係る訴えの管轄権について登録国の裁判所に専属させる必要はないとされ、改正法においても、特段の規定は設けられませんでした。したがって、第3条の2、第3条の3等の規定の要件を満たす場合には、外国特許権等の侵害に係る訴えを日本の裁判所に提起することができることとなります。

（注）　知的財産権の侵害に係る訴えについて、当該知的財産権の登録国の裁判所に管轄を専属させるかどうかについては、ヘーグ国際私法会議においても各国の意見が分かれました。1999年草案第12条4は、「特許権、商標権、意匠権その他の寄託又は登録を要する類似の権利の登録、有効性、無効、〔取消し又は侵害〕を目的とする手続については、寄託又は登録が申請され、行われ、又は国際条約の条項によって行われたとみなされる締約国の裁判所が専属的な管轄権を有する。前段の規定は、著作権又は著作隣接権を登録することができる場合であっても、それらの権利には適用しない。」としています。

　ブリュッセル条約第16条4は、「特許権、商標権、意匠権その他寄託若しくは登録を必要とする類似の権利の登録又は効力に関する事件においては、寄託若しくは登録が申請若しくは受理されたか、又は国際条約の規定に基づき受理されたものとみなされる締約国の裁判所」が専属管轄を有すると定め、ブリュッセルⅠ規則第22条4も同様です。

Q71 第3条の5第3項により、外国で登録された特許権の侵害に係る訴えにおいて、その特許が無効であるとの主張が制限されることはありませんか。

A 我が国においては、例えば、特許権の侵害に係る訴えにおいて、その権利が無効審判により無効とされるべきものであるとの抗弁を主張することができます（特許法第104条の3第1項）。

他方、外国特許権等の侵害に係る訴えにおいて、その権利が無効であるとの抗弁を主張することができるかどうかについては、国際裁判管轄の問題ではなく、実体法上の問題として、準拠法となる当該外国特許権等の登録国の法律がその侵害に係る訴えにおいて無効の抗弁を主張することを許容しているか否かにより判断すべきものと考えられます(注)。

第3条の5第3項は、設定の登録により発生する知的財産権の存否又は効力に関する訴えの管轄権について、その登録が日本でされたものである場合には、日本の裁判所に専属すると定めるものであり、外国特許権等の侵害に係る訴えにおいて、その特許が無効であるとの主張をすることができるかどうかに影響を及ぼすものではないと考えられます。

（注）例えば、ドイツ法が準拠法とされた場合、ドイツでは、特許権の侵害に係る訴えにおいて当該特許の無効の抗弁を主張することができないため、日本の裁判所において、ドイツの特許権の侵害に係る訴えが係属し、日本の裁判所が国際裁判管轄を有するときには、被告は当該ドイツの特許権が無効であるとの主張をすることができず、逆に、米国法が準拠法とされた場合、米国では、特許権の侵害に係る訴えにおいて当該特許の無効の抗弁を主張することができるため、日本の裁判所において、同国の特許権の侵害に係る訴えが係属し、日本の裁判所が国際裁判管轄を有するときには、被告は当該米国の特許権が無効であるとの抗弁を主張することができることとなると考えられます。

Q72 外国における設定の登録により発生した知的財産権の侵害に係る訴えが日本の裁判所に係属すると同時に、外国において当該権利の有効性等を確定するための手続が係属している場合に、日本における訴訟手続を中止することができる旨の規定を設けなかったのは、なぜですか。

A 特許法第168条第2項は、訴えの提起があった場合において、必要があると認めるときは、裁判所は、審決が確定するまでその訴訟手続を中止することができると定めていますが、外国特許権等の侵害に係る訴えが日本の裁判所に提起された場合においても、同時に、当該外国において、当該権利の存否又は効力を確定する手続が係属している場合があり得ます。

そこで、法制審議会国際裁判管轄法制部会においては、外国特許権等の侵害に係る訴えが日本の裁判所に提起された場合において、裁判所が必要と認めるときは、特許法第168条第2項と同様の趣旨に基づき、外国において係属している当該権利の存否又は効力を確定する手続が完結するまで、その訴訟手続を中止することができるという規定を設けるかどうかについて議論がされました。

同部会においては、外国特許権等の侵害に係る訴えが日本の裁判所に係属すると同時に、外国において当該権利の有効性等を確定する手続が係属するという事態が生じることはそれほど多いとはいえず、そのような場合には、訴訟手続を中止することなく、弁論期日等の間隔を調整するなどして柔軟に対応すれば足りるとも考えられることから、特段の規定を設ける必要はないとされ（同部会配付資料11・15及び第4・7回会合議事録参照）、改正法においてもそのような趣旨の規定は設けられませんでした。

第5節　併合請求における管轄権等（第3条の6等関係）

[第3条の6関係]

（併合請求における管轄権）
第3条の6　一の訴えで数個の請求をする場合において、日本の裁判所が一の請求について管轄権を有し、他の請求について管轄権を有しないときは、当該一の請求と他の請求との間に密接な関連があるときに限り、日本の裁判所にその訴えを提起することができる。ただし、数人からの又は数人に対する訴えについては、第38条前段に定める場合に限る。

参考
（併合請求における管轄）
第7条　一の訴えで数個の請求をする場合には、第4条から前条まで（第6条第3項を除く。）の規定により一の請求について管轄権を有する裁判所にその訴えを提起することができる。ただし、数人からの又は数人に対する訴えについては、第38条前段に定める場合に限る。

（共同訴訟の要件）
第38条　訴訟の目的である権利又は義務が数人について共通であるとき、又は同一の事実上及び法律上の原因に基づくときは、その数人は、共同訴訟人として訴え、又は訴えられることができる。訴訟の目的である権利又は義務が同種であって事実上及び法律上同種の原因に基づくときも、同様とする。

Q73　改正法は、併合請求における日本の裁判所の管轄権について、どのような規定を設けていますか。

A　1　併合請求の形態には、同一の原告と被告との間で複数の請求を併合する場合（客観的併合。下記設例1参照）と、複数の原告又は被告との間で請求を併合する場合（主観的併合。下記設例2参照）があります。第3条の6は、日本の裁判所が一の請求について管轄権を有し、他の請求について管轄権を有しない場合について、日本の裁判所が管轄権を有する場合を定めています（客観的併合及び主観的併合のいずれの場合もあり得ます）。下

記各設例についていえば、甲請求について日本の裁判所に管轄権が認められ、乙請求について日本の裁判所に管轄権が認められない場合に、いかなる要件を満たせば、日本の裁判所が甲及び乙請求について併せて審理判断することができるかを規定しています。

【設例１：客観的併合】

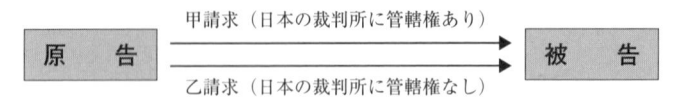

原告 —甲請求（日本の裁判所に管轄権あり）→ 被告
　　 —乙請求（日本の裁判所に管轄権なし）→

【設例２：主観的併合】

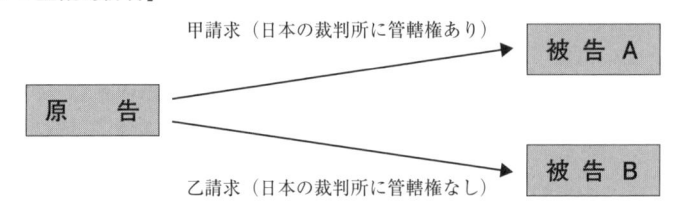

原告 —甲請求（日本の裁判所に管轄権あり）→ 被告Ａ
　　 —乙請求（日本の裁判所に管轄権なし）→ 被告Ｂ

　２　第３条の６本文は、客観的併合の場合に適用されるものであり、一の訴えで数個の請求をする場合において、日本の裁判所が一の請求（設例１の甲請求）について管轄権を有し、他の請求（設例１の乙請求）について管轄権を有しないときは、一の請求と他の請求との間に密接な関連があるときに限り、日本の裁判所にその訴えを提起することができると定めています。

　国内土地管轄における請求の客観的併合（第７条本文）については、同種の訴訟手続による場合であること（第136条）のほかに特段の要件はありませんが、国際的な事案においては、被告の応訴の負担が大きいことから、日本の裁判所が管轄権を有する請求とは関連性のない請求について、被告にとって法令や言語の異なる日本の裁判所で応訴することを求めるのは当事者間の衡平を欠くと考えられます。また、密接な関連性がないにもかかわらず、日本の裁判所が管轄権を有しない請求を併合することを認めると、争点等も異なることから、審理の長期化を招くおそれがあります。

　そこで、第３条の６本文は、一の訴えで数個の請求をする場合において、日本の裁判所が一の請求について管轄権を有し、他の請求について管轄権を

有しないときは、一の請求と他の請求との間に密接な関連があるときに限り、日本の裁判所にその訴えを提起することができるとしています(注1)。

第3条の6本文にいう「密接な関連」の有無は、事案ごとに判断されることとなりますが、併合する請求と併合される請求との関連性、その請求の基礎となる事実関係の関連性（契約が同一かどうか、原因行為が同一かどうかなど）等を総合的に考慮して判断されるものと考えられます。

3　第3条の6ただし書は、請求の主観的併合についての規定であり、一の被告（設例2の被告A）に対する請求について日本の裁判所に管轄権が認められるが、他の被告（設例2の被告B）に対する請求について日本の裁判所に管轄権が認められない場合には、第38条前段の定める場合（①訴訟の目的である権利又は義務が数人について共通であるとき、又は②同一の事実上及び法律上の原因に基づくとき）に限り、日本の裁判所が管轄権を有すると定めています。

この点、主観的併合の場合において、併合される請求について日本の裁判所が管轄権を有しないときは、当該請求に係る被告にとって応訴の負担が大きいことから、これを認めるための要件を厳格にすべきであると考えられますが、他方で、第38条前段の定める要件は十分に厳格であり、関連性を有する紛争を同一の訴訟手続により一回的かつ統一的に解決することが望ましいことを考慮すると、訴訟の目的につき合一にのみ確定すべき場合以外は主観的併合を認めないとすることは、厳格にすぎると考えられます。そこで、第38条前段に規定する場合に限り、請求の主観的併合ができることとされたものです(注2)。

上記①は、共同訴訟人が主張する権利又は共同訴訟人に対して主張される権利が、その内容において同一である場合等をいい、例えば、主たる債務者に対する債務の履行請求と連帯保証人に対する保証債務の履行請求がこれに該当します。また、上記②は、共同訴訟人と相手方との各請求を理由づける原因事実が、その主要部分において同一であるのみならず、その法的根拠も基本的に同一である場合等をいい、例えば、同一の不法行為により損害を被った被害者からの複数の加害者に対する損害賠償請求がこれに該当します。

(注1)　最二判平成13年6月8日民集55巻4号727頁（ウルトラマン事件）は、国際社会における裁判機能の合理的な分配や、裁判が複雑長期化するおそれを理由として、「ある管轄原因により我が国の裁判所の国際裁判管轄が肯定される請求の当事者間における他の請求につき、民訴法の併合請求の裁判籍の規定に依拠して我が国の裁判所の国際裁判管轄を肯定するためには、両請求間に密接な関係が認められることを要すると解するのが相当である。」とした上で、日本の裁判所に国際裁判管轄が認められる2つの請求とその他の4つの請求は、同一著作物の著作権の帰属ないしその独占的利用権の有無をめぐる紛争として「実質的に争点を同じくし」ているとして、密接な関係があると判示しています。
　(注2)　改正前の裁判例には、国際裁判管轄における主観的併合を原則として否定しつつ、特段の事情が存する場合に主観的併合を認めるとの枠組みで判断しているものがありますが（東京高判平成8年12月25日高民集49巻3号109頁等）、改正法では、主観的併合が認められるための要件を厳格にすべきであるという基本的な考え方を共有しつつも、従前の裁判例の枠組みは採用せず、第38条前段に規定する場合に限り請求の主観的併合を認めることとして、その要件を明確にしています。

Q74

客観的併合又は主観的併合の場合において、そのうちの一つの請求が法定専属管轄の規定が適用されるものであり、その規定によれば、日本の裁判所の管轄権が認められない場合に、その請求を併合して日本の裁判所に訴えを提起することができますか。

A

1　第3条の10は、訴えについて法令に日本の裁判所の管轄権の専属に関する定めがある場合には、第3条の6の規定は適用されないと定めていますが、第3条の10は、客観的併合及び主観的併合のいずれの場合にも適用されます。

2　第3条の10により第3条の6の規定が適用されない場合とは、客観的併合についていえば、例えば、設例3のような場合を挙げることができます。つまり、日本の裁判所に同一の被告に対する2つの請求（甲請求と乙請求）が併合して提起され、甲請求は専属的な管轄権に関する規定が適用される請求（例えば、外国の不動産に関する移転登記手続請求）で、その規定によれば日本の裁判所に管轄権が認められない（Q67参照）のに対し、乙請求は専属的な管轄権に関する規定の適用のない請求ではあるものの、その訴えについては日本の裁判所に管轄権が認められる場合（例えば、債務の履行地が日本国内にある場合）です。

この場合には、甲請求と乙請求との間に密接な関連があると認められる場合であっても、専属的な管轄権に関する規定が優先し、日本の裁判所は甲請求についての管轄権を有しないこととなりますので、両請求を併合して日本の裁判所に訴えを提起することはできないこととなります。

【設例3】

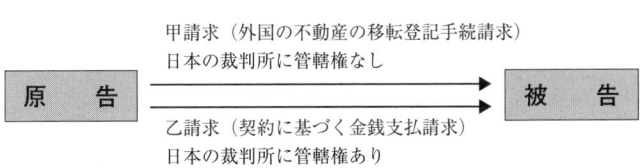

原告　→　被告

甲請求（外国の不動産の移転登記手続請求）
日本の裁判所に管轄権なし

乙請求（契約に基づく金銭支払請求）
日本の裁判所に管轄権あり

他方、設例4のように、日本の裁判所に同一の被告に対する2つの請求（甲請求と乙請求）が併合して提起され、甲請求は専属的な管轄権に関する規定が適用される請求（例えば、日本の不動産に関する移転登記手続請求）で、その規定によれば日本の裁判所に管轄権が認められるのに対し、乙請求は専属的な管轄権に関する規定の適用のない請求であり、その訴えについては日本の裁判所に管轄権が認められない場合も考えられます。この場合には、併合される乙請求は専属的な管轄権に関する規定の適用対象ではないので、甲請求と乙請求との間に密接な関連があると認められる場合には、両請求を併合して日本の裁判所に訴えを提起することができることとなると考えられます。

【設例4】

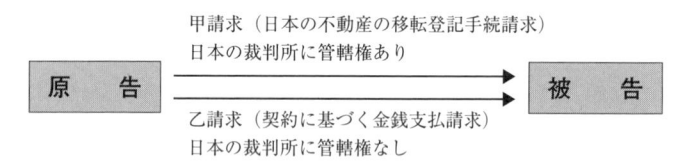

原告 →（甲請求（日本の不動産の移転登記手続請求）日本の裁判所に管轄権あり）→ 被告
　　　→（乙請求（契約に基づく金銭支払請求）日本の裁判所に管轄権なし）→

　3　主観的併合の場合も、上記2と同様の趣旨が妥当すると考えられます。

Q75 客観的併合又は主観的併合の場合において、そのうちの一つの請求について、外国の裁判所を専属的な管轄裁判所とする旨の合意がある場合、その請求を併合して日本の裁判所に訴えを提起することができますか。

A 第3条の10は、訴えについて法令に日本の裁判所の管轄権の専属に関する定めがある場合には、第3条の6の規定は適用されないと定めていますが、第3条の10は、客観的併合及び主観的併合のいずれの場合にも適用されます。しかし、第3条の10にいう「訴えについて法令に日本の裁判所の管轄権の専属に関する定めがある場合」とは、いわゆる法定専属管轄をいい、専属的な国際裁判管轄の合意がある場合は含まれません。これは、法定専属管轄の場合は、その公益性に照らして優先して適用することが必要であると考えられるのに対し、当事者の合意による専属的な国際裁判管轄の合意の場合には、法定専属管轄のような公益性は認められず、密接に関連する複数の紛争を同一の手続において矛盾抵触なく解決することを優先して、併合を認めるべき場合があると考えられることによります。もとより、当事者のした専属的な国際裁判管轄の合意を尊重すべき場合もありますが、そのような場合には、第3条の9に基づいて併合される請求に係る訴えを却下することにより、当事者間の衡平と適正かつ迅速な審理の実現とのバランスを図ることは可能であると考えられます。

　そこで、改正法は、設例5のように、併合される請求について、外国の裁判所を指定する専属的な国際裁判管轄の合意がある場合であっても、第3条の6の要件を満たす場合には、同請求を併合して日本の裁判所に訴えを提起することができることとしています（設例5は客観的併合の例ですが、主観的併合の場合も同様の趣旨が妥当します）。

【設例5】

原告 ──甲請求（日本の裁判所に管轄権あり）──→ 被告
　　　 乙請求（外国の裁判所を専属的な管轄裁判所とする合意あり）

[第145条関係]

> **（中間確認の訴え）**
> 第145条　裁判が訴訟の進行中に争いとなっている法律関係の成立又は不成立に係るときは、当事者は、請求を拡張して、その法律関係の確認の判決を求めることができる。ただし、その確認の請求が他の裁判所の専属管轄（当事者が第11条の規定により合意で定めたものを除く。）に属するときは、この限りでない。
> 2　前項の訴訟が係属する裁判所が第6条第1項各号に定める裁判所である場合において、前項の確認の請求が同条第1項の規定により他の裁判所の専属管轄に属するときは、前項ただし書の規定は、適用しない。
> 3　日本の裁判所が管轄権の専属に関する規定により第1項の確認の請求について管轄権を有しないときは、当事者は、同項の確認の判決を求めることができない。
> 4　第143条第2項及び第3項の規定は、第1項の規定による請求の拡張について準用する。

Q76　改正法は、中間確認の訴えの国際裁判管轄について、どのような規定を設けていますか。

A　中間確認の訴えとは、裁判が訴訟の進行中に争いとなっている法律関係の存否にかかっている場合に、当事者が請求を拡張することにより、その法律関係の確認を求める訴えをいいます。

　中間確認の訴えの国際裁判管轄については、第145条第3項において、中間確認の訴えに係る請求について法定専属管轄に関する規定が適用され、その規定によれば日本の裁判所が管轄権を有しないときは、中間確認の訴えを提起することができないとの規定が設けられています。

　これは、管轄権の専属に関する規定を優先する趣旨によるものですが、具体例としては、例えば、外国で登録された特許権が侵害されたことを理由とする損害賠償請求訴訟の係属中に、被告が中間確認の訴えを提起し、その特許権の無効の確認を請求する場合等を挙げることができます。

[第146条関係]

> （反訴）
> 第146条　被告は、本訴の目的である請求又は防御の方法と関連する請求を目的とする場合に限り、口頭弁論の終結に至るまで、本訴の係属する裁判所に反訴を提起することができる。ただし、次に掲げる場合は、この限りでない。
> 　一　反訴の目的である請求が他の裁判所の専属管轄（当事者が第11条の規定により合意で定めたものを除く。）に属するとき。
> 　二　反訴の提起により著しく訴訟手続を遅滞させることとなるとき。
> 2　本訴の係属する裁判所が第6条第1項各号に定める裁判所である場合において、反訴の目的である請求が同項の規定により他の裁判所の専属管轄に属するときは、前項第1号の規定は、適用しない。
> 3　日本の裁判所が反訴の目的である請求について管轄権を有しない場合には、被告は、本訴の目的である請求又は防御の方法と密接に関連する請求を目的とする場合に限り、第1項の規定による反訴を提起することができる。ただし、日本の裁判所が管轄権の専属に関する規定により反訴の目的である請求について管轄権を有しないときは、この限りでない。
> 4　反訴については、訴えに関する規定による。

Q77　改正法は、反訴の国際裁判管轄について、どのような規定を設けていますか。

A　反訴の国際裁判管轄については、第146条第3項本文において、設例6のように、日本の裁判所が本訴の目的である請求について管轄権を有し、反訴の目的である請求について管轄権を有しない場合には、本訴の目的である請求又は防御の方法と密接に関連する請求を目的とするときに限り、本訴の係属する裁判所に反訴を提起することができるとの規定が設けられています。

【設例6】

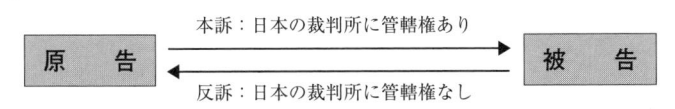

原告　←本訴：日本の裁判所に管轄権あり／反訴：日本の裁判所に管轄権なし→　被告

このように、反訴の目的である請求と、本訴の目的である請求又は防御の方法とが「密接に関連する」ことを要件としたのは、①反訴の目的である請求について日本の裁判所が管轄権を有しない場合には、別訴として提起しても日本の裁判所は管轄権を有しないため、そのような請求について反訴の提起を認めるのは、同一の訴訟手続で紛争を解決する必要性がより高い場合に限ることが相当であると考えられること、②密接な関連がないにもかかわらず、日本の裁判所が管轄権を有しない請求を目的とする反訴を認めると、争点等も異なることから、審理の長期化を招くおそれがあることなどの理由に基づくものです。

　密接な関連がある例としては、建物請負代金請求を求める本訴に対して、同一の建物の瑕疵に基づく損害賠償を求める反訴を提起する場合を挙げることができます。

Q78 反訴の目的である請求が、法定専属管轄の規定が適用されるものであり、その規定によれば、日本の裁判所の管轄権が認められない場合に、日本の裁判所に当該反訴を提起することができますか。

A 第146条第3項ただし書は、反訴請求について法定専属管轄の規定が適用され、その規定によれば日本の裁判所が反訴請求について管轄権を有しないときは、反訴を提起することができないと定めています。これは、客観的併合及び主観的併合の場合と同様です（Q74参照）。

したがって、設例7のように、反訴請求が外国の不動産に関する移転登記手続請求である場合には、その請求が本訴の目的である請求又は防御の方法との間に密接な関連があるときであっても、日本の裁判所に反訴を提起することはできないこととなります。

【設例7】

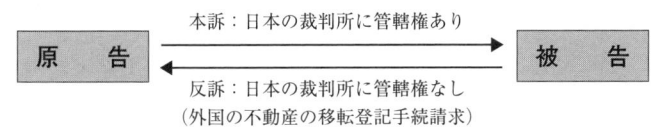

原告 ←――本訴：日本の裁判所に管轄権あり―― 被告
　　　――反訴：日本の裁判所に管轄権なし→
　　　　（外国の不動産の移転登記手続請求）

Q79

反訴の目的である請求について、外国の裁判所を専属的な管轄裁判所とする旨の合意がある場合、日本の裁判所に当該反訴を提起することができますか。

A 第146条第3項ただし書にいう「管轄権の専属に関する規定」とは、法令により専属管轄であることが規定されているいわゆる法定専属管轄をいい、専属的な国際裁判管轄の合意がある場合は含まれません。これは、法定専属管轄の場合は、その公益性に照らして優先して適用することが必要であると考えられるのに対し、当事者の合意による専属的な国際裁判管轄の合意の場合には、法定専属管轄のような公益性は認められず、密接に関連する複数の紛争を同一の手続において矛盾抵触なく解決することを優先して、反訴の提起を認めるべき場合があると考えられることによります。もとより、当事者のした専属的な国際裁判管轄の合意を尊重すべき場合もありますが、そのような場合には、第3条の9に基づいて反訴を却下することにより、当事者間の衡平と適正かつ迅速な審理の実現とのバランスを図ることは可能であると考えられます。

そこで、改正法は、設例8のように、反訴請求について、外国の裁判所を指定する専属的な国際裁判管轄の合意がある場合であっても、第146条第3項の要件を満たす場合には、日本の裁判所に反訴を提起することができることとしています。

【設例8】

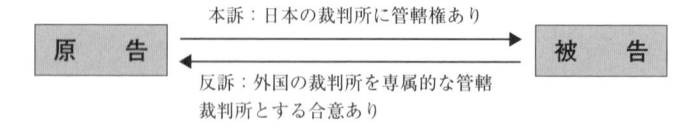

```
                本訴：日本の裁判所に管轄権あり
     原 告  ──────────────────→  被 告
             ←──────────────────
             反訴：外国の裁判所を専属的な管轄
                   裁判所とする合意あり
```

[その他]

Q80 訴訟参加、訴訟引受け及び訴訟告知について、特段の規定を設けなかったのは、なぜですか。

A

1 訴訟参加について

訴訟参加とは、第三者が新たに当事者又はこれに準ずる者として訴訟行為を行うため、係属している他人間の訴訟に加入することをいい、補助参加（第42条）と当事者参加（第47条）に大別することができます。

このうち当事者参加する場合の国際裁判管轄については、①参加人は自らの判断で当該訴訟に参加する者であり、日本の裁判所の管轄権を認めることによってその利益が害されることはないこと、②被参加人は既に訴訟の当事者となっており訴訟参加により新たに生じる負担が大きいとはいえないこと、③特に独立当事者参加については、一体として審理判断される必要性が高いと考えられることから、改正法では特段の規定は設けられていません。

また、補助参加は、当事者の一方を補助するものにすぎず、訴えの提起ではないと考えられることから、改正法では特段の規定は設けられていません。

2 訴訟引受けについて

訴訟引受けとは、訴訟の係属中に第三者が訴訟の目的である権利又は義務を承継したときに、当事者の申立てにより、裁判所が訴訟を引き受けさせることをいいます（第50条、第51条）。

訴訟引受けについては、訴訟の目的である権利又は義務を承継した者が日本の裁判所において係属している訴訟に引き込まれることはやむを得ないものと考えられ、当初の訴え提起時の国際裁判管轄とは別に国際裁判管轄の問題を考慮する必要はないと考えられることから、改正法では特段の規定は設けられていません。

3 訴訟告知について

訴訟告知とは、当事者の側から第三者に対して訴訟係属の事実を通知し、第三者に参加の機会を与える一方、参加の有無にかかわらず第三者に対して判決の効力を及ぼすことにより、第三者に対する当事者の利益を保全しよう

とするものです(第53条第4項、第46条)。

　訴訟告知は、訴えについて日本の裁判所に管轄権が認められるかの問題ではなく、後訴における参加的効力の有無の問題であると考えられることから、改正法では特段の規定は設けられていません。

第6節　管轄権に関する合意等（第3条の7関係）

[第1項ないし第4項関係]

> （管轄権に関する合意）
> 第3条の7　当事者は、合意により、いずれの国の裁判所に訴えを提起することができるかについて定めることができる。
> 2　前項の合意は、一定の法律関係に基づく訴えに関し、かつ、書面でしなければ、その効力を生じない。
> 3　第一項の合意がその内容を記録した電磁的記録（電子的方式、磁気的方式その他人の知覚によっては認識することができない方式で作られる記録であって、電子計算機による情報処理の用に供されるものをいう。以下同じ。）によってされたときは、その合意は、書面によってされたものとみなして、前項の規定を適用する。
> 4　外国の裁判所にのみ訴えを提起することができる旨の合意は、その裁判所が法律上又は事実上裁判権を行うことができないときは、これを援用することができない。
>
> 参考
> （管轄の合意）
> 第11条　当事者は、第一審に限り、合意により管轄裁判所を定めることができる。
> 2　前項の合意は、一定の法律関係に基づく訴えに関し、かつ、書面でしなければ、その効力を生じない。
> 3　第1項の合意がその内容を記録した電磁的記録によってされたときは、その合意は、書面によってされたものとみなして、前項の規定を適用する。

Q81　国際裁判管轄の合意とは、どのようなものですか。また、改正法は、国際裁判管轄に関する合意について、どのような規定を設けていますか。

A　1　企業間の取引実務等においては、契約書等において、当該取引に関して生じた紛争について、いずれの国の裁判所に訴えを提起することができるかを定める条項が置かれていることが少なくありません。

このような、いずれの国の裁判所に訴えを提起することができるかに関する合意を「国際裁判管轄の合意」といいます。

第3条の7は、国際裁判管轄の合意の有効性及び方式について定めており、第1項から第4項までには国際裁判管轄の合意の方式や効力についての原則的な規定が、第5項には消費者契約に関する紛争を対象とする国際裁判管轄の合意に関する特則が、第6項には個別労働関係民事紛争を対象とする国際裁判管轄の合意に関する特則が、それぞれ設けられています。

2 第3条の7が対象とするのは裁判所の属する国を単位とする合意であり、日本国内の管轄裁判所に関する合意については第11条が規定しています。実務上は、国際取引に関する契約書において、国際裁判管轄の合意と日本国内の管轄裁判所に関する合意が明確に分けて規定されているとは限らず、例えば、管轄裁判所を「東京地方裁判所」とする旨の条項が置かれていることもあり得ます。この場合には、訴えを提起することのできる裁判所の属する国を「日本」とする合意と、国内の管轄裁判所を「東京地方裁判所」とする合意が含まれていると解されます。

3 国際裁判管轄の合意には、特定の国の裁判所にのみ訴えを提起することができるという趣旨の定め（専属的な国際裁判管轄の合意）と、特定の国に訴えを提起することができると定めているにすぎず、他の国の裁判所に訴えを提起することも妨げないという趣旨の定め（付加的な国際裁判管轄の合意）があります。国際取引に関する契約書に、特定の国の裁判所に訴えを提起することができる旨の条項が置かれている場合に、専属的な国際裁判管轄の合意を意味するか、付加的な国際裁判管轄の合意を意味するかについては、いずれか一方の趣旨とみなされるものではないため、事案ごとに裁判所が判断することになります。

なお、管轄合意条約第3条(b)においては、「1つの締約国の裁判所又は1つの締約国の1つ若しくは複数の特定の裁判所を選択する管轄合意は、当事者が明示的に別段の定めをしない限り、専属的なものとみなす。」と規定されています。法制審議会国際裁判管轄法制部会では、改正法においても同様の規定を設けるかどうかについて議論されましたが、国際取引の実務においては、専属的な管轄権に関する合意である旨の明示的な記載がない限り、当事者は付加的な管轄権に関する合意をしたものと理解するのが通常であり、

そのようなみなし規定を設けるべきではないとされ、改正法においては、専属的な管轄権に関する合意であるとみなす旨の規定は設けられていません。

4　国際裁判管轄の合意には、日本の裁判所を管轄裁判所とする旨の合意と、日本以外の国の裁判所を管轄裁判所とする旨の合意がありますが、第3条の7はそのいずれについても適用されます。日本の裁判所に訴えが提起された場合において、国際裁判管轄の合意が主張される場面としては、①日本の裁判所を管轄裁判所とする合意に基づいて、日本の裁判所に訴えが提起される場合と、②法令で定められた国際裁判管轄の原因に基づいて日本の裁判所に訴えが提起された場合において、外国の裁判所を専属的な管轄裁判所とする旨の合意が本案前の抗弁として主張される場合が考えられます。

5　国際裁判管轄の合意においては、複数の国の裁判所を管轄裁判所と指定することができます。ただし、例えば、管轄裁判所を「日本以外のすべての国の裁判所」とする合意は、日本の裁判所の管轄権のみを排除するものと解することができ、そのような合意が著しく不合理で公序法に反すると認められる場合には、民法第90条等により無効となると解されます。

Q82 第3条の7第1項から第3項までは、国際裁判管轄の合意一般の効力や方式の原則について、どのようなルールを設けていますか。

A 第3条の7第1項から第3項までには、国際裁判管轄の合意一般の有効性及び方式についての規定が設けられています。

1　第3条の7第1項は、当事者は、いずれの国の裁判所に訴えを提起することができるかについて合意することができると規定し、国際裁判管轄の合意は原則として有効であるとしています。ただし、国際裁判管轄の合意が著しく不合理で公序法に違反する場合には、民法第90条等により、その合意は無効になると解されます（Q87参照）。

2　国際裁判管轄の合意は、当事者に与える影響が大きく、慎重にされる必要があることから、第3条の7第2項は、日本国内の管轄裁判所に関する合意についての第11条第2項と同様に、国際裁判管轄の合意を一定の法律関係に基づくものに限定し、その方式として書面によることを要求しています。

3　第3条の7第3項は、電磁的記録による場合には、書面による場合と同程度に明確さや慎重さを確保できると考えられることから、第11条第3項と同様に、合意が電磁的記録によりされたときは、書面によってされたものとみなすと規定しています(注)。

なお、改正前の第11条第3項は、「電磁的記録（電子的方式、磁気的方式その他人の知覚によっては認識することができない方式で作られる記録であって、電子計算機による情報処理の用に供されるものをいう。以下同じ。）」と規定していましたが、第3条の7第3項において電磁的記録という文言が用いられたことから、同項括弧書において「電磁的記録」が定義され（文言は改正前の第11条第3項括弧書と同一です）、第11条第3項の括弧書は削除されました。

4　仲裁法第13条第3項は、当事者が契約を締結する際に国際裁判管轄の合意を記載した別の書面を引用する場合について、当該契約を書面でし、管轄合意が記載された別の書面を当該契約の一部を構成するものとして引用するものであるときは、当該契約を合意付きのものとみなし、管轄合意が記

載された別の書面を添付していない場合でも管轄合意の書面性の要件を満たすと定めています。改正法も、明示的な規定を設けていませんが、同様の理解を前提としています。

　また、仲裁法第13条第6項は、管轄合意を含む契約につき、管轄合意以外の条項について無効又は取消事由がある場合であっても、管轄合意の効力には影響を及ぼさないと定めています。改正法も、明示的な規定を設けていませんが、同様の理解を前提としています。

（注）「電磁的記録」とは、一定の記憶媒体上になされた情報の記録をいい、記録といえる程度の永続性を有することが必要であり、通信・処理中のデータは含まれません。また、「電子的方式」とは、電子の働きを利用した記録方式のことであり、半導体集積回路（ICメモリ）を使用した記録等が含まれ、「磁気的方式」とは、磁気の働きを利用した記録方式のことであり、磁気ディスク、テープを使用した記録等が含まれます。

Q83

外国の裁判所を指定する専属的な国際裁判管轄の合意は、その裁判所が法律上又は事実上裁判権を行うことができないときは、これを援用することができないとされているのは、なぜですか。

A 外国の裁判所を専属的な管轄裁判所とする国際裁判管轄の合意があるにもかかわらず、日本の裁判所に訴えが提起された場合、原則として、被告は、当該合意の存在を主張し、日本の裁判所に管轄権がないので訴えは却下されるべきであるとの本案前の申立てをすることができます。

しかし、当該合意の対象である外国の裁判所が法律上又は事実上裁判権を行うことができない場合にまで、当該合意に基づき日本の裁判所の管轄権を否定することを認めると、当事者はいずれの国の裁判所においても裁判を受けることができない事態が生じかねず、妥当ではないと考えられます。

そこで、第3条の7第4項は、外国の裁判所にのみ訴えを提起することができる旨の合意について、その外国の裁判所が法律上又は事実上裁判権を行うことができないときは、これを援用することはできず、日本の裁判所が管轄権を有するとしています。

「法律上裁判権を行うことができないとき」とは、例えば、合意された国の法令によれば当該訴えについてその国の裁判所が管轄権を有しない場合をいい、「事実上裁判権を行うことができないとき」とは、例えば、戦乱、天災その他の原因によりその国の司法制度が実際上機能していないような場合をいいます(注)。

(注)「法律上裁判権を行うことができないとき」とは、法律上、外国の裁判所がその裁判権を行使できない事態を意味しますので、国際裁判管轄の合意により訴えを提起することができるとされた国において適用される法令によれば、時効の完成によりその請求が棄却されるような場合は含まれないものと解されます。ただし、そのような国際裁判管轄の合意が著しく不合理で公序法に反すると認められるような事情がある場合には、民法第90条等により無効となることはあり得るものと考えられます。

Q84 改正法で設けられた専属的な国際裁判管轄についての規定としては、どのようなものがありますか。

A 改正法では、専属的な国際裁判管轄の合意について、独立した規定は設けられていませんが、以下のとおり、各条項には、専属的な国際裁判管轄の合意について特別な規定を設けているものがあります。

第1に、第3条の7第4項は、外国の裁判所にのみ訴えを提起することができる旨の合意について、その外国の裁判所が法律上又は事実上裁判権を行うことができないときは、これを援用することはできないとしています（Q83参照）。

第2に、第3条の7第5項第1号及び第6項第1号は、同各号により消費者契約に関する紛争又は個別労働関係民事紛争を対象とする国際裁判管轄の合意が有効と認められる場合であっても、当該合意が専属的な管轄権に関する合意である場合には、付加的な合意とみなされるとしています（Q90、Q93参照）。

第3に、第3条の9は、日本の裁判所にのみ訴えを提起することができる旨の合意に基づき訴えが提起された場合には、同条に基づき、特別の事情があるとして、訴えを却下することができないとしています（Q98参照）。

第4に、第3条の10は、いわゆる法定専属管轄の場合に限り、第3条の6の規定の適用を除外していますので、併合される請求について外国の裁判所を指定する専属的な国際裁判管轄の合意がある場合であっても、第3条の6の要件を満たす場合には、同請求を併合して日本の裁判所に訴えを提起することができることとなります（Q75参照）。この点については、反訴請求について専属的な国際裁判管轄の合意がある場合も同様です（Q79参照）。

Q85 日本の裁判所に管轄権が専属するとされる請求について、外国の裁判所の専属管轄とする旨の合意がある場合、その請求に係る訴えを日本の裁判所に提起することができますか。

A 第3条の10は、訴えについて法令に日本の裁判所の管轄権の専属に関する定めがある場合には、第3条の7の規定は適用しないと定めています。これは、法定専属管轄に関する規定の適用がある訴えは、その公益性が高いことから、専属的な国際裁判管轄の合意に優先して適用されるべきであり、当事者の合意により管轄権の有無が左右されるのは相当ではないと考えられるからです。

　この規定によれば、例えば、日本の不動産の所有権移転登記手続請求に係る訴えのように、日本の裁判所に管轄権が専属するとされる訴えについては、外国の裁判所を専属的な管轄裁判所とする旨の国際裁判管轄の合意がある場合であっても、日本の裁判所に訴えを提起することができることとなります。

　逆に、外国の不動産の所有権移転登記手続請求に係る訴えのように、いわゆる法定専属管轄の規定が適用される訴えであり、その規定によれば日本の裁判所に管轄権が認められない場合には、日本の裁判所を専属的な管轄裁判所とする旨の国際裁判管轄の合意がある場合であっても、日本の裁判所はその訴えについて管轄権を有しないこととなります。

Q86 「日本の裁判所」を管轄裁判所とする国際裁判管轄の合意に基づき日本の裁判所に訴えが提起された場合、国内土地管轄は、どのように定まりますか。

A 　国際取引に関する契約において、当該契約から生じた紛争は日本の裁判所で解決する旨の条項が置かれているものの、国内土地管轄に関する合意の存在が認められないときは、普通裁判籍（第4条）、義務履行地（第5条第1号）、事務所又は営業所の所在地（同条第5号）等の規定により、国内土地管轄が定まることとなります。これらの規定によっても日本国内の管轄裁判所が定まらない場合には、最高裁判所規則で定める地（東京都千代田区）を管轄する裁判所が管轄裁判所となります（第10条の2参照）。

Q87
国際裁判管轄の合意についての最高裁判例（チサダネ号事件）の判示事項の趣旨は、改正法の下でも妥当しますか。

A 　最三判昭和50年11月28日民集29巻10号1554頁（チサダネ号事件）は、海上火災保険会社で日本法人である原告が、国際海運業者でオランダ法人である被告（神戸市に営業所を有する）に対し、積荷海上保険契約に基づき代位取得した損害賠償請求権に基づく損害賠償金の支払を求めた事案において、船荷証券上に記載のあるアムステルダム裁判所の専属管轄とする合意の有効性が認められた事案です。

　まず、上記判決は、国際裁判管轄の合意は、少なくとも当事者の一方が作成した書面に特定国の裁判所が明示的に指定されていて、当事者間における合意の存在と内容が明白であれば足り、その申込と承諾の双方が当事者の署名のある書面による必要はないと判示しています。改正法は、この判示内容を実質的に変更したものではなく、今後は、第3条の7第2項の書面性の要件の解釈に委ねられることとなると考えられます。

　次に、上記判決は、国際的専属的裁判管轄の合意は、①当該事件が我が国の裁判権に専属的に服するものではなく、②指定された外国の裁判所が、その外国法上、当該事件につき管轄権を有することの各要件を満たす限り、原則として有効であると判示しています。改正法は、上記①と同様の趣旨を第3条の10において規定し、上記②と同様の趣旨を第3条の7第4項において規定しています。

　さらに、上記判決は、我が国の裁判権を排除する管轄の合意を有効と認めるためには、当該外国判決の承認の要件としての相互の保証をも要件とする必要はないと判示しています。この点については、改正法も、同様の理解に立っています。

　最後に、上記判決は、国際的専属的裁判管轄の合意は、管轄の合意が甚だしく不合理で公序法に違反するときなどの場合は格別、原則として有効と認めるべきであると判示しています。改正法においては、管轄権に関する合意が無効になる場合について、特段の規定は設けられていませんが、その合意が甚だしく不合理で公序法に違反するときには、民法第90条等により無効

となると考えられますので、同様の趣旨は、改正法の下においても妥当すると考えられます。

　以上のとおり、チサダネ号事件の各判示事項と同様の趣旨は、改正法の下においても妥当するものと考えられます。

　(参考)　管轄合意条約は、その合意の効力を認めることが明らかな不正義をもたらすか、又は受訴裁判所所属国の公序の基本的原則に明らかに反する結果となる場合（同条約第6条(c)）、当事者が左右することができない例外的な理由により、その合意が合理的には履行できない場合（同条約第6条(d)）には、選択された裁判所の所属する締約国以外の締約国の裁判所が訴訟を停止し又は訴えを却下する義務を有しないこととしています。

Q88 改正法と管轄合意条約とは、どのような点が共通し、どのような点が異なりますか。

A 管轄合意条約は、その対象を専属的な管轄合意のみとしているところ、その規定と改正法の規定の主な相違点は、次のとおりです（なお、管轄合意条約は、消費者が一方当事者となっている合意及び労働契約に関する合意には適用されません）。

1 改正法の規定と管轄合意条約の規定でその実質的な内容が一致すると考えられる点

① 専属管轄は、書面又は後に参照の用に供し得る情報を残す他のすべての通信手段により締結されるか、又は記録されなければならないとされていること（同条約第3条(c)）。

② 契約の一部となっている専属的管轄合意は、その契約の他の部分とは独立の合意として扱われなければならないとされていること（同条約第3条(d)）。

③ 専属的管轄合意により選択された締約国の裁判所は、その合意が適用される紛争について裁判する裁判管轄権を有すること。ただし、その国の法律によりその合意が無効である場合はこの限りではないこと（同条約第5条(1)）。

④ 裁判管轄権を有する裁判所は、その紛争は他の国の裁判所で裁判されるべきであるとの理由によって裁判管轄権の行使を控えてはならないとされていること（同条約第5条(2)）。

⑤ 当事者が左右することができない例外的な理由により、その合意が合理的には履行できない場合には訴えを却下するなどしなければならないこと（同条約第6条(d)）。

2 改正法の規定と管轄合意条約の規定でその実質的な内容が異なる点

同条約には、一つの締約国の裁判所又は一つの締約国の一つ若しくは複数の特定の裁判所を選択する管轄合意は、当事者が明示的に別段の定めをしない限り、専属的なものとみなす旨の規定があるが（同条約第3条(b)）、改正法ではそのような規定は設けられていないこと（Q81参照）。

[第5項関係]

> （管轄権に関する合意）
> 第3条の7
> 5　将来において生ずる消費者契約に関する紛争を対象とする第1項の合意は、次に掲げる場合に限り、その効力を有する。
> 一　消費者契約の締結の時において消費者が住所を有していた国の裁判所に訴えを提起することができる旨の合意（その国の裁判所にのみ訴えを提起することができる旨の合意については、次号に掲げる場合を除き、その国以外の国の裁判所にも訴えを提起することを妨げない旨の合意とみなす。）であるとき。
> 二　消費者が当該合意に基づき合意された国の裁判所に訴えを提起したとき、又は事業者が日本若しくは外国の裁判所に訴えを提起した場合において、消費者が当該合意を援用したとき。

Q89　消費者契約に関する紛争を対象とする国際裁判管轄の合意について、特則を設けたのは、なぜですか。

A　消費者契約においては、約款や定型の契約書に専属管轄の合意条項が置かれることが少なくありませんが、消費者はそのような条項の意味を十分に理解せずに契約することが多く、また、交渉によりその条項の削除を求めることも実際上は困難です。

国内土地管轄においては、専属管轄の合意がある場合でも裁量移送により訴訟を他の管轄裁判所に移送することができますが、国際的な事案においては移送により当事者間の衡平を図ることはできませんので、消費者契約に関する紛争が生じる前にされた国際裁判管轄の合意は、その効力を一定の範囲に限定すべきであると考えられます。

他方、消費者契約に関する紛争が生じた後にされた国際裁判管轄の合意については、消費者としても、特定の紛争の発生を前提として慎重に判断して合意することが期待されることから、その効力について限定をする必要はなく、管轄権に関する合意一般の規律に服せば足りると考えられます。

そこで、第3条の7第5項は、消費者契約に関する紛争が生じる前にされ

た国際裁判管轄の合意は、原則として効力を有しないとした上で、例外的に、その合意が効力を有する場合を同項第1号及び第2号において定めています。

Q90 消費者契約締結時において消費者が住所を有していた国の裁判所に訴えを提起することができる旨の国際裁判管轄の合意については、その効力を有するとしたのは、なぜですか。

A 1 第3条の7第5項第1号は、事業者と消費者が、消費者契約締結時において消費者が住所を有していた国の裁判所に訴えを提起することができる旨の国際裁判管轄の合意をした場合には、その合意を有効とすると規定しています。

消費者が、消費者契約に関する紛争について、その契約締結時において消費者が住所を有していた国の裁判所で解決する旨の合意をした場合には、消費者にとっても、その国で紛争を解決することを予期していたともいえ、他方、事業者にとっても予測可能性が確保できると考えられます。また、そのような場合には、消費者は、消費者契約締結時において住所を有していた国の法制度、言語、取引慣習等をある程度知悉し、その国の裁判所で応訴することが困難であるとはいえないと考えられます。このため、改正法は、消費者契約締結時において消費者が住所を有していた国の裁判所に訴えを提起する合意については、その効力を認めることとしています。

第3条の7第5項第1号によれば、消費者契約締結の際、消費者の住所が日本国内にあり、事業者と消費者が、日本の裁判所を管轄裁判所とする国際裁判管轄の合意をした場合には、訴え提起時にその消費者の住所が外国にあったとしても、その合意は効力を有することとなるため、その事業者は、その合意に基づき日本の裁判所に訴えを提起することができることとなります。

2 第3条の7第5項第1号括弧書は、国際裁判管轄の合意が専属的なものであったとしても、付加的な合意とみなすと定めています。これによれば、消費者契約に関する紛争に関して、外国の裁判所を専属管轄裁判所とする国際裁判管轄の合意が存在し、その合意が有効であったとしても、第3条の2、第3条の3、第3条の4第1項等の要件を満たす場合には、消費者は日本の裁判所に訴えを提起することができ、事業者が訴えを提起する場合も、第3条の2の規定により、日本の裁判所に訴えを提起することは妨げられないこ

ととなります。このような規定が設けられたのは、第3条の3、第3条の4等の規定により日本の裁判所が管轄権を有すると認められるときは、消費者が日本の裁判所に訴えを提起することができるようにすることが、裁判所へのアクセスの確保の観点から相当であると考えられることによるものです。

Q91 第3条の7第5項第2号の趣旨及び具体的な適用場面は、どのようなものですか。

A 1 第3条の7第5項第2号は、①消費者が、国際裁判管轄の合意に基づき、合意された国の裁判所に訴えを提起したとき、又は②事業者が訴えを提起した場合において、消費者が国際裁判管轄の合意を援用したときは、その合意は効力を有すると定めています。これは、国際裁判管轄の合意を有効なものとして消費者が援用するなどした場合には、合意に完全な効力を認めたとしても消費者の利益を損なうことはないと考えられることに基づくものです。

2 上記①が想定する場面は、消費者が、事業者との国際裁判管轄の合意に基づき、訴えを提起する局面であり、(i)日本の裁判所に訴えを提起する場合と、(ii)外国の裁判所に訴えを提起する場合があり得ます。

上記(i)としては、消費者が、日本の裁判所を管轄裁判所とする国際裁判管轄の合意に基づき、日本の裁判所に訴えを提起する場合が考えられます。

上記(ii)としては、消費者と事業者との間に、外国の裁判所を管轄裁判所とする専属的な国際裁判管轄の合意があり、消費者がその合意に基づき外国の裁判所に訴えを提起した後に、第3条の4等の規定に基づいて日本の裁判所に訴えを提起した場合が考えられます。この場合には、消費者は、外国の裁判所において当該合意を既に援用していますから、この合意の効力を認めたとしても消費者の利益を損なうことはないと考えられます。したがって、日本の裁判所は、専属的な国際裁判管轄の合意が効力を有するとの事業者の本案前の抗弁を認め、訴えを却下することができることとなります。

3 上記②が想定する場面は、事業者が原告として提起した訴えにおいて、消費者が国際裁判管轄の合意を援用する局面であり、(i)日本の裁判所に訴えが提起された場合と、(ii)外国の裁判所に訴えが提起された場合があり得ます。

上記(i)としては、事業者が第3条の3等の規定に基づいて日本の裁判所に訴えを提起したのに対して、消費者が、外国の裁判所を管轄裁判所とする専属的な国際裁判管轄の合意を援用し、日本の裁判所は管轄権を有しない旨の

本案前の抗弁を提出する場合が考えられます。この場合には、日本の裁判所は、外国の裁判所を管轄裁判所とする専属的な国際裁判管轄の合意は有効であるとして、消費者の本案前の抗弁を認め、訴えを却下することができることとなります。

　上記(ii)としては、事業者が外国の裁判所に訴えを提起したのに対して、消費者が、当該外国の裁判所において、日本の裁判所を管轄裁判所とする専属的な国際裁判管轄の合意を援用し、訴えが却下されたことから、事業者が当該合意に基づき日本の裁判所に訴えを提起する場合が考えられます。この場合には、消費者は、当該専属的な国際裁判管轄の合意を既に援用していますから、もはや当該合意が無効である旨の主張をすることはできず、日本の裁判所が管轄権を有することとなります。

[第6項関係]

> （管轄権に関する合意）
> 第3条の7
> 6　将来において生ずる個別労働関係民事紛争を対象とする第1項の合意は、次に掲げる場合に限り、その効力を有する。
> 一　労働契約の終了の時にされた合意であって、その時における労務の提供の地がある国の裁判所に訴えを提起することができる旨を定めたもの（その国の裁判所にのみ訴えを提起することができる旨の合意については、次号に掲げる場合を除き、その国以外の国の裁判所にも訴えを提起することを妨げない旨の合意とみなす。）であるとき。
> 二　労働者が当該合意に基づき合意された国の裁判所に訴えを提起したとき、又は事業主が日本若しくは外国の裁判所に訴えを提起した場合において、労働者が当該合意を援用したとき。

Q92　個別労働関係民事紛争を対象とする国際裁判管轄の合意について、特則を設けたのは、なぜですか。

A　労働契約においては、事業主と労働者との間に交渉力及び経済力の格差があることから、労働契約において専属管轄の合意条項が置かれると、労働者が交渉によりそのような条項の削除を求めることは実際上困難です。

国内土地管轄においては、専属管轄の合意がある場合でも裁量移送により訴訟を他の管轄裁判所に移送することができますが、国際的な事案においては移送により当事者間の衡平を図ることはできませんので、紛争が生じる前にされた国際裁判管轄の合意は、その効力を一定の範囲に限定すべきであると考えられます。

他方、紛争が生じた後にされた合意については、労働者としても、特定の紛争の発生を前提として慎重に判断して合意することが期待されることから、その効力について限定をする必要はなく、管轄権に関する合意一般の規律に服せば足りると考えられます。

そこで、第3条の7第6項は、個別労働関係民事紛争が生じる前にされた

国際裁判管轄の合意は、原則として効力を有しないとした上で、例外的に、その合意が効力を有する場合を同項第1号及び第2号において定めています。

Q93 労働契約の終了の時にした合意であって、労働関係に関する訴えを労働契約終了時の労務提供地がある国の裁判所に提起することができる旨の国際裁判管轄の合意については、その効力を有するとしたのは、なぜですか。

A 1 事業主と労働者が労働契約をする際に、事業主が労働者に対して、その労働契約に関する紛争はすべて事業主の主たる営業所等の所在する国の裁判所で解決するなどの専属的な国際裁判管轄の合意をすることを求めることがありますが、事業主の主たる営業所のある国と労働者の労務提供地又は住所地がある国が異なる場合には、労働者にとって、事業主の主たる営業所のある国の裁判所等に応訴することは、経済的及び時間的に大きな負担となります。前記（Q92参照）のとおり、事業主と労働者との間に交渉力及び経済力の格差があることから、労働者が、そのような国際裁判管轄の合意の削除や変更を求めることは実際上困難であり、個別労働関係民事紛争が生じる前にされた国際裁判管轄の合意は、その効力を制限する必要があります。

他方、労働契約の終了後に労働者の不法行為（横領、競業避止義務違反、秘密漏洩等）が発覚し、事業主が損害賠償を求める必要が生じたものの、その時点においては、労働者が自国に帰国しているなどして、労働契約の継続時とは異なる国に住所を有する場合等もあり得ます。このような場合についても、国際裁判管轄の合意の効力を例外なく否定し、常に、訴え提起時の労働者の住所地等で訴えを提起しなければならないものとすると、事業者が訴えを提起することにより労働者の不法行為責任を追及することを断念せざるを得ないこともあり得ます。とりわけ、国際的に求められる専門的な技術や知識を有する労働者の場合には、事業主との交渉力及び経済力の格差が他の労働者と比べて小さいこともあり、個別労働関係民事紛争が生じる前にされた国際裁判管轄の合意をすべて無効とするのは、事業主の利益を損なうこととなると考えられます。

2 そこで、上記の事業主及び労働者それぞれの利益を考慮し、第3条の7第6項第1号は、労働契約の終了の時にされた国際裁判管轄の合意であっ

て、その時における労務の提供の地がある国の裁判所に訴えを提起することができる旨を定めたものは、効力を有すると定めています。

　このように、同号は、国際裁判管轄の合意が「労働契約の終了の時」にされた場合に限り有効としていますが、これは、労働契約の締結時や労働契約の継続中と異なり、労働契約の終了時であれば、労働者と事業主との交渉上の格差は比較的小さいと考えられることによるものです。

　また、同号は、労働契約終了時点での労務提供地がある国の裁判所を管轄裁判所とする場合に限り、国際裁判管轄の合意を有効としていますが、これは、労働者は、労働契約の終了時点での労務提供地がある国に住所を有することが少なくなく、労務を提供していた国であれば、その法制度、言語等をある程度知悉していると考えられる上、労働契約終了後に住居を移転した場合であっても、労働契約終了時の労務提供地がある国で当該労働関係に関する紛争を解決することをある程度予期していたともいえることによるものです。

　3　第3条の7第6項第1号括弧書は、国際裁判管轄の合意が専属的なものであったとしても、付加的な合意とみなすと定めています。これによれば、個別労働関係民事紛争に関して外国の裁判所を専属管轄裁判所とする国際裁判管轄の合意が存在し、その合意が有効であったとしても、第3条の2、第3条の3、第3条の4第2項等の要件を満たす場合には、労働者は日本の裁判所に訴えを提起することができ、事業主が訴えを提起する場合も、第3条の2の規定により、日本の裁判所に訴えを提起することは妨げられないこととなります。このような規定が設けられたのは、第3条の3、第3条の4等の規定により日本の裁判所が管轄権を有すると認められるときは、労働者が日本の裁判所に訴えを提起することができるようにすることが、裁判所へのアクセスの確保の観点から相当であると考えられることによるものです。

　4　実務上は、専門的な技術や知識を有する労働者の場合には、労働契約が終了する際に、事業主との間で競業避止義務や秘密保持義務等に関する合意がされることが少なくありません。第3条の7第6項第1号によれば、労働契約が終了する際に、事業主と労働者との間で競業避止義務や秘密保持義務等に関する合意がされ、その際に、当該労働関係に関する紛争を労働契約終了時の労務提供地がある日本の裁判所で解決する旨の合意をした場合に

は、その後、当該労働者が外国に移住した場合でも、当該事業主は、その合意に基づき、日本の裁判所に当該紛争に係る訴えを提起することができることとなります。

Q94 第3条の7第6項第2号の趣旨及び具体的な適用場面は、どのようなものですか。

A 第3条の7第6項第2号は、同条第5項第2号と同趣旨の規定であり、その適用場面も同号と同様です（Q91参照）。

第7節　応訴管轄（第3条の8関係）

> **（応訴による管轄権）**
> 第3条の8　被告が日本の裁判所が管轄権を有しない旨の抗弁を提出しないで本案について弁論をし、又は弁論準備手続において申述をしたときは、裁判所は、管轄権を有する。
>
> 参考
> **（応訴管轄）**
> 第12条　被告が第一審裁判所において管轄違いの抗弁を提出しないで本案について弁論をし、又は弁論準備手続において申述をしたときは、その裁判所は、管轄権を有する。

Q95　被告が応訴した場合には、日本の裁判所は管轄権を有することになりますか。

A　第3条の8は、被告が、日本の裁判所が管轄権を有しない旨の抗弁を提出せずに本案について弁論をし、又は弁論準備手続において申述をしたときは、日本の裁判所は管轄権を有すると定めています。これは、国内土地管轄と同様、国際裁判管轄についても応訴管轄を認めることを趣旨とするものです。

　ただし、国内土地管轄に関する第12条と異なり、第3条の8では、「第一審裁判所において」との要件は設けられていません。これは、国内土地管轄については、第一審裁判所が任意管轄に関する規定に違反したとしても、その旨を控訴審において主張することができないとされているのに対し（第299条）、国際裁判管轄に関する規定に違反する旨の主張については、控訴審においても主張することを可能とした上で、控訴審において被告が日本の裁判所の管轄権を争わない旨を明らかにした場合には、応訴による管轄権の成立を認めることが相当であると考えられることによります。

　第3条の10は、第3条の8の規定の適用を排除していることから、法定専属管轄の規定の適用がある訴えについて、その規定によれば日本の裁判所

が管轄権を有しない場合には、被告が応訴したとしても、日本の裁判所はその訴えを却下しなければならないこととなります。

第8節　特別の事情による訴えの却下（第3条の9関係）

> **（特別の事情による訴えの却下）**
> 第3条の9　裁判所は、訴えについて日本の裁判所が管轄権を有することとなる場合（日本の裁判所にのみ訴えを提起することができる旨の合意に基づき訴えが提起された場合を除く。）においても、事案の性質、応訴による被告の負担の程度、証拠の所在地その他の事情を考慮して、日本の裁判所が審理及び裁判をすることが当事者間の衡平を害し、又は適正かつ迅速な審理の実現を妨げることとなる特別の事情があると認めるときは、その訴えの全部又は一部を却下することができる。

Q96　特別の事情による訴えの却下の規定を設けたのは、なぜですか。

A　1　第3条の9は、第3条の2以下の規定を適用すると日本の裁判所が管轄権を有することとなる場合においても、事案における具体的な事情を考慮して、日本の裁判所が審理及び裁判をすることが当事者間の衡平を害し、又は適正かつ迅速な審理の実現を妨げることとなる特別の事情があると認めるときは、その訴えの全部又は一部を却下することができると定めています。

　第3条の2以下の規定を適用すると日本の裁判所が管轄権を有することとなる場合には、原則として、日本の裁判所が審理判断をすべきであると考えられますが、事案によっては、特別の事情が存在し、当事者間の衡平又は適正かつ迅速な審理の実現の観点から、日本の裁判所が審理判断をするより、外国の裁判所に審理判断を委ねることが望ましい場合もあり得ます。このような場合、国内土地管轄に関しては、第一審裁判所は、事案における具体的な事情を考慮し、訴訟を他の管轄裁判所に裁量移送することができますが（第17条）、国際裁判管轄が問題となる事案では裁量移送により当事者間の衡平を図ることはできません。

　そこで、第3条の9は、第3条の2から第3条の8までの規定により日本

の裁判所が管轄権を有することとなる場合（日本の裁判所にのみ訴えを提起することができる旨のいわゆる専属的な管轄権に関する合意に基づき訴えが提起された場合を除く）においても、事案の性質、応訴による被告の負担の程度、証拠の所在地その他の事情を考慮して、日本の裁判所が審理及び裁判をすることが当事者間の衡平を害し、又は適正かつ迅速な審理の実現を妨げることとなる特別の事情があると認めるときは、訴えの全部又は一部を却下することができると定めています。これは、従前の判例の趣旨を踏まえ、立法化されたものです（Q97参照）。

2　日本の裁判所の管轄権の有無を判断するに当たっては、必ずしも日本の裁判所の管轄権が認められるか否かについての判断を先行させなければならないわけではなく、日本の裁判所の管轄権の有無を問わず、第3条の9の「特別の事情」があると認めて、訴えを却下することは可能であると考えられます。

しかし、第3条の2以下の規定を適用すると日本の裁判所が管轄権を有することとなる場合には、原則として、日本の裁判所が審理判断をすべきであると考えられ、日本の裁判所の管轄権が認められるか否かについての判断をすることなく、特別の事情があるとして訴えを却下することについては、当事者の予測可能性を害するとして従前から批判がありました。法制審議会国際裁判管轄法制部会の審議においても、改正法により訴えの類型ごとの国際裁判管轄の規定が整備された場合には、まず、第3条の2以下の規定を適用して日本の裁判所が管轄権を有することとなるかどうかについての判断を行い、その上で特別の事情の有無を判断することが望ましいとの考え方が前提とされています（同部会第1・5・9回議事録等参照）。

改正法は、以上を踏まえ、訴えの類型ごとに国際裁判管轄の判断の基準を明らかにするとともに、第3条の9の要件を満たす場合には訴えを却下することができると定めています。

3　第3条の9において掲げられた考慮要素のうち、「事案の性質」とは、請求の内容、契約地、事故発生地等の紛争に関する客観的な事情を、「応訴による被告の負担の程度」とは、応訴により被告に生じる負担、当事者の予測可能性等の当事者に関する事情を、「証拠の所在地」とは、物的証拠の所在や証人の所在地等の証拠に関する事情を含むものと考えられます。その他

の考慮要素の例としては、その請求についての外国の裁判所の管轄権の有無、外国の裁判所における同一又は関連事件の係属等の事情を挙げることができます。

　4　第3条の9にいう「当事者間の衡平を害すること」は当事者間の利益の調整という観点からの、「適正かつ迅速な審理の実現を妨げること」は公益的な観点からの要件ですが、そのいずれもが害され又は妨げられることを要するものではありません。

　5　訴えの一部を却下する場合としては、請求の客観的併合において一つの請求に係る訴えのみを却下する場合等が考えられます。

Q97 日本の裁判所が審理及び裁判をすることが当事者間の衡平を害し、又は適正かつ迅速な審理の実現を妨げることとなる特別の事情があるかどうかを検討して、日本の裁判所の管轄権の有無を判断した従前の裁判例には、どのようなものがありますか。

A 1 前掲最三判平成9年11月11日（ファミリー事件）は、「我が国の民訴法の規定する裁判籍のいずれかが我が国内にあるときは、原則として、我が国の裁判所に提起された訴訟事件につき、被告を我が国の裁判籍に服させるのが相当であるが、我が国で裁判を行うことが当事者間の公平、裁判の適正・迅速を期するという理念に反する特段の事情があると認められる場合には、我が国の国際裁判管轄を否定すべきである」と判示しています。同事件は、ドイツから自動車等を輸入している日本法人が原告となり、ドイツに居住する日本人を被告として、ヨーロッパにおける自動車の買付けを委託し、買付資金として預託した金員の返還を求めたものですが、最高裁判所は、原告と被告との契約は、ドイツ国内で締結され、原告が被告に同国内における種々の業務を委託することを目的とするものであること、被告が20年以上にわたりドイツ国内に生活上及び営業上の本拠を置いていること、被告の防御のための証拠方法もドイツ国内に集中していることなどの事情を考慮して、日本の裁判所の管轄権を否定しました。

2 下級審の裁判例のうち、日本の国際裁判管轄を否定すべき特段の事情があると判断された事例には、証拠の所在・証拠調べの便宜に言及するものが多く（東京地判平成15年9月26日判タ1156号268頁、東京高判平成12年12月20日金判1133号24頁、東京地判平成10年3月19日判タ997号286頁等）、当事者に関する事情のうち、日本において訴えが提起されることについての被告の予測可能性に言及するもの（東京地判平成14年11月18日判時1812号139頁、東京地判平成10年11月2日判タ1003号292頁等）、被告の営業上の本拠地に言及するもの（前掲東京地判平成14年11月18日）、国際訴訟競合について言及するもの（東京地判平成3年1月29日判時1390号98頁）などがあります。

また、外国の裁判所が管轄権を有していることに言及するものとしては、東京地判昭和61年6月20日判時1196号87頁があり、同事件では、鑑定人の見解に基づき、台湾の裁判所が管轄権を有すると判断しています。そして、同事件では、被告らが、台湾の裁判所に訴えが提起された場合には時効の利益を放棄すると陳述していることを特段の事情に含めて考慮していますが、この点については、日本の裁判所の管轄権が否定された後に外国の裁判所に訴えを提起した場合に時効又は除斥期間により請求が棄却されるとしても、外国法人と商取引をする場合にはそのような不都合が生じることを念頭において準拠法や国際裁判管轄についての合意をするなどの対策を講じることが肝要であるとして、特段の事情として考慮することは相当でないと判示している裁判例（前掲東京高判平成12年12月20日）もあります。

Q98 専属的な国際裁判管轄の合意に基づく訴えについて、第3条の9の規定の適用を除外しているのは、なぜですか。

A 第3条の9括弧書は、「日本の裁判所にのみ訴えを提起することができる旨の合意に基づき訴えが提起された場合を除く。」と規定し、第3条の9の適用対象から、日本の裁判所を管轄裁判所とする専属的な国際裁判管轄の合意に基づく訴えを除外しています。これは、専属的な管轄権に関する合意がある場合には、法定の国際裁判管轄の原因により管轄権が認められる場合と異なり、当事者は日本の訴訟手続を前提とした上で日本の裁判所でのみ紛争を解決することを意図したものであると考えられ、そのような場合にまで事案の具体的な事情により事後的にその効力を否定することを認めると、管轄権に関する合意をすることにより国際裁判管轄の有無をめぐる紛争を防止しようとした当事者の意図に反すると考えられることに基づくものです。

なお、法定専属管轄の規定が適用される訴えについては、第3条の9の規定の適用が除外されているため（第3条の10）、その規定を適用すれば日本の裁判所に管轄権が認められる場合には、第3条の9の規定を適用して訴えを却下することはできないこととなります。

Q99 日本の裁判所に提起された訴えにおいて、その訴えについて国際裁判管轄を有する外国の裁判所がないことが判明した場合にも、裁判所は、第3条の9により訴えを却下することができますか。

A 日本の裁判所に提起された訴えについて、日本の裁判所が管轄権を有する場合には、日本の裁判所が審理することが原則であり、第3条の9にいう「特別の事情」がある場合には、訴えを却下することができます。

本問のように、日本の裁判所の管轄権の有無が争いになっている場合には、被告が外国の個人や企業であることが多く、そのような場合には、被告の住所や主たる事務所又は営業所が外国にあることから、管轄権を有する外国の裁判所が存在することがほとんどであると考えられます。

仮に、その請求について国際裁判管轄を有する外国の裁判所が存在せず、あるいは、その裁判所が事実上裁判権を行うことができない場合には、日本の裁判所が審理判断を行うことが当事者の衡平を害し、又は適正かつ迅速な審理の実現を妨げることとなるとは通常考えられず、第3条の9の要件を満たすような場合は想定し難いものと考えられます(注)。

(注) 法制審議会国際裁判管轄法制部会においては、外国の裁判所がその請求について管轄権を有しているかどうかが不明な場合に、その有無が判明するまで訴訟手続を中止することができる旨の規定を設けるかどうかについても議論がされましたが、外国の裁判所の管轄権の有無が判明するまで訴訟手続を中止する必要性がある場合はそれほど考えられず、かえって中止制度を設けることにより手続が遅延するおそれがあるなどの理由から、中止制度を設ける必要はないとされ(同部会配付資料12及び第5回会合議事録参照)、改正法においても特段の規定は設けられませんでした。

Q100 日本の裁判所に提起された訴えにおいて、被告の住所や主たる事務所又は営業所が日本国内にある場合にも、裁判所は、第3条の9により訴えを却下することができますか。

A 　第3条の2第1項は、自然人に対する訴えについて、被告の住所、居所が日本国内にある場合に、日本の裁判所が管轄権を有すると定め、同条第3項は、法人その他の社団又は財団に対する訴えにつき、その主たる事務所又は営業所が日本国内にあるときには、日本の裁判所が管轄権を有すると定めています。これらは、普通裁判籍に相当する規定であることから、通常は、被告の住所や主たる事務所又は営業所が日本国内にある場合に、第3条の9によって訴えが却下されることはないと考えられます。

　しかし、例えば、外国において多数の被害者を含む事故が生じ、当該事故に関連して日本の企業に対する訴えが日本の裁判所に提起されたものの、原告は当該外国に住所を有しており、他のほとんどの被害者は当該外国の裁判所に訴えを提起し、当該日本の企業も同国の裁判所に係属する事件の被告とされているような例外的な場合も考えられなくはないことから、被告の住所や主たる事務所又は営業所が日本国内にあっても、日本の裁判所が第3条の9により訴えを却下する余地を残しておくことが相当であると考えられます。

　そこで、被告の住所や主たる事務所又は営業所が日本国内にある場合は、第3条の9の対象から除外されていません。

第9節　管轄権が専属する場合の適用除外（第3条の10関係）

> **（管轄権が専属する場合の適用除外）**
> 第3条の10　第3条の2から第3条の4まで及び第3条の6から前条までの規定は、訴えについて法令に日本の裁判所の管轄権の専属に関する定めがある場合には、適用しない。
>
> 参考
> **（専属管轄の場合の適用除外等）**
> 第13条　第4条第1項、第5条、第6条第2項、第6条の2、第7条及び前2条の規定は、訴えについて法令に専属管轄の定めがある場合には、適用しない。

Q101　管轄権が専属する場合の適用除外に関する規定の内容は、どのようなものですか。

A　第3条の10は、管轄権の専属の場合の適用除外について定めています。これは、国内の裁判管轄に関する第13条第1項と同趣旨の規定であり、法令に日本の裁判所の管轄権の専属に関する定めがある訴え（第3条の5各項に規定される訴え等）については、高い公益性があることから、第3条の2から第3条の4まで及び第3条の6から第3条の9までの規定よりも優先的に適用されるべきであることを趣旨としています。

「訴えについて法令に日本の裁判所の管轄権の専属に関する定めがある場合」とは、会社の組織に関する訴え（第3条の5第1項）、登記又は登録に関する訴え（同条第2項）、知的財産権の存否又は効力に関する訴え（同条第3項）のように、いわゆる法定専属管轄の定めがある場合をいいます。

第3条の10が適用を除外しているのは、第3条の2から第3条の4まで及び第3条の6から3条の9までの規定です。第3条の10によれば、日本の裁判所に提起された訴えが、法定専属管轄の定めのある訴えに該当し、その規定を適用すれば日本の裁判所に管轄権が認められる場合には、日本の裁判所が管轄権を有することとなり、その規定を適用すれば日本の裁判所に管

轄権が認められない場合には、第3条の2以下の規定によれば日本の裁判所に管轄権が認められることとなるとき（例えば、被告の住所地が日本国内にあるとき）であっても、日本の裁判所の管轄権は認められず、訴えが却下されることとなります。

第10節　職権証拠調べ等（第3条の11等関係）

[第3条の11関係]

> （職権証拠調べ）
> 第3条の11　裁判所は、日本の裁判所の管轄権に関する事項について、職権で証拠調べをすることができる。
> 参考
> （職権証拠調べ）
> 第14条　裁判所は、管轄に関する事項について、職権で証拠調べをすることができる。

Q102　職権証拠調べに関する規定を設けたのは、なぜですか。

A　第3条の11は、日本の裁判所の管轄権に関する事項について、職権で証拠調べをすることができると定めています。同条は、第14条と同趣旨の規定であり、裁判所は、被告から日本の裁判所が管轄権を有しない旨の抗弁が提出されなくても、日本の裁判所の管轄権の有無を調査する義務を負うことを前提に、その調査に必要な範囲において、証拠調べを職権によっても行うことができると定めています。

[第3条の12関係]

(管轄権の標準時)
第3条の12　日本の裁判所の管轄権は、訴えの提起の時を標準として定める。

参考
(管轄の標準時)
第15条　裁判所の管轄は、訴えの提起の時を標準として定める。

Q103　管轄権の標準時に関する規定を設けたのは、なぜですか。

A　第3条の12は、日本の裁判所の管轄権は、訴えの提起の時を標準とすると定めています。同条は、第15条と同趣旨の規定であり、訴え提起の時を標準として日本の裁判所の管轄権の有無を定めることにより、訴え提起後の事情の変更が日本の裁判所の管轄権の有無に影響を及ぼすことを回避し、円滑な審理の進行、手続の安定を図ることを目的としています。

[第10条の2関係]

> （管轄裁判所の特例）
> 第10条の2　前節の規定により日本の裁判所が管轄権を有する訴えについて、この法律の他の規定又は他の法令の規定により管轄裁判所が定まらないときは、その訴えは、最高裁判所規則で定める地を管轄する裁判所の管轄に属する。
>
> 参考　最高裁判所規則
> （管轄裁判所が定まらない場合の裁判籍所在地の指定・法第10条の2）
> 第6条の2　法第10条の2（管轄裁判所の特例）の最高裁判所規則で定める地は、東京都千代田区とする。

Q104　国内土地管轄の特例についての規定を設けたのは、なぜですか。また、第10条の2の規定が適用されるのは、どのような場面ですか。

A　改正法には、第3条の3第5号（日本において事業を行う者に対する訴え）、第3条の4第1項（消費者契約に関する訴え）、同条第2項（労働関係に関する訴え）等のように、国内土地管轄の原因となっていない管轄原因を定めるものもあることから、民事訴訟法又は他の法令の規定により国内の管轄裁判所が定まらない場合もあり得ます。

そこで、日本国内の管轄裁判所が定まらないときのための規定を設ける必要がありますが、例えば、第3条の3第5号（日本において事業を行う者に対する訴え）の場合には、外国会社が営業所を日本国内に設置していない場合であっても、日本における代表者が定められているのが通常であり（会社法第817条）、第4条第5項により、日本国内の管轄裁判所はその住所地のある裁判所に定まると考えられます。また、義務履行地、財産所在地、不法行為地による管轄の規定等も適用されますから、日本国内の管轄裁判所が定まらないことは例外的であると考えられます。

また、第3条の4第1項の消費者からの事業者に対する訴えについても、消費者の住所が日本国内にあるときは、損害賠償等の金銭の支払を求める場合には第5条第1号により義務履行地が消費者の住所地になると考えられま

すし、インターネットを通じて取引をしたが製品が送付されない場合における引渡請求の場合にも、通常、消費者の住所地が契約上の義務履行地となることから、いずれの場合も、日本国内の管轄裁判所は、消費者の住所地のある裁判所に定まると考えられます。

さらに、第3条の4第2項の労働者からの事業主に対する訴えについても、労働者の住所又は労務提供地が日本国内にあるときは、給与、退職金等の金銭の支払を求める場合には、通常、労働者の住所地又は労務提供地が義務履行地になると考えられますし、労働契約上の地位確認の訴え等については労務提供地が義務履行地となると考えられることから、いずれの場合も日本国内の管轄裁判所は定まると考えられます。

このように、改正法の規定を適用することにより、日本の裁判所に管轄権が認められるものの、日本国内の管轄裁判所が定まらない場合は、例外的であると考えられることから、そのような場合には、最高裁判所規則で定める地を管轄する裁判所を管轄裁判所とすることとされたものです。

第10条の2の委任を受けて、民事訴訟規則の一部を改正する規則（平成23年最高裁判所規則第3号）が制定・公布され、同規則は、改正法の施行の日から施行されます。同規則により、民事訴訟規則に第6条の2（管轄裁判所が定まらない場合の裁判籍所在地の指定・法第10条の2）の規定が設けられましたが、同規則第6条の2は、第10条の2の最高裁判所規則で定める地は、東京都千代田区とすると定めています。

第11節　上告等（第312条関係）

[第2項関係]

> （上告の理由）
> 第312条
> 2　上告は、次に掲げる事由があることを理由とするときも、することができる。ただし、第4号に掲げる事由については、第34条第2項（第59条において準用する場合を含む。）の規定による追認があったときは、この限りでない。
> 一　法律に従って判決裁判所を構成しなかったこと。
> 二　法律により判決に関与することができない裁判官が判決に関与したこと。
> 二の二　日本の裁判所の管轄権の専属に関する規定に違反したこと。
> 三　専属管轄に関する規定に違反したこと（第6条第1項各号に定める裁判所が第一審の終局判決をした場合において当該訴訟が同項の規定により他の裁判所の専属管轄に属するときを除く。）。
> 四　法定代理権、訴訟代理権又は代理人が訴訟行為をするのに必要な授権を欠いたこと。
> 五　口頭弁論の公開の規定に違反したこと。
> 六　判決に理由を付せず、又は理由に食違いがあること。

Q105　日本の裁判所の管轄権に関する規定に違反したことを主張して上告することができるのは、どのような場合ですか。

A　第312条第2項第2号の2は、国際裁判管轄の原因のうち法定専属管轄に関する規定に違反した判決がされた場合をいわゆる絶対的上告理由とするものです。同項各号は、いわゆる絶対的上告理由となる事由を掲げており、同項第3号は、国内土地管轄に関し、専属管轄に関する規定に違反したことを上告の理由としています。これは、専属管轄の公益性を理由とするものですが、国際裁判管轄についても、国内土地管轄の場合と同様に、特に公益性の高いものについて、日本の裁判所の管轄権の専属に関する

規定が設けられており、この規定に違反した場合には、同様に上告の理由とするのが整合的であると考えられます。

　また、日本の裁判所の管轄権の専属に関する規定に違反した場合、とりわけ、日本の裁判所に専属的な管轄権が認められるにもかかわらず国際裁判管轄を否定して訴えを却下した場合には、外国の裁判所の国際裁判管轄も否定される可能性があり、上告審による救済の必要性も高いと考えられます。

　他方、すべての国際裁判管轄についての規定に違反する場合を絶対的上告理由とすると、濫上告を招くおそれがあり、平成8年の民事訴訟法改正により上告受理の制度を設けた趣旨にもそぐわないこととなります。

　そこで、日本の裁判所の管轄権の専属に関する規定に違反した場合を、絶対的上告理由としたものです。

[その他]

Q106 控訴審において、日本の裁判所の管轄権の有無についての原審の判断を争うことができますか。

A 国内土地管轄に関しては、第一審裁判所が任意管轄に関する規定に違反した場合にはその旨を控訴審において主張することができないと規定されていますが（第299条）、日本の裁判所の管轄権の有無については、訴訟の帰趨を左右する重要な問題であることから、従来から原審の判断を争うことができると解されていました。

改正法においても、同様の考え方から、日本の裁判所の管轄権の有無に関し、控訴審において主張を制限する旨の規定は設けられていません。

第12節　その他

[国際的訴訟競合]

Q107 日本の裁判所に係属する訴訟と同一の訴訟が外国の裁判所に係属している場合（いわゆる国際的訴訟競合）についての規定を設けなかったのは、なぜですか。

A 　国際的訴訟競合とは、外国及び日本の裁判所において、同一の訴訟が同時に係属する状態をいいます。国際的訴訟競合については、判決の矛盾抵触の回避、訴訟経済等の観点から、一定の場合には自国における訴訟を中止又は却下すべきではないかとの考え方があることから、法制審議会国際裁判管轄法制部会では、以下のとおり、国際的訴訟競合に関する規定を設けるかどうかが議論されましたが、最終的には規定を設けないこととされ、改正法においても特段の規定は設けられませんでした。

1　国際的訴訟競合の意義

(1)　訴訟の同一性

　国際的訴訟競合とは、外国及び日本の裁判所において、「同一の訴訟」が同時に係属する状態をいいます。ここにいう「同一の訴訟」の意義について、我が国の民事訴訟法上の重複起訴の禁止における事件の同一性は、当事者の同一性及び訴訟物の同一性を意味すると解されていますが、国際的訴訟競合の有無の判断基準となる訴えの同一性については、訴訟物概念が国ごとに異なることを踏まえ、①日本の裁判所に係属している訴訟と外国の裁判所に係属している訴訟の既判力が及ぶ範囲を比較することにより判断すべきとする考え方、②両訴訟の請求の基礎となる事実が同一であれば足りるとの考え方等があります。

(2)　訴訟の係属

　国際的訴訟競合の有無の判断基準となる「訴訟係属」の意義については、①外国の裁判所における訴訟の係属の有無は、当該外国の民事訴訟法の規定により判断するとの考え方、②当該外国の民事訴訟法の規定にかかわらず、

送達が完了し、管轄について争い得ない状態になった場合には訴訟が係属しているということができるとの考え方等があります。

(3) 係属する両訴訟の関係

国際的訴訟競合が生じる場面としては、例えば、製品の瑕疵により損害を被ったと主張する原告が、外国の裁判所に製造物責任に基づく損害賠償を求める訴えを提起した後に、当該訴えの被告が原告となって、日本の裁判所に債務不存在確認の訴えを提起するなど、両国に係属する訴訟が、実質的にみれば、本訴と反訴の関係にある場合と、原告が、執行の便宜等を考慮し、日本の裁判所と外国の裁判所で訴えを提起して同一の請求をするなど、複数の国の裁判所で本訴が並立する場合があり得ます。

訴訟係属の先後という観点からは、①先に外国の裁判所に訴訟が係属しており、その後に日本の裁判所に同一の訴訟が係属した場合（外国訴訟先行型）と、②先に日本の裁判所に訴訟が係属しており、その後に外国の裁判所に同一の訴訟が係属した場合（国内訴訟先行型）が考えられます。

2 国際的訴訟競合に関する従前の裁判例

国際的訴訟競合に関する従前の裁判例を概観すると、民事訴訟法の規定する重複起訴の禁止に係る「裁判所」には外国の裁判所は含まれないとして、訴えが重複起訴に当たり不適法であるとの被告の主張を排斥しているものもありますが（東京高判昭和32年7月18日下民集8巻7号1282頁（中華民国事件）、東京地中間判平成元年6月19日判夕703号246頁（品川白煉瓦事件）等）、東京地中間判平成元年5月30日判時1348号91頁（宮越機工事件）のように、先行する外国の裁判所における訴訟について本案判決がされてそれが確定に至ることが相当の確実性をもって予測され、かつ、その判決が我が国において承認される可能性があるときは、判決の抵触の防止や当事者の公平、裁判の適正・迅速、さらには訴訟経済といった観点から、重複起訴の禁止の法理を類推して、後訴を規制することが相当とされることもあり得ると判示しているものもあります（ただし、同裁判所は、米国でいまだ本案審理が開始されておらず相当の確実性をもって予測することが困難であるとして、被告の主張を採用しませんでした）。

他方、従前の裁判例においては、外国の裁判所に係属する訴訟の審理状況等を国際裁判管轄の有無の判断において考慮し、訴えを却下しているものも

みられます。例えば、東京地判平成3年1月29日判時1390号98頁（真崎物産事件）は、不法行為地の裁判籍を否定すべき「特段の事情」の判断の中で、米国の裁判所に係属中の訴訟の審理が相当程度進んでおり、同国で審理を行うのが便宜であることや、両者の判決が抵触する可能性も大きいことなどを考慮し、日本の裁判所の管轄権を否定すべき特段の事情があるとして訴えを却下しています。

3 法制審議会国際裁判管轄法制部会における審議（同部会配付資料12・17・21・22・23及び第5・9・12・13回会合議事録参照）

(1) 中間試案に掲げられた案

以上のような従前の議論及び裁判例を踏まえ、法制審議会国際裁判管轄法制部会においては、国際的訴訟競合について、国内の重複起訴の禁止（第142条）と同様、訴えの利益の問題に類するとの理解に立った上で、以下の案が中間試案に掲げられました（注1）。

【甲案】

【A案】

① 外国裁判所に係属する事件と同一の事件について、訴えの提起があった場合において、外国裁判所に係属する事件が判決によって完結し、その判決が確定して民事訴訟法第118条の規定により効力を有することとなると見込まれるときは、裁判所は、申立てにより又は職権で、その事件の判決が確定するまで訴訟手続を中止することができるものとする。

② 上記①の規律による決定に対しては、不服申立てをすることができるものとする。

【B案】

① 外国裁判所に係属する事件と同一の事件について、訴えの提起があった場合において、外国裁判所に係属する事件が判決によって完結し、その判決が確定して民事訴訟法第118条の規定により効力を有することとなると見込まれるときは、裁判所は、その事件の判決が確定するまで訴訟手続を中止することができるものとする。

② 上記①の規律による決定に対しては、不服申立てをすることができないものとする。

【乙案】 国際訴訟競合については、特段の規律を置かないものとする。

(2) **中間試案に対する各界からの意見**

　中間試案に盛り込まれた上記各案は、パブリック・コメントに付されて、各界から様々な意見が寄せられました。上記各案に対する意見の中には、外国の判決と日本の判決との抵触をできる限り防ぐ必要があることから、規定を設けることが相当であるとして甲案に賛成する意見もみられましたが、①外国判決が承認される可能性を予測をするのは極めて困難であり、審理の長期化を招くおそれがある、②外国の裁判所の審理状況を見守るのが適切な場合には、期日の間隔を調整するなどして対応すれば足りるので、規定を設ける実務上の必要性に乏しい、③外国に同様の規定がない場合、日本の企業が外国の裁判手続の中止を求めることができず、相互保証の見地から問題があるなどの理由から、乙案に賛成する意見が多数を占めました。

(3) **法制審議会国際裁判管轄法制部会の結論**

　中間試案に対する意見も踏まえ、同部会ではさらに審議し、以下の2案が検討されました。

【乙案】　国際訴訟競合については、特段の規律を置かないものとする。

【丙案】　裁判所は、外国裁判所に係属する事件と同一の事件が係属する場合において、日本及び外国の裁判所における審理の状況、外国裁判所に係属する事件が判決によって完結してその判決が確定する見込み、その判決が民事訴訟法第118条の規定により効力を有することとなる可能性その他の事情を考慮して必要があると認めるときは、4月以内の期間を定めて訴訟手続を中止することができるものとする。

　同部会における審議の結果、最終的には、①判決の矛盾抵触を避けるため、外国の裁判所の審理状況を見守るのが適切な場合には、期日の間隔を調整するなどして柔軟に対応すれば足りるのではないか、②中止の要件の判断基準があいまいになり得る上、不服申立手段を設けないのであれば、現在の実務の運用と変わりがなく、あえて規定を設ける必要がないのではないかなどの点が考慮され、特段の規定は設けないこととされ、改正法においても国際的訴訟競合についての規定は設けられませんでした。

4　**関連する事項**

(1) **国際裁判管轄の有無との関係**

　このように、改正法では国際的訴訟競合についての規定は設けられなかっ

たことから、国際的訴訟競合が生じた場合の取扱いは、実務上の運用に委ねられることになります。

具体的には、外国の裁判所に係属している事件の審理状況等は、まず、国際裁判管轄の有無の判断（とりわけ「特段の事情」の有無）において考慮されることになると考えられます。従前の裁判例においても、外国の裁判所において同一又は関連する訴訟が係属していることが「特段の事情」の有無の一要素として考慮されていたことは前記のとおりですが、改正法の下においても、同一又は関連する訴訟が外国の裁判所において係属していることは、第3条の9の「その他の事情」として考慮され、日本の裁判所の管轄権の有無の判断がされることが前提とされています（Q96参照）。

その上で、日本の裁判所の管轄権が認められる場合には、外国の裁判所における審理の進行、証拠調べの状況、包括的な和解の可能性等も考慮しながら、期日の指定がされ、審理が進められるものと考えられます。

(2) **国際的に競合する訴訟の判決が確定した場合**

日本及び外国の裁判所に同一の訴訟が係属し、審理判断が行われる場合には、外国の裁判所が日本の裁判所より先に判決し、その判決が確定する場合と、日本の裁判所が外国の裁判所より先に判決をし、その判決が確定する場合があります。

ア　外国の裁判所が先に判決をし、その判決が確定した場合

例えば、下記設例Ⅰのように、原告が被告に対して日本及び外国の裁判所に同一の訴訟を提起し、両訴訟が競合して各裁判所に係属して審理がされた結果、外国の裁判所が請求のすべてを認容する判決をし、その判決が確定したとします。この場合において、日本の裁判所が、同判決は第118条の承認要件を満たすと判断した場合にいかなる判決をすべきかは、改正法の規定するところではなく、解釈に委ねられることとなり、外国判決の既判力についてどのように考えるかによるものと思われます[注2]。我が国の民事訴訟法上は、前訴で認容の確定判決を得たにもかかわらず、原告が後訴で同一の請求をした場合には、既に勝訴判決を得ていることから、原則として、訴えの利益がないものとして後訴は却下されますが、外国の確定判決の場合には、既判力類似の効力の存在を前提としつつも、改めて判断を受ける利益があるものとして、確定した外国判決と同一の判決をすべきであるとの考え方も示

されています（国際裁判管轄法制部会第5・9回議事録参照）(注3)。

【設例Ⅰ】

```
                訴え提起（X→Y）              認容判決確定           承認・執行
外国の裁判所        ▼                          ▽                    ▽
─────────────────────────────────────────────────────────────────
日本の裁判所              ▲         （訴訟競合）      △
                  訴え提起（X→Y）                    判決
```

　イ　日本の裁判所が先に判決をし、その判決が確定した場合

　次に、下記設例Ⅱのように、原告が被告に対して日本及び外国の裁判所に同一の訴訟を提起し、両訴訟が競合して各裁判所に係属して審理がされた結果、日本の裁判所が請求を棄却する判決をして、同判決が確定し、その後、外国の裁判所が請求を認容する判決をして、その外国判決についての執行判決を求める訴えが日本の裁判所に提起される場合も考えられます。この場合には、その外国判決を承認・執行することができるかどうかは、第118条の解釈の問題となりますが、既に日本の裁判所の確定判決がある場合に、同一当事者間の同一の訴えについて矛盾抵触する外国判決を承認することは、公の秩序に反するものとして、同条第3号の要件を充足しないものと解されます(注4)。

【設例Ⅱ】

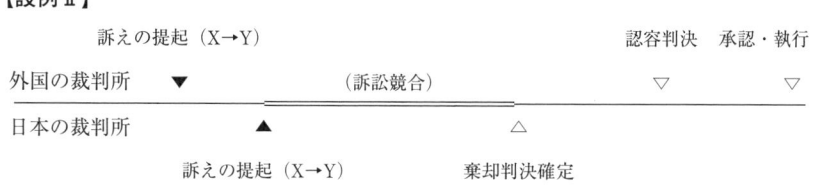

```
                訴えの提起（X→Y）                      認容判決    承認・執行
外国の裁判所       ▼          （訴訟競合）              ▽          ▽
─────────────────────────────────────────────────────────────────
日本の裁判所              ▲              △
                  訴えの提起（X→Y）    棄却判決確定
```

　（注1）　国際的訴訟競合が生じた場合に、裁判所は訴えを却下することができるようにすべきであるとの考え方もあり得ますが、外国の裁判所に係属する訴訟が確定判決に至るとは限らず、当該外国の裁判所の判決が承認されるかどうかの予測も困難であることから、訴えの却下まで認めると、当事者に不測の不利益をもたらすことがあり得ます。そこで、国際的訴訟競合について訴えを却下することを可能にするとの考え方は、中間試案には盛

り込まれませんでした。

　(注2)　我が国では、外国で有する既判力を内国で認めるという考え方が通説であるとされています（高田裕成「財産関係事件に関する外国判決の承認」沢木敬郎＝青山善充編『国際民事訴訟法の理論』373頁（有斐閣、1987年））。なお、日本の裁判所と外国の裁判所に同一の事件が同時に係属中、外国の裁判所が先に判決し、それが確定した場合は、日本国内の裁判所に同一の事件が二重に起訴され、裁判所が重複起訴であることを看過して一方の判決が確定した場合と類似していますが、この場合は既判力の問題となると解されています（松浦馨＝新堂幸司＝竹下守夫＝髙橋宏志＝加藤新太郎＝上原敏夫＝高田裕成『条解民事訴訟法〔第2版〕』827頁（弘文堂、2011年）［竹下守夫＝上原敏夫］）。

　(注3)　同様に、国際的訴訟競合が生じている場合に、先にされて確定した外国判決が棄却判決である場合に、日本の裁判所はいかなる判断をすべきかという問題もあります。

　(注4)　外国の裁判所において係属する同一の訴訟について、当該外国の裁判所が先に請求を認容する判決をしてその判決が確定し、その事実を知らずに日本の裁判所が後に同一の請求を棄却する判決をしたという状況において、日本の裁判所に外国判決の承認・執行が申し立てられた場合に、どのような判断をすべきかという問題もあります。この場合にも日本国内の判決を優先すべきであるとの考え方もありますが（同趣旨の裁判例として、大阪地判昭和52年12月22日判タ361号127頁）、外国の判決が先に確定した場合には、民事訴訟法の定める他の承認要件を満たすのであれば、当該外国判決を優先させることが相当であるとの見解も有力です（例えば、鈴木正裕＝青山善充編集『注釈民事訴訟法(4)』388頁（有斐閣、1997年）［高田裕成］）。

　(参考)　ブリュッセルⅠ規則第27条1は「同一当事者間の同一の対象及び同一の原因の訴えが、異なる構成国の裁判所に係属するときは、後に訴えが係属した裁判所は、職権に基づき、先に訴えが係属した裁判所の管轄が確定されるまで、手続を中止しなければならない。」と、同条2は「先に訴えが係属した裁判所の管轄が確定されたときには、後に訴えが係属した裁判所は訴えを却下しなければならない。」と規定しています（なお、同規則第28条は、関連訴訟の場合には当事者の申立てによる却下を認めています）。

[緊急管轄]

Q108　いわゆる緊急管轄の規定を設けなかったのは、なぜですか。

A　緊急管轄とは、第3条の2、第3条の3等の規定により日本の裁判所が管轄権を有しない場合であっても、事案の具体的な事情に照らし、日本の裁判所の管轄権を否定すると裁判の拒否に当たるようなときは、例外的に日本の管轄権を認めることをいいます。

　法制審議会国際裁判管轄法制部会においては、日本の裁判所に国際裁判管轄が認められる管轄原因が存しない場合であっても、一定の要件の下で、日本の裁判所に国際裁判管轄を認めることができるとする規定を設けるべきか、設ける場合にどのような要件とすべきかについて議論がされましたが、これまで、財産権法の分野において緊急管轄が問題となった裁判例はなく(注)、また、財産権上の訴えにおいて緊急管轄が問題となり得る事案も想定し難く、具体的な要件を定めることが困難であることなどを考慮し、特段の規定は設けないこととされ（同部会配付資料12・17及び第5・9回会合議事録参照）、改正法においても緊急管轄に関する規定は設けられませんでした。

　（注）　人事に関する訴えについて、最二判平成8年6月24日民集50巻7号1451頁は、旧東ドイツで婚姻し、同国で婚姻生活を営んでいた日本人男性とドイツ人女性の婚姻生活が破綻し、日本に居住していた夫が妻に対して離婚の訴えを提起したところ、ほぼ同時期に、妻がドイツの裁判所において離婚判決を得て、同判決が確定したという事案について、ドイツ裁判所の判決は呼出しが公示送達であったことから外国判決の承認要件を欠くためにその効力を認めることができず、婚姻はいまだ終了していないといわざるを得ないが、原告がドイツで離婚の訴えを提起したとしても不適法とされる可能性が高く、日本で離婚訴訟を提起する以外に方法はないなどとして、国際裁判管轄を認めました。

　同判決について、最高裁判所判例解説においては「日本の裁判所に提訴する以外に婚姻解消の手段のないことを重視して、日本の国際裁判管轄を認めており、その意味では、緊急管轄の考え方と相通ずるところが多い」と解説されています（最判解民事篇平成8年度（上）475頁（注18）参照）。

第3章　民事保全法改正関係

[民事保全法第 11 条関係]

(保全命令事件の管轄)
第11条　保全命令の申立ては、日本の裁判所に本案の訴えを提起することができるとき、又は仮に差し押さえるべき物若しくは係争物が日本国内にあるときに限り、することができる。
第12条　保全命令事件は、本案の管轄裁判所又は仮に差し押さえるべき物若しくは係争物の所在地を管轄する地方裁判所が管轄する。
2　本案の訴えが民事訴訟法第6条第1項に規定する特許権等に関する訴えである場合には、保全命令事件は、前項の規定にかかわらず、本案の管轄裁判所が管轄する。ただし、仮に差し押さえるべき物又は係争物の所在地を管轄する地方裁判所が同条第1項各号に定める裁判所であるときは、その裁判所もこれを管轄する。
3　本案の管轄裁判所は、第一審裁判所とする。ただし、本案が控訴審に係属するときは、控訴裁判所とする。
4　仮に差し押さえるべき物又は係争物が債権(民事執行法(昭和54年法律第4号)第143条に規定する債権をいう。以下この条において同じ。)であるときは、その債権は、その債権の債務者(以下「第三債務者」という。)の普通裁判籍の所在地にあるものとする。ただし、船舶(同法第112条に規定する船舶をいう。以下同じ。)又は動産(同法第122条に規定する動産をいう。以下同じ。)の引渡しを目的とする債権及び物上の担保権により担保される債権は、その物の所在地にあるものとする。
5　前項本文の規定は、仮に差し押さえるべき物又は係争物が民事執行法第167条第1項に規定する財産権(以下「その他の財産権」という。)で第三債務者又はこれに準ずる者があるものである場合(次項に規定する場合を除く。)について準用する。
6　仮に差し押さえるべき物又は係争物がその他の財産権で権利の移転について登記又は登録を要するものであるときは、その財産権は、その登記又は登録の地にあるものとする。

Q109 保全命令の申立てについて、日本の裁判所に本案の訴えを提起することができるとき、又は仮に差し押さえるべき物若しくは係争物が日本国内にあるときに限り、日本の裁判所にすることができるとされているのは、なぜですか。

A 1　民事保全法第11条は、保全命令の申立てについて、①日本の裁判所に本案の訴えを提起することができるとき(注1)、又は②仮に差し押さえるべき物若しくは係争物が日本国内にあるときに限り、日本の裁判所にすることができるとしています。上記①については、本案訴訟に対する保全命令事件の従属性及び裁判所の審理の便宜、上記②については、執行の便宜等を理由とするものです。

2　民事保全法第11条の「仮に差し押さえるべき物若しくは係争物」の所在地については、同法第12条第1項の「仮に差し押さえるべき物若しくは係争物の所在地」と同義であり、同条第4項から第6項までに該当する場合には、同各項に従ってその所在地が定められます。

なお、民事保全法上、特定物に関する作為又は不作為を命ずる仮処分（例えば、建築続行禁止の仮処分）については、その特定物の所在地が「係争物の所在地」であるとされていますが、特定物を目的としない作為又は不作為を命ずる仮処分（例えば、出演禁止の仮処分）については、その作為又は不作為がされるべき地が「係争物の所在地」であるとの考え方と、これに反対する考え方に分かれています(注2)。同法第11条の「係争物」の所在地についても、同様の議論が妥当すると考えられます。

（注1）　民事保全法第11条の請求について外国における仲裁の合意がある場合には、いずれの国の裁判所に訴えを提起しても、訴えが却下されることになりますが（仲裁法第14条第1項本文）、この場合における保全命令事件の国際裁判管轄については、①仲裁合意がなければ、本案訴訟について日本の裁判所が管轄権を有したといえるのであれば、日本の裁判所に保全命令の申立てをすることができるとの考え方と、②仲裁地のある国の裁判所に保全命令の申立てをすることができるとの考え方があります。この点は、国内土地管轄についても妥当する問題であり、改正法は特段の規定を設けていません（本案の裁判所は仲裁地を管轄する国の裁判所であり、仲裁合意がなければ本案訴訟について管轄権を

有したであろう国の裁判所を含まないとした裁判例として、東京地決平成19年8月28日判時1991号89頁参照。これに対して、仲裁地の決定は手続上の考慮とは別の考慮に基づいているなどの理由から、仲裁地を管轄する裁判所を本案の管轄裁判所と直ちに同視することは相当ではないとする見解として、河野正憲「外国の仲裁機関による仲裁の定めがある事件につき我が国で提起された保全命令事件の我が国の国際裁判管轄」判タ1320号26頁（2010年））。

　（注2）　株主権行使の禁止又は許容、競業禁止、映画劇場等への出演禁止の仮処分について、その作為又は不作為がされるべき地を係争物の所在地と解するものとして、菊井維大＝村松俊夫＝西山俊彦『仮差押・仮処分（現代実務法律講座）〔三訂版〕』28頁（青林書院新社、1982年）、吉川大二郎『保全訴訟の基本問題　増補』413頁（有斐閣、1952年）参照。これに対し、係争物の概念をそこまで拡張することは疑問であるとするものとして、西山俊彦『保全処分概論〔新版〕』55頁（一粒社、1985年）等参照。

Q110

仮に差し押さえるべき物が日本国内にあるが本案の訴えの管轄権は日本の裁判所にないという場合には、仮に差し押さえた物に対する強制執行は、どのようにして行うことになりますか。また、この場合に、日本の裁判所は、民事保全法第37条第1項に基づき、債権者に対し、外国の裁判所に本案の訴えを提起するよう命ずることができますか。

A 民事保全法第11条によれば、本案の訴えの管轄権が日本の裁判所にない場合であっても、仮に差し押さえるべき物が日本国内にあれば、日本の裁判所に仮差押命令の申立てをすることができます。

仮に差し押さえるべき物が日本国内にあることに基づき日本の裁判所が仮差押命令を発した場合には、本案訴訟は外国の裁判所でされることになりますので、仮に差し押さえた物に対する強制執行は、本案訴訟がされた外国の裁判所において認容判決を得て、それが確定した後に、我が国で執行判決を得て行うことになります。具体的には、民事訴訟法第118条及び民事執行法第24条の要件を満たした外国裁判所の確定判決が債務名義となり（民事執行法第22条第6号）、これに基づいて仮に差し押さえた物に対する強制執行が行われます。

また、日本の裁判所が仮差押命令を発した場合に、民事保全法第37条第1項に基づき、債権者に対し、管轄権を有する外国の裁判所に本案の訴えを提起するよう命ずること（起訴命令）ができるかどうかについては、改正法にはこれを制限する規定は設けられておらず、解釈に委ねられています。

Q111 仮に差し押さえるべき物が外国にあるが本案の訴えの管轄権は日本の裁判所にあるという場合には、保全執行をすることができない場合があり得ますが、そのような場合でも、日本の裁判所は、保全命令を発することができますか。

A 民事保全法第11条によれば、仮に差し押さえるべき物が日本国内にない場合であっても、本案の訴えの管轄権が日本の裁判所にあれば、日本の裁判所に仮差押命令の申立てをすることができます。

確かに、不動産や動産が外国に所在する場合には、日本の裁判所が仮差押命令を発したとしても、仮に差し押さえるべき物が日本国内にないことから、保全執行の手続をとることはできませんが、日本船籍の船舶に対する保全執行は、仮差押えの登記をする方法により行われるなど、保全執行が可能な場合もあります。

そのため、民事保全法第11条は、仮に差し押さえるべき物が日本国内にない場合であっても、本案の訴えの管轄権が日本の裁判所にある場合には、保全命令を発することができるとしており、差し押さえるべき物が日本国内にないことは、保全の必要性等の判断において考慮されることになると考えられます。

Q112 民事保全法第11条により日本の裁判所に保全命令事件の管轄権が認められる場合であっても、裁判所は、民事訴訟法第3条の9の規定により申立てを却下することができますか。

A 民事保全法第7条は、民事保全の手続に関しては、特別の定めがある場合を除き、民事訴訟法の規定が準用されると規定し、同条は、民事訴訟法第3条の9の規定の適用を特に除外していません。

しかし、保全命令は、決定手続により迅速に発令されるものであり、債務者の審尋をすることなく発令されることも多いので、仮に差し押さえるべき物又は係争物が日本国内にある場合に、特別の事情があるとして申立てが却下されることは、ほとんどないと考えられます。

また、本案の訴えの管轄権があることを理由に、日本の裁判所に保全命令の申立てがされるときは、本案の訴えを日本の裁判所に提起することができるかどうかという判断において、民事訴訟法第3条の9の規定する特別の事情の有無が考慮される可能性がありますが、事案における具体的な事情を考慮しても日本の裁判所に本案の訴えの管轄権が認められる場合に、さらに「特別の事情」があるとして保全命令の申立てが却下されることは、ほとんどないと考えられます。

したがって、民事保全法は、民事訴訟法第3条の9の規定の適用を除外するものではありませんが、日本の裁判所に保全命令事件の管轄権が認められることとなる場合に、同条にいう特別の事情があるとして、保全命令の申立てが却下されることは、ほとんどないと考えられます。

第4章 附則関係

[附則第1条関係]

(施行期日)
第1条 この法律は、公布の日から起算して1年を超えない範囲内において政令で定める日から施行する。

Q113 改正法の施行期日は、いつですか。

A 改正法の施行期日は、その公布の日から起算して1年を超えない範囲内において政令で定める日とされていますが（附則第1条）、民事訴訟法及び民事保全法の一部を改正する法律の施行期日を定める政令（平成23年政令第404号）により、平成24年4月1日とされています。

[附則第2条関係]

(経過措置)
第2条　第1条の規定による改正後の民事訴訟法の規定（第3条の7を除く。）は、この法律の施行の際現に係属している訴訟の日本の裁判所の管轄権及び管轄に関しては、適用しない。
2　第1条の規定による改正後の民事訴訟法第3条の7の規定は、この法律の施行前にした特定の国の裁判所に訴えを提起することができる旨の合意については、適用しない。
3　第2条の規定による改正後の民事保全法第11条の規定は、この法律の施行前にした申立てに係る保全命令事件については、適用しない。

Q114　日本の裁判所の管轄権及び国内土地管轄に関する改正法の規定は、その施行時に係属している訴訟にも適用されますか。

A　日本の裁判所の管轄権及び国内土地管轄に関する改正法の規定（管轄権の合意に関する規定を除く）は、改正法の施行時に既に係属している訴訟については適用されません（附則第2条第1項）。これは、改正法の施行前に提起された訴えについて、改正法の規定（管轄権の合意に関する規定を除く）を適用すると、改正前の民事訴訟法を前提として日本の裁判所に訴えを提起するなどした当事者の予測に反し、不利益を負わせるおそれがあるためです。

附則第2条第3項は、同条第1項と同様の趣旨から、改正後の民事保全法の規定は、改正法の施行前にした申立てに係る保全命令事件については適用しないと定めています。

Q115 管轄権の合意に関する改正法の規定は、その施行前にした管轄権に関する合意にも適用されますか。

A 管轄権の合意に関する改正法の規定（第3条の7）は、改正法の施行前にした管轄権に関する合意については適用されません（附則第2条第2項）。これは、改正法の施行前にした管轄権に関する合意について改正法の規定を適用すると、例えば、消費者契約に関する紛争や個別労働関係民事紛争を対象とする合意が有効とされる範囲が限定されることになるなど、改正法の施行前に管轄権に関する合意をした当事者に対して事後的に不利益を負わせるおそれがあるためです。

[附則第3条ないし第6条関係]

（投資信託及び投資法人に関する法律の一部改正）
第3条　投資信託及び投資法人に関する法律（昭和26年法律第198号）の一部を次のように改正する。
　　第185条中「（平成8年法律第109号）」の下に「第3条の3第7号ハ及び」を加え、「同号ハ」を「これらの規定」に改める。

（犯罪被害者等の権利利益の保護を図るための刑事手続に付随する措置に関する法律の一部改正）
第4条　犯罪被害者等の権利利益の保護を図るための刑事手続に付随する措置に関する法律（平成12年法律第75号）の一部を次のように改正する。
　　第34条中「第1編第2章第2節」を「第1編第2章第3節」に改める。

（人事訴訟法の一部改正）
第5条　人事訴訟法（平成15年法律第109号）の一部を次のように改正する。
　　第29条を同条第2項とし、同条に第1項として次の一項を加える。
　　　人事に関する訴えについては、民事訴訟法第1編第2章第1節、第145条第3項及び第146条第3項の規定は、適用しない。
　　第30条の見出しを「（民事保全法の適用関係等）」に改め、同条中第2項を第3項とし、同条第1項中「（平成元年法律第91号）」を削り、同項を同条第2項とし、同条に第1項として次の一項を加える。
　　　人事訴訟を本案とする保全命令事件については、民事保全法（平成元年法律第91号）第11条の規定は、適用しない。

（労働審判法の一部改正）
第6条　労働審判法（平成16年法律第45号）の一部を次のように改正する。
　　第22条第1項に後段として次のように加える。
　　　この場合において、当該請求について民事訴訟法第1編第2章第1節の規定により日本の裁判所が管轄権を有しないときは、提起があったものとみなされた訴えを却下するものとする。
　　第22条第2項中「事件」の下に「（同項後段の規定により却下するものとされる訴えに係るものを除く。）」を加える。

Q116　改正法の施行に伴う関係法律の整備の概要は、どのようなものですか。

A 　1　新法の施行に伴い、投資信託及び投資法人に関する法律（昭和26年法律第198号）、犯罪被害者等の権利利益の保護を図るための刑事手続に付随する措置に関する法律（平成12年法律第75号）、人事訴訟法（平成15年法律第109号）及び労働審判法（平成16年法律第45号）の一部が改正されています（附則第3条から第6条まで）。

　2　投資信託及び投資法人に関する法律は、第5条第8号ハの規定を投資法人について準用すると定めていますが、今回の改正により、同号に掲げる訴えについて、国際裁判管轄の規定が新設されたことから（第3条の3第7号）、投資法人からの設立企画人に対する訴えで設立企画人の資格に基づくものについても同号の規定を適用するため、所要の改正がされています（附則第3条）。

　3　犯罪被害者等の権利利益の保護を図るための刑事手続に付随する措置に関する法律第34条は、損害賠償命令事件に関する手続について、改正前の民事訴訟法第1編第2章第2節の規定を準用すると定めていますが、同節の規定は、新法においては第1編第2章第3節と改正されることから、同条の規定について所要の改正がされています（附則第4条）。

　4　人事訴訟法は、人事訴訟に関する手続について民事訴訟法の特例等を定めるものであり（人事訴訟法第1条参照）、人事訴訟法に規定のない事項については、当然に民事訴訟法及び民事保全法が適用されることとなりますが、改正法は、財産権上の訴え及びその保全命令事件を対象としており、人事に関する訴え及び人事訴訟を本案とする保全命令事件については適用されないことから（Q7参照）、それに伴う所要の改正がされています（附則第5条）。

　5　労働審判法第22条第1項は、労働審判に対し適法な異議が申し立てられた場合には、労働審判手続が係属していた地方裁判所に訴えの提起があったものとみなすと規定し、同条第2項は、前項の規定により訴えの提起があったものとみなされる事件は同項の地方裁判所の管轄に属すると定めていますが、同条第1項により提起があったものとみなされる訴えについて日本の裁判所が管轄権を有しない場合には、その訴えを却下すべきことを明らかにするため、所要の改正がされています（附則第6条）。

資料1 民事訴訟法及び民事保全法の一部を改正する法律（平成23年法律第36号）新旧対照条文

1 民事訴訟法（平成8年法律第109号） （傍線は改正部分）

新　　法	旧　　法
目次 　第一編　総則 　　第一章　（略） 　　第二章　裁判所 　　　<u>第一節　日本の裁判所の管轄権（第三条の二―第三条の十二）</u> 　　　<u>第二節</u>　管轄（第四条―第二十二条） 　　　<u>第三節</u>　裁判所職員の除斥及び忌避（第二十三条―第二十七条） 　　第三章～第七章　（略） 　第二編～第八編　（略） 　　　<u>第一節　日本の裁判所の管轄権</u> <u>（被告の住所等による管轄権）</u> <u>第三条の二</u>　裁判所は、人に対する訴えについて、その住所が日本国内にあるとき、住所がない場合又は住所が知れない場合にはその居所が日本国内にあるとき、居所がない場合又は居所が知れない場合には訴えの提起前に日本国内に住所を有していたとき（日本国内に最後に住所を有していた後に外国に住所を有していたときを除く。）は、管轄権を有する。 <u>２　裁判所は、大使、公使その他外国に在ってその国の裁判権からの免除を享有する日本人に対する訴えについて、前項の規定にかかわらず、管轄権を有する。</u> <u>３　裁判所は、法人その他の社団又は財団に対する訴えについて、その主たる事務所又は営業所が日本国内にあるとき、事務所若しくは営業所がない場合又はその</u>	目次 　第一編　総則 　　第一章　（同左） 　　第二章　裁判所 　　（新設） 　　　<u>第一節</u>　管轄（第四条―第二十二条） 　　　<u>第二節</u>　裁判所職員の除斥及び忌避（第二十三条―第二十七条） 　　第三章～第七章　（同左） 　第二編～第八編　（同左） 　　　（新設） （新設）

新　　　法	旧　　　法
所在地が知れない場合には代表者その他の主たる業務担当者の住所が日本国内にあるときは、管轄権を有する。 （契約上の債務に関する訴え等の管轄権） 第三条の三　次の各号に掲げる訴えは、それぞれ当該各号に定めるときは、日本の裁判所に提起することができる。 　一　契約上の債務の履行の請求を目的とする訴え又は契約上の債務に関して行われた事務管理若しくは生じた不当利得に係る請求、契約上の債務の不履行による損害賠償の請求その他契約上の債務に関する請求を目的とする訴え　　契約において定められた当該債務の履行地が日本国内にあるとき、又は契約において選択された地の法によれば当該債務の履行地が日本国内にあるとき。 　二　手形又は小切手による金銭の支払の請求を目的とする訴え　　手形又は小切手の支払地が日本国内にあるとき。 　三　財産権上の訴え　　請求の目的が日本国内にあるとき、又は当該訴えが金銭の支払を請求するものである場合には差し押さえることができる被告の財産が日本国内にあるとき（その財産の価額が著しく低いときを除く。）。	（新設）

新　法	旧　法
四　事務所又は営業所を有する者に対する訴えでその事務所又は営業所における業務に関するもの　当該事務所又は営業所が日本国内にあるとき。	
五　日本において事業を行う者（日本において取引を継続してする外国会社（会社法（平成十七年法律第八十六号）第二条第二号に規定する外国会社をいう。）を含む。）に対する訴え　当該訴えがその者の日本における業務に関するものであるとき。	
六　船舶債権その他船舶を担保とする債権に基づく訴え　船舶が日本国内にあるとき。	
七　会社その他の社団又は財団に関する訴えで次に掲げるもの　社団又は財団が法人である場合にはそれが日本の法令により設立されたものであるとき、法人でない場合にはその主たる事務所又は営業所が日本国内にあるとき。 イ　会社その他の社団からの社員若しくは社員であった者に対する訴え、社員からの社員若しくは社員であった者に対する訴え又は社員であった者からの社員に対する訴えで、社員としての資格に基づく	

新　　法	旧　　法
<u>もの</u> <u>ロ　社団又は財団からの役員又は役員であった者に対する訴えで役員としての資格に基づくもの</u> <u>ハ　会社からの発起人若しくは発起人であった者又は検査役若しくは検査役であった者に対する訴えで発起人又は検査役としての資格に基づくもの</u> <u>ニ　会社その他の社団の債権者からの社員又は社員であった者に対する訴えで社員としての資格に基づくもの</u> 八　不法行為に関する訴え	不法行為があった地が日本国内にあるとき（外国で行われた加害行為の結果が日本国内で発生した場合において、日本国内におけるその結果の発生が通常予見することのできないものであったときを除く。）。
九　船舶の衝突その	損害を受けた船舶

新　　法		旧　　法
他海上の事故に基づく損害賠償の訴え	が最初に到達した地が日本国内にあるとき。	
十　海難救助に関する訴え	海難救助があった地又は救助された船舶が最初に到達した地が日本国内にあるとき。	
十一　不動産に関する訴え	不動産が日本国内にあるとき。	
十二　相続権若しくは遺留分に関する訴え又は遺贈その他死亡によって効力を生ずべき行為に関する訴え	相続開始の時における被相続人の住所が日本国内にあるとき、住所がない場合又は住所が知れない場合には相続開始の時における被相続人の居所が日本国内にあるとき、居所がない場合又は居所が知れない場合には被相続人が相続開始の前に日本国内に住所を有していたとき（日本国内に最後に住所を有していた後に外国に住所を有していたときを除く。）。	
十三　相続債権その他相続財産の負担に関する訴えで前号に掲げる訴えに該当しないもの	同号に定めるとき。	
（消費者契約及び労働関係に関する訴		

新　　法	旧　　法
えの管轄権） 第三条の四　消費者（個人（事業として又は事業のために契約の当事者となる場合におけるものを除く。）をいう。以下同じ。）と事業者（法人その他の社団又は財団及び事業として又は事業のために契約の当事者となる場合における個人をいう。以下同じ。）との間で締結される契約（労働契約を除く。以下「消費者契約」という。）に関する消費者からの事業者に対する訴えは、訴えの提起の時又は消費者契約の締結の時における消費者の住所が日本国内にあるときは、日本の裁判所に提起することができる。 2　労働契約の存否その他の労働関係に関する事項について個々の労働者と事業主との間に生じた民事に関する紛争（以下「個別労働関係民事紛争」という。）に関する労働者からの事業主に対する訴えは、個別労働関係民事紛争に係る労働契約における労務の提供の地（その地が定まっていない場合にあっては、労働者を雇い入れた事業所の所在地）が日本国内にあるときは、日本の裁判所に提起することができる。 3　消費者契約に関する事業者からの消費者に対する訴え及び個別労働関係民事紛争に関する事業主からの労働者に対する訴えについては、前条の規定は、適用しない。 （管轄権の専属） 第三条の五　会社法第七編第二章に規定する訴え（同章第四節及び第六節に規定するものを除く。）、一般社団法人及び一般財団法人に関する法律（平成十八年法律第四十八号）第六章第二節に規定する訴	（新設） （新設）

新　　法	旧　　法
えその他これらの法令以外の日本の法令により設立された社団又は財団に関する訴えでこれらに準ずるものの管轄権は、日本の裁判所に専属する。 2　登記又は登録に関する訴えの管轄権は、登記又は登録をすべき地が日本国内にあるときは、日本の裁判所に専属する。 3　知的財産権（知的財産基本法（平成十四年法律第百二十二号）第二条第二項に規定する知的財産権をいう。）のうち設定の登録により発生するものの存否又は効力に関する訴えの管轄権は、その登録が日本においてされたものであるときは、日本の裁判所に専属する。 （併合請求における管轄権） 第三条の六　一の訴えで数個の請求をする場合において、日本の裁判所が一の請求について管轄権を有し、他の請求について管轄権を有しないときは、当該一の請求と他の請求との間に密接な関連があるときに限り、日本の裁判所にその訴えを提起することができる。ただし、数人からの又は数人に対する訴えについては、第三十八条前段に定める場合に限る。 （管轄権に関する合意） 第三条の七　当事者は、合意により、いずれの国の裁判所に訴えを提起することができるかについて定めることができる。 2　前項の合意は、一定の法律関係に基づく訴えに関し、かつ、書面でしなければ、その効力を生じない。 3　第一項の合意がその内容を記録した電磁的記録（電子的方式、磁気的方式その他人の知覚によっては認識することがで	 （新設） （新設）

新　　法	旧　　法
きない方式で作られる記録であって、電子計算機による情報処理の用に供されるものをいう。以下同じ。）によってされたときは、その合意は、書面によってされたものとみなして、前項の規定を適用する。 4　外国の裁判所にのみ訴えを提起することができる旨の合意は、その裁判所が法律上又は事実上裁判権を行うことができないときは、これを援用することができない。 5　将来において生ずる消費者契約に関する紛争を対象とする第一項の合意は、次に掲げる場合に限り、その効力を有する。 　一　消費者契約の締結の時において消費者が住所を有していた国の裁判所に訴えを提起することができる旨の合意（その国の裁判所にのみ訴えを提起することができる旨の合意については、次号に掲げる場合を除き、その国以外の国の裁判所にも訴えを提起することを妨げない旨の合意とみなす。）であるとき。 　二　消費者が当該合意に基づき合意された国の裁判所に訴えを提起したとき、又は事業者が日本若しくは外国の裁判所に訴えを提起した場合において、消費者が当該合意を援用したとき。 6　将来において生ずる個別労働関係民事紛争を対象とする第一項の合意は、次に掲げる場合に限り、その効力を有する。 　一　労働契約の終了の時にされた合意であって、その時における労務の提供の地がある国の裁判所に訴えを提起することができる旨を定めたもの（その国の裁判所にのみ訴えを提起することが	

新　法	旧　法
できる旨の合意については、次号に掲げる場合を除き、その国以外の国の裁判所にも訴えを提起することを妨げない旨の合意とみなす。）であるとき。 二　労働者が当該合意に基づき合意された国の裁判所に訴えを提起したとき、又は事業主が日本若しくは外国の裁判所に訴えを提起した場合において、労働者が当該合意を援用したとき。 （応訴による管轄権） 第三条の八　被告が日本の裁判所が管轄権を有しない旨の抗弁を提出しないで本案について弁論をし、又は弁論準備手続において申述をしたときは、裁判所は、管轄権を有する。 （特別の事情による訴えの却下） 第三条の九　裁判所は、訴えについて日本の裁判所が管轄権を有することとなる場合（日本の裁判所にのみ訴えを提起することができる旨の合意に基づき訴えが提起された場合を除く。）においても、事案の性質、応訴による被告の負担の程度、証拠の所在地その他の事情を考慮して、日本の裁判所が審理及び裁判をすることが当事者間の衡平を害し、又は適正かつ迅速な審理の実現を妨げることとなる特別の事情があると認めるときは、その訴えの全部又は一部を却下することができる。 （管轄権が専属する場合の適用除外） 第三条の十　第三条の二から第三条の四まで及び第三条の六から前条までの規定は、訴えについて法令に日本の裁判所の管轄権の専属に関する定めがある場合に	（新設） （新設） （新設）

新　法	旧　法
は、適用しない。	
（職権証拠調べ） 第三条の十一　裁判所は、日本の裁判所の管轄権に関する事項について、職権で証拠調べをすることができる。	（新設）
（管轄権の標準時） 第三条の十二　日本の裁判所の管轄権は、訴えの提起の時を標準として定める。	（新設）
第二節　管轄	第一節　管轄
（財産権上の訴え等についての管轄） 第五条　次の各号に掲げる訴えは、それぞれ当該各号に定める地を管轄する裁判所に提起することができる。 一〜十四　（略） 十五　相続債権その　同号に定める地 　　　他相続財産の負担 　　　に関する訴えで前 　　　号に掲げる訴えに 　　　該当しないもの	（財産権上の訴え等についての管轄） 第五条　次の各号に掲げる訴えは、それぞれ当該各号に定める地を管轄する裁判所に提起することができる。 一〜十四　（同左） 十五　相続債権その　同号に定める地 　　　他相続財産の負担 　　　に関する訴えで前 　　　号に掲げる訴えに 　　　該当しないもの 　　　<u>（相続財産の全部</u> 　　　<u>又は一部が同号に</u> 　　　<u>定める地を管轄す</u> 　　　<u>る裁判所の管轄区</u> 　　　<u>域内にあるときに</u> 　　　<u>限る。）</u>
（管轄裁判所の特例） 第十条の二　前節の規定により日本の裁判所が管轄権を有する訴えについて、この法律の他の規定又は他の法令の規定により管轄裁判所が定まらないときは、その訴えは、最高裁判所規則で定める地を管轄する裁判所の管轄に属する。	（新設）

新　法	旧　法
（管轄の合意） 第十一条　（略） 2　（略） 3　第一項の合意がその内容を記録した電磁的記録によってされたときは、その合意は、書面によってされたものとみなして、前項の規定を適用する。	（管轄の合意） 第十一条　（同左） 2　（同左） 3　第一項の合意がその内容を記録した電磁的記録（電子的方式、磁気的方式その他人の知覚によっては認識することができない方式で作られる記録であって、電子計算機による情報処理の用に供されるものをいう。以下同じ。）によってされたときは、その合意は、書面によってされたものとみなして、前項の規定を適用する。
第三節　裁判所職員の除斥及び忌避	第二節　裁判所職員の除斥及び忌避
（中間確認の訴え） 第百四十五条　裁判が訴訟の進行中に争いとなっている法律関係の成立又は不成立に係るときは、当事者は、請求を拡張して、その法律関係の確認の判決を求めることができる。ただし、その確認の請求が他の裁判所の専属管轄（当事者が第十一条の規定により合意で定めたものを除く。）に属するときは、この限りでない。 2　（略） 3　日本の裁判所が管轄権の専属に関する規定により第一項の確認の請求について管轄権を有しないときは、当事者は、同項の確認の判決を求めることができない。 4　（略）	（中間確認の訴え） 第百四十五条　裁判が訴訟の進行中に争いとなっている法律関係の成立又は不成立に係るときは、当事者は、請求を拡張して、その法律関係の確認の判決を求めることができる。ただし、その確認の請求が他の裁判所の専属管轄（当事者が第十一条の規定により合意で定めたものを除く。）に属するときは、この限りでない。 2　（同左） （新設） 3　（同左）
（反訴） 第百四十六条　被告は、本訴の目的である請求又は防御の方法と関連する請求を目的とする場合に限り、口頭弁論の終結に	（反訴） 第百四十六条　被告は、本訴の目的である請求又は防御の方法と関連する請求を目的とする場合に限り、口頭弁論の終結に

新　法	旧　法
至るまで、本訴の係属する裁判所に反訴を提起することができる。ただし、次に掲げる場合は、この限りでない。 一　反訴の目的である請求が他の裁判所の専属管轄（当事者が第十一条の規定により合意で定めたものを除く。）に属するとき。 二　反訴の提起により著しく訴訟手続を遅滞させることとなるとき。 2　（略） 3　<u>日本の裁判所が反訴の目的である請求について管轄権を有しない場合には、被告は、本訴の目的である請求又は防御の方法と密接に関連する請求を目的とする場合に限り、第一項の規定による反訴を提起することができる。ただし、日本の裁判所が管轄権の専属に関する規定により反訴の目的である請求について管轄権を有しないときは、この限りでない。</u> 4　（略） （時効中断等の効力発生の時期） 第百四十七条　時効の中断又は法律上の期間の遵守のために必要な裁判上の請求は、訴えを提起した時又は第百四十三条第二項（第百四十四条第三項及び<u>第百四十五条第四項</u>において準用する場合を含む。）の書面を裁判所に提出した時に、その効力を生ずる。 （上告の理由） 第三百十二条　（略） 2　上告は、次に掲げる事由があることを理由とするときも、することができる。ただし、第四号に掲げる事由については、第三十四条第二項（第五十九条において準用する場合を含む。）の規定による追	至るまで、本訴の係属する裁判所に反訴を提起することができる。ただし、次に掲げる場合は、この限りでない。 一　反訴の目的である請求が他の裁判所の専属管轄（当事者が第十一条の規定により合意で定めたものを除く。）に属するとき。 二　反訴の提起により著しく訴訟手続を遅滞させることとなるとき。 2　（同左） （新設） 3　（同左） （時効中断等の効力発生の時期） 第百四十七条　時効の中断又は法律上の期間の遵守のために必要な裁判上の請求は、訴えを提起した時又は第百四十三条第二項（第百四十四条第三項及び<u>第百四十五条第三項</u>において準用する場合を含む。）の書面を裁判所に提出した時に、その効力を生ずる。 （上告の理由） 第三百十二条　（同左） 2　上告は、次に掲げる事由があることを理由とするときも、することができる。ただし、第四号に掲げる事由については、第三十四条第二項（第五十九条において準用する場合を含む。）の規定による追

新　　法	旧　　法
認があったときは、この限りでない。 一・二　（略） <u>二の二　日本の裁判所の管轄権の専属に関する規定に違反したこと。</u> 三　専属管轄に関する規定に違反したこと（第六条第一項各号に定める裁判所が第一審の終局判決をした場合において当該訴訟が同項の規定により他の裁判所の専属管轄に属するときを除く。）。 四～六　（略） 3　（略）	認があったときは、この限りでない。 一・二　（同左） （新設） 三　専属管轄に関する規定に違反したこと（第六条第一項各号に定める裁判所が第一審の終局判決をした場合において当該訴訟が同項の規定により他の裁判所の専属管轄に属するときを除く。）。 四～六　（同左） 3　（同左）

2 民事保全法（平成元年法律第91号）

新　法	旧　法
目次 　第一章　（略） 　第二章　保全命令に関する手続 　　第一節　総則（第九条・第十条） 　　第二節　保全命令 　　　第一款　通則（第十一条―第十九条） 　　　第二款・第三款　（略） 　　第三節～第五節　（略） 　第三章～第五章　（略） 第十条　削除 　　　　第二節　保全命令 　　　　第一款　通則 （保全命令事件の管轄） 第十一条　保全命令の申立ては、日本の裁判所に本案の訴えを提起することができるとき、又は仮に差し押さえるべき物若しくは係争物が日本国内にあるときに限り、することができる。 　　　（削る） 　　　（削る） （削る） 第十二条　（略） 2～6　（略）	目次 　第一章　（同左） 　第二章　保全命令に関する手続 　　第一節　総則（第九条―第十一条） 　　第二節　保全命令 　　　第一款　通則（第十二条―第十九条） 　　　第二款・第三款　（同左） 　　第三節～第五節　（同左） 　第三章～第五章　（同左） 第十条及び第十一条　削除 　　　（新設） 　　　（新設） 　　　（新設） 　　　　第二節　保全命令 　　　　第一款　通則 （管轄裁判所） 第十二条　（同左） 2～6　（同左）

3　投資信託及び投資法人に関する法律（昭和26年法律第198号）

新　法	旧　法
（民事訴訟法の準用） 第百八十五条　民事訴訟法（平成八年法律第百九号）第三条の三第七号ハ及び第五条第八号ハの規定は、投資法人について準用する。この場合において、これらの規定中「発起人」とあるのは、「設立企画人」と読み替えるものとする。	（民事訴訟法の準用） 第百八十五条　民事訴訟法（平成八年法律第百九号）第五条第八号ハの規定は、投資法人について準用する。この場合において、同号ハ中「発起人」とあるのは、「設立企画人」と読み替えるものとする。

4 犯罪被害者等の権利利益の保護を図るための刑事手続に付随する措置に関する法律（平成12年法律第75号）

新　法	旧　法
（民事訴訟法の準用） 第三十四条　特別の定めがある場合を除き、損害賠償命令事件に関する手続については、その性質に反しない限り、民事訴訟法第二条、第十四条、<u>第一編第二章第三節</u>、第三章（第四十七条から第五十一条までを除く。）、第四章、第五章（第八十七条、第九十一条、第二節第二款、第百十六条及び第百十八条を除く。）、第六章及び第七章、第二編第一章（第百三十三条、第百三十四条、第百三十七条第二項及び第三項、第百三十八条第一項、第百三十九条、第百四十条、第百四十五条並びに第百四十六条を除く。）、第三章（第百五十六条の二、第百五十七条の二、第百五十八条、第百五十九条第三項、第百六十一条第三項及び第三節を除く。）、第四章（第二百三十五条第一項ただし書及び第二百三十六条を除く。）、第五章（第二百四十九条から第二百五十五条まで並びに第二百五十九条第一項及び第二項を除く。）及び第六章（第二百六十二条第二項、第二百六十三条及び第二百六十六条第二項を除く。）、第三編第三章、第四編並びに第八編（第四百三条第一項第一号、第二号及び第四号から第六号までを除く。）の規定を準用する。	（民事訴訟法の準用） 第三十四条　特別の定めがある場合を除き、損害賠償命令事件に関する手続については、その性質に反しない限り、民事訴訟法第二条、第十四条、<u>第一編第二章第二節</u>、第三章（第四十七条から第五十一条までを除く。）、第四章、第五章（第八十七条、第九十一条、第二節第二款、第百十六条及び第百十八条を除く。）、第六章及び第七章、第二編第一章（第百三十三条、第百三十四条、第百三十七条第二項及び第三項、第百三十八条第一項、第百三十九条、第百四十条、第百四十五条並びに第百四十六条を除く。）、第三章（第百五十六条の二、第百五十七条の二、第百五十八条、第百五十九条第三項、第百六十一条第三項及び第三節を除く。）、第四章（第二百三十五条第一項ただし書及び第二百三十六条を除く。）、第五章（第二百四十九条から第二百五十五条まで並びに第二百五十九条第一項及び第二項を除く。）及び第六章（第二百六十二条第二項、第二百六十三条及び第二百六十六条第二項を除く。）、第三編第三章、第四編並びに第八編（第四百三条第一項第一号、第二号及び第四号から第六号までを除く。）の規定を準用する。

5　人事訴訟法（平成15年法律第109号）

新　法	旧　法
（民事訴訟法の適用関係） 第二十九条　<u>人事に関する訴えについては、民事訴訟法第一編第二章第一節、第百四十五条第三項及び第百四十六条第三項の規定は、適用しない。</u> <u>2</u>　（略）	（民事訴訟法の適用関係） 第二十九条　（新設） （同左）
（民事保全法の適用関係等） 第三十条　<u>人事訴訟を本案とする保全命令事件については、民事保全法（平成元年法律第九十一号）第十一条の規定は、適用しない。</u> <u>2</u>　人事訴訟を本案とする保全命令事件は、民事保全法第十二条第一項の規定にかかわらず、本案の管轄裁判所又は仮に差し押さえるべき物若しくは係争物の所在地を管轄する家庭裁判所が管轄する。 <u>3</u>　（略）	（保全命令事件の管轄の特例） 第三十条　（新設） 　人事訴訟を本案とする保全命令事件は、民事保全法<u>（平成元年法律第九十一号）</u>第十二条第一項の規定にかかわらず、本案の管轄裁判所又は仮に差し押さえるべき物若しくは係争物の所在地を管轄する家庭裁判所が管轄する。 2　（同左）

6 労働審判法（平成 16 年法律第 45 号）

新　　法	旧　　法
（訴え提起の擬制） 第二十二条　労働審判に対し適法な異議の申立てがあったときは、労働審判手続の申立てに係る請求については、当該労働審判手続の申立ての時に、当該労働審判が行われた際に労働審判事件が係属していた地方裁判所に訴えの提起があったものとみなす。<u>この場合において、当該請求について民事訴訟法第一編第二章第一節の規定により日本の裁判所が管轄権を有しないときは、提起があったものとみなされた訴えを却下するものとする。</u> 2　前項の規定により訴えの提起があったものとみなされる事件（<u>同項後段の規定により却下するものとされる訴えに係るものを除く。</u>）は、同項の地方裁判所の管轄に属する。 3　（略）	（訴え提起の擬制） 第二十二条　労働審判に対し適法な異議の申立てがあったときは、労働審判手続の申立てに係る請求については、当該労働審判手続の申立ての時に、当該労働審判が行われた際に労働審判事件が係属していた地方裁判所に訴えの提起があったものとみなす。 2　前項の規定により訴えの提起があったものとみなされる事件は、同項の地方裁判所の管轄に属する。 3　（同左）

資料2 民事訴訟法及び民事保全法の一部を改正する法律（平成23年法律第36号）附則

（施行期日）

第一条　この法律は、公布の日から起算して一年を超えない範囲内において政令で定める日から施行する。

（経過措置）

第二条　第一条の規定による改正後の民事訴訟法の規定（第三条の七を除く。）は、この法律の施行の際現に係属している訴訟の日本の裁判所の管轄権及び管轄に関しては、適用しない。

2　第一条の規定による改正後の民事訴訟法第三条の七の規定は、この法律の施行前にした特定の国の裁判所に訴えを提起することができる旨の合意については、適用しない。

3　第二条の規定による改正後の民事保全法第十一条の規定は、この法律の施行前にした申立てに係る保全命令事件については、適用しない。

（投資信託及び投資法人に関する法律の一部改正）

第三条　投資信託及び投資法人に関する法律（昭和二十六年法律第百九十八号）の一部を次のように改正する。

　　第百八十五条中「（平成八年法律第百九号）」の下に「第三条の三第七号ハ及び」を加え、「同号ハ」を「これらの規定」に改める。

（犯罪被害者等の権利利益の保護を図るための刑事手続に付随する措置に関する法律の一部改正）

第四条　犯罪被害者等の権利利益の保護を図るための刑事手続に付随する措置に関する法律（平成十二年法律第七十五号）の一部を次のように改正する。

　　第三十四条中「第一編第二章第二節」を「第一編第二章第三節」に改める。

（人事訴訟法の一部改正）

第五条　人事訴訟法（平成十五年法律第百九号）の一部を次のように改正する。

　　第二十九条を同条第二項とし、同条に第一項として次の一項を加える。

　　　人事に関する訴えについては、民事訴訟法第一編第二章第一節、第百四十五条第三項及び第百四十六条第三項の規定は、適用しない。

　　第三十条の見出しを「（民事保全法の適用関係等）」に改め、同条中第二項を第三項とし、同条第一項中「（平成元年法律第九十一号）」を削り、同項を同条第二項とし、同条に第一項として次の一項を加える。

　　　人事訴訟を本案とする保全命令事件については、民事保全法（平成元年法律第九十一号）第十一条の規定は、適用しない。

(労働審判法の一部改正)

第六条　労働審判法（平成十六年法律第四十五号）の一部を次のように改正する。

　　第二十二条第一項に後段として次のように加える。

　　　この場合において、当該請求について民事訴訟法第一編第二章第一節の規定により日本の裁判所が管轄権を有しないときは、提起があったものとみなされた訴えを却下するものとする。

　　第二十二条第二項中「事件」の下に「（同項後段の規定により却下するものとされる訴えに係るものを除く。）」を加える。

資料3　国際裁判管轄法制の整備に関する要綱

平成 22 年 2 月 5 日
法制審議会総会決定

第1　被告の住所等による管轄権
　①　日本の裁判所は、人に対する訴えについて、その住所が日本国内にあるとき、住所がない場合又は住所が知れない場合にはその居所が日本国内にあるとき、居所がない場合又は居所が知れない場合には訴えの提起前に日本国内に住所を有していたとき（日本国内に最後に住所を有していた後に外国に住所を有していたときを除く。）は、管轄権を有するものとする。
　②　日本の裁判所は、大使、公使その他外国に在ってその国の裁判権からの免除を享有する日本人に対する訴えについて、上記①の規律にかかわらず、管轄権を有するものとする。
　③　日本の裁判所は、法人その他の社団又は財団に対する訴えについて、その主たる事務所又は営業所が日本国内にあるとき、事務所若しくは営業所がない場合又はその所在地が知れない場合には代表者その他の主たる業務担当者の住所が日本国内にあるときは、管轄権を有するものとする。

第2　契約上の債務に関する訴え等の管轄権
　1　契約上の債務に関する訴えの管轄権
　　①　日本の裁判所は、契約上の債務の履行の請求に係る訴えについて、次に掲げる場合には、管轄権を有するものとする。
　　　ア　契約において定められた当該債務の履行地が日本国内にあるとき。
　　　イ　契約において選択された地の法によれば当該債務の履行地が日本国内にあるとき。
　　②　上記①の規律により契約上の債務の履行の請求に係る訴えについて日本の裁判所が管轄権を有するときは、当該契約上の債務に関して行われた事務管理又は生じた不当利得に係る請求、当該契約上の債務の不履行による損害賠償の請求その他当該契約上の債務に関する請求に係る訴えについても、日本の裁判所は管轄権を有するものとする。
　2　手形又は小切手に関する訴えの管轄権
　　　日本の裁判所は、手形又は小切手による金銭の支払の請求を目的とする訴えについて、手形又は小切手の支払地が日本国内にあるときは、管轄権を有する

ものとする。
3　財産権上の訴えの管轄権

　日本の裁判所は、財産権上の訴えについて、請求の目的が日本国内にあるとき、又は当該訴えが金銭の支払の請求を目的とするものである場合には差し押さえることができる被告の財産が日本国内にあるときは、管轄権を有するものとする。ただし、差し押さえることができる被告の財産の価額が著しく低いときは、この限りでないものとする。

4　事務所又は営業所を有する者に対する訴え等の管轄権

①　日本の裁判所は、日本国内に事務所又は営業所を有する者に対する訴えでその事務所又は営業所における業務に関するものについて、管轄権を有するものとする。

②　日本の裁判所は、日本において事業を継続して行う者に対する訴えでその者の日本における業務に関するものについて、管轄権を有するものとする。

5　社団又は財団に関する訴えの管轄権

　日本の裁判所は、民事訴訟法第5条第8号に掲げる訴えについて、社団又は財団が法人である場合にはそれが日本の法令により設立されたものであるとき、社団又は財団が法人でない場合にはその主たる事務所又は営業所が日本国内にあるときは、管轄権を有するものとする。

6　不法行為に関する訴えの管轄権

　日本の裁判所は、不法行為に関する訴えについて、不法行為があった地が日本国内にあるときは、管轄権を有するものとする。ただし、外国で行われた加害行為の結果が日本国内で発生した場合において、日本国内におけるその結果の発生が通常予見することのできないものであったときは、この限りでないものとする。

7　海事に関する訴えの管轄権

①　日本の裁判所は、船舶の衝突その他海上の事故に基づく損害賠償の訴えについて、損害を受けた船舶が最初に到達した地が日本国内にあるときは、管轄権を有するものとする。

②　日本の裁判所は、海難救助に関する訴えについて、海難救助があった地又は救助された船舶が最初に到達した地が日本国内にあるときは、管轄権を有するものとする。

③　日本の裁判所は、船舶債権その他船舶を担保とする債権に基づく訴えについて、船舶が日本国内にあるときは、管轄権を有するものとする。

8　不動産に関する訴えの管轄権

　日本の裁判所は、不動産に関する訴えについて、不動産が日本国内にあると

きは、管轄権を有するものとする。
9　相続に関する訴えの管轄権
　①　日本の裁判所は、相続権若しくは遺留分に関する訴え又は遺贈その他死亡によって効力を生ずべき行為に関する訴えについて、相続開始の時における被相続人の住所が日本国内にあるとき、住所がない場合又は住所が知れない場合には相続開始の時における被相続人の居所が日本国内にあるとき、居所がない場合又は居所が知れない場合には被相続人が相続開始の前に日本国内に住所を有していたとき（日本国内に最後に住所を有していた後に外国に住所を有していたときを除く。）は、管轄権を有するものとする。
　②　相続債権その他相続財産の負担に関する訴えで上記①の訴えに該当しないものについても、上記①と同様とするものとする。
10　消費者契約に関する訴えの管轄権
　①　日本の裁判所は、消費者（個人（事業として又は事業のために契約の当事者となる場合におけるものを除く。）をいう。以下同じ。）と事業者（法人その他の社団又は財団及び事業として又は事業のために契約の当事者となる場合における個人をいう。以下同じ。）との間で締結される契約（労働契約を除く。以下「消費者契約」という。）に関する消費者からの事業者に対する訴えについて、訴えの提起の時又は消費者契約の締結の時における消費者の住所が日本国内にあるときは、管轄権を有するものとする。
　②　日本の裁判所は、消費者契約に関する事業者からの消費者に対する訴えについて、第1①又は②の規律による場合のほか、消費者契約に関する紛争を対象とする第5の1の合意がその効力を有するときは、管轄権を有するものとする。
11　労働関係に関する訴えの管轄権
　①　日本の裁判所は、労働契約の存否その他の労働関係に関する事項について個々の労働者と事業主との間に生じた民事に関する紛争（以下「個別労働関係民事紛争」という。）に関する労働者からの事業主に対する訴えについて、個別労働関係民事紛争に係る労働契約における労務の提供地（その地が定まっていない場合にあっては、当該労働者を雇い入れた事業所の所在地）が日本国内にあるときは、管轄権を有するものとする。
　②　日本の裁判所は、個別労働関係民事紛争に関する事業主からの労働者に対する訴えについて、第1①又は②の規律による場合のほか、個別労働関係民事紛争を対象とする第5の1の合意がその効力を有するときは、管轄権を有するものとする。

第3 管轄権の専属
　① 会社法第7編第2章に規定する訴え（同章第4節及び第6節に規定するものを除く。）、一般社団法人及び一般財団法人に関する法律第6章第2節に規定する訴えその他日本の法令により設立された社団又は財団に関する訴えでこれらに準ずるものの管轄権は、日本の裁判所に専属するものとする。
　② 登記又は登録に関する訴えの管轄権は、登記又は登録をすべき地が日本国内にあるときは、日本の裁判所に専属するものとする。
　③ 知的財産権（知的財産基本法第2条第2項に規定する知的財産権をいう。）のうち設定の登録により発生するものの存否又は効力に関する訴えの管轄権は、当該登録が日本においてされたものであるときは、日本の裁判所に専属するものとする。

第4 併合請求における管轄権
　① 一の訴えで数個の請求をする場合において、日本の裁判所が一の請求について管轄権を有し、他の請求について管轄権を有しないときは、一の請求と他の請求との間に密接な関連があるときに限り、日本の裁判所がその訴えの管轄権を有するものとする。ただし、数人からの又は数人に対する訴えについては、民事訴訟法第38条前段に定める場合に限るものとする。
　② 日本の裁判所が本訴の目的である請求について管轄権を有し、反訴の目的である請求について管轄権を有しない場合には、本訴の目的である請求又は防御の方法と密接に関連する請求を目的とするときに限り、本訴の係属する裁判所に反訴を提起することができるものとする。
　③ 上記①の他の請求又は上記②の反訴の目的である請求の管轄権について法令に日本の裁判所に専属する旨の定めがある場合において、管轄権の原因となる事由が外国にあるときは、上記①及び②の規律は適用しないものとする。

第5 管轄権に関する合意等
　1 管轄権に関する合意
　　① 当事者は、合意により、訴えを提起することができる日本又は外国の裁判所を定めることができるものとする。
　　② 外国の裁判所にのみ訴えを提起することができる旨の合意は、その外国の裁判所が管轄権を行使することができないときは、無効とするものとする。
　　③ 上記①の合意は、一定の法律関係に基づく訴えに関し、かつ、書面でしなければ、その効力を生じないものとする。

④ 上記①の合意がその内容を記録した電磁的記録（電子的方式、磁気的方式その他人の知覚によっては認識することができない方式で作られる記録であって、電子計算機による情報処理の用に供されるものをいう。）によってされたときは、その合意は、書面によってされたものとみなすものとする。
⑤ 将来において生ずる消費者契約に関する紛争を対象とする上記①の合意は、次に掲げるときに限り、その効力を有するものとする。
　ア　消費者契約の締結の時において消費者が住所を有していた国の裁判所に訴えを提起することができる旨の合意（その国の裁判所にのみ訴えを提起することができる旨の合意については、イに掲げるときを除き、その国以外の国の裁判所にも訴えを提起することを妨げない旨の合意とみなす。）であるとき。
　イ　消費者が当該合意に基づき合意された国の裁判所に訴えを提起したとき、又は事業者が日本若しくは外国の裁判所に訴えを提起した場合において、消費者が当該合意を援用したとき。
⑥ 将来において生ずる個別労働関係民事紛争を対象とする上記①の合意は、次に掲げるときに限り、その効力を有するものとする。
　ア　労働契約の終了の時にされた合意であって、その時における労務の提供地がある国の裁判所に訴えを提起することができる旨の合意（その国の裁判所にのみ訴えを提起することができる旨の合意については、イに掲げるときを除き、その国以外の国の裁判所にも訴えを提起することを妨げない旨の合意とみなす。）であるとき。
　イ　労働者が当該合意に基づき合意された国の裁判所に訴えを提起したとき、又は事業主が日本若しくは外国の裁判所に訴えを提起した場合において、労働者が当該合意を援用したとき。
2　応訴による管轄権
　　被告が日本の裁判所が管轄権を有しない旨の抗弁を提出しないで本案について弁論をし、又は弁論準備手続において申述をしたときは、日本の裁判所は、管轄権を有するものとする。

第6　国際裁判管轄に関する一般的規律
　　裁判所は、訴えについて管轄権を有することとなる場合（日本の裁判所にのみ訴えを提起することができる旨の合意に基づき訴えが提起された場合を除く。）においても、事案の性質、応訴することによる被告の負担の程度、証拠の所在地その他の事情を考慮して、当事者間の衡平を害し、又は適正かつ迅速な審理の実現を妨げることとなる特別の事情があると認めるときは、訴えの全

部又は一部を却下することができるものとする。

第7　管轄権の専属の場合の適用除外
　　第1、第2、第5及び第6の規律は、訴えについて法令に日本の裁判所に管轄権が専属する旨の定めがある場合には、適用しないものとする。

第8　保全命令事件に関する規律
　　保全命令の申立ては、日本の裁判所に本案の訴えを提起することができるとき、又は仮に差し押さえるべき物若しくは係争物が日本国内にあるときは、日本の裁判所にすることができるものとする。

第9　その他
　1　国内土地管轄規定の整備
　　①　日本の裁判所が管轄権を有する訴えについて、管轄裁判所が定まらないときは、その訴えは、最高裁判所規則で定める地を管轄する裁判所の管轄に属するものとする。
　　②　第2の9の②の訴えについては、相続開始の時における被相続人の普通裁判籍の所在地を管轄する裁判所に訴えを提起することができるものとし、相続財産がその管轄区域内にあることを要件としないものとする。
　2　その他
　　その他関連する規定について、所要の整備を行うものとする。

資料4　民事訴訟法第5条第8号に掲げる訴え

資料4　民事訴訟法第5条第8号に掲げる訴え

〔社団・財団関係の訴えの相関図〕

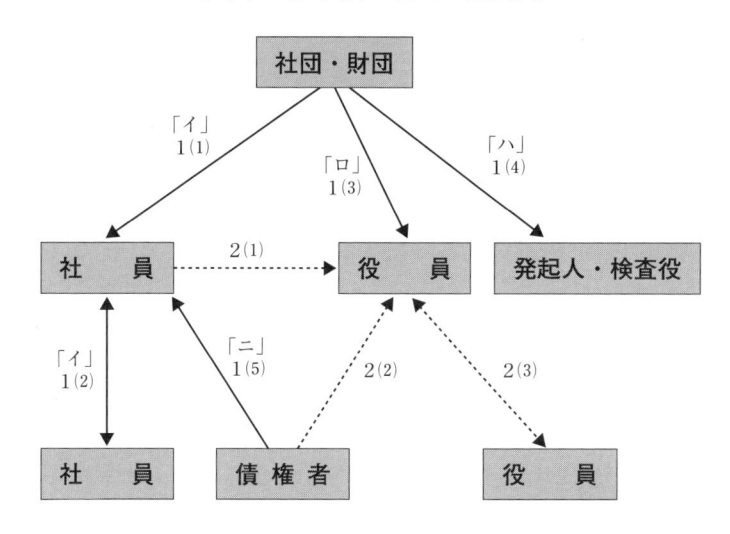

```
                        ┌─────────────┐
                        │  社団・財団  │
                        └─────────────┘
                   「イ」      │「ロ」      「ハ」
                   1(1)       │ 1(3)       1(4)
                  ┌───────────┼─────────────┐
                  ▼    2(1)   ▼             ▼
             ┌────────┐----→┌────────┐  ┌──────────────┐
             │ 社  員 │     │ 役  員 │  │発起人・検査役│
             └────────┘     └────────┘  └──────────────┘
              ▲              ▲    ▲           ▲
              │「イ」    「ニ」│    │2(2)       │2(3)
              │1(2)     1(5) │    │           │
              ▼              │    │           │
           ┌────────┐    ┌────────┐      ┌────────┐
           │ 社  員 │    │債 権 者│      │ 役  員 │
           └────────┘    └────────┘      └────────┘
```

（注）

実線の矢印が民事訴訟法第5条第8号の訴えを示し（矢印の始点が原告、終点が被告）、「イ」ないし「ニ」の表記は同法第5条第8号の各規定に対応する。破線は、社団・財団関係に関する他の類型の訴えを示す。

220　資料 4　民事訴訟法第 5 条第 8 号に掲げる訴え

1　民事訴訟法第 5 条第 8 号の規定に含まれる主な訴え
　　（注）　以下、会社法に規定された請求を取り上げることとし、特に断らない限り、条文は会社法を指すものとする。
　(1)　社団から社員又は社員であった者に対する訴え(イ)
　　(i)　会社法に管轄の規定がない請求
　　　a　持分会社による、社員に対する、出資懈怠等に基づく損害賠償請求（第 582 条第 1 項、第 2 項）
　　　b　持分会社による、業務執行社員に対する、任務懈怠に基づく損害賠償請求（第 596 条）
　　　c　合同会社による、制限に違反して利益配当を行った業務執行社員及び同配当を受けた社員に対する、配当相当額の連帯支払請求（第 629 条第 1 項）
　　　d　合同会社による、利益配当を行った業務執行社員及び同配当を受けた社員に対する、欠損が生じた場合の欠損額の連帯支払請求（第 631 条第 1 項）
　　　e　合同会社による、制限に違反して出資の払戻しを行った業務執行社員及びその払戻しを受けた社員に対する、払戻相当額の連帯支払請求（第 633 条第 1 項）
　　　f　合同会社による、制限に違反して持分の払戻しを行った業務執行社員及びその払戻しを受けた社員に対する、払戻相当額の連帯支払請求（第 636 条第 1 項）
　　　g　清算持分会社による、出資の一部又は全部を履行していない社員に対する、出資履行請求（第 663 条）
　　(ii)　会社法に専属管轄の規定がある訴え
　　　a　持分会社による、社員に対する除名の訴え（第 859 条）
　　　b　持分会社による、業務執行社員に対する業務執行権又は代表権の消滅の訴え（第 860 条）
　　　c　不公正な払込金額で新株予約権を引き受けた株主に対する公正な価額等の支払請求（第 285 条第 1 項、第 848 条）
　(2)　社員から社員又は社員であった者に対する訴え(イ)
　　いずれも会社法に管轄の規定はない。
　　　a　制限に違反して利益配当を行った業務執行社員による、配当を受けた社員に対する求償請求（第 630 条第 1 項参照）
　　　b　制限に違反して出資の払戻しを行った業務執行社員による、出資の払戻しを受けた社員に対する求償請求（第 634 条第 1 項参照）
　(3)　社団又は財団から役員又は役員であった者に対する訴え(ロ)
　　(i)　会社法に管轄の規定がない訴え

清算持分会社による、清算人に対する、任務懈怠に基づく損害賠償請求（第652条）
(ii) 会社法に専属管轄の規定がある訴え
　a　株式会社による、設立時取締役に対する（発起人と連帯）、現物出資財産等に著しく不足があった場合の不足額の支払請求（第52条第1項、第848条）
　b　株式会社による、設立時取締役及び設立時監査役（発起人と連帯）に対する、任務懈怠に基づく損害賠償請求（第53条第1項、第848条）
　c　株式会社による、株主の権利の行使に関する利益供与に関与した取締役に対する、利益相当額の連帯支払請求（第120条第4項、第848条）
　d　株式会社による、業務執行取締役等に対する、募集株式の引受人から出資された財産等の価額が不足する場合の不足額の支払請求（第213条第1項、第212条第1項第2号、第848条）
　e　株式会社による、業務執行取締役等に対する、新株予約権発行に際して出資された財産等の価額が不足する場合の不足額の支払請求（第286条第1項、第285条第1項第3号、第848条）
　f　株式会社による、取締役等に対する、任務懈怠に基づく責任追及（第423条第1項、第848条）
　g　株式会社による、分配可能額を超過する剰余金配当等を行った業務執行取締役等に対する、金銭支払請求（第462条第1項、第848条）
　h　株式会社による、業務執行者（取締役又は執行役）に対する、反対株主の株主買取請求によって株式会社が株主に支払った額が分配可能額を超過する場合の超過額の連帯支払請求（第464条第1項、第848条）
　i　株式会社による、業務執行者（取締役又は執行役）に対する、株式の買取り等によって株式会社が支払った額が制限額を超過する場合の超過額の連帯支払請求（第465条第1項、第848条）
　j　清算株式会社による、清算人に対する、任務懈怠に基づく損害賠償請求（第486条第1項、第848条）
　k　清算株式会社による、取締役等に対する責任免除取消しの訴え（第544条第1項、第2項、第857条）
　l　清算株式会社による、取締役等に対する、責任査定決定に対する異議の訴え（第858条第1項、第3項）
(4) 会社から発起人又は発起人であった者、検査役又は検査役であった者に対する訴え(ハ)
　(i) 会社法に管轄の規定がない訴え

検査役の任務懈怠による損害賠償請求の訴え
- (ⅱ) 会社法に専属管轄の規定がある訴え
  - a 株式会社による、発起人に対する（設立時取締役と連帯）、現物出資財産等に著しく不足があった場合の不足額の支払請求（第52条第1項、第848条）
  - b 株式会社による、発起人に対する（設立時取締役及び設立時監査役と連帯）、任務懈怠に基づく損害賠償請求（第53条第1項、第848条）
- (5) 社団の債権者から社員又は社員であった者に対する訴え(ニ)
  いずれも会社法に管轄の規定はない。
  - a 持分会社の債権者による、社員に対する、持分会社が債務を完済できない場合等における持分会社の債務の連帯履行請求（第580条第1項、第2項）
  - b 持分会社の債権者による、元社員に対する、持分譲渡登記前の会社債務の履行請求（第586条第1項）
  - c 合資会社又は合同会社と取引をした者による、有限責任社員に対する、無限責任社員であると誤認をさせる行為等をしたことによる責任追及（第588条第1項、第2項）
  - d 損害を被った第三者による、業務を執行する有限責任社員に対する、悪意又は重過失があった場合の損害賠償請求（第597条）
  - e 持分会社の債権者による、退社した社員に対する、退社登記前の責任の限度での会社債務の履行請求（第612条第1項）

2 民事訴訟法第5条第8号の規定に含まれない社団・財団に関する訴え
- (1) 社員から役員に対する訴え
  - (ⅰ) 会社法に管轄の規定がない訴え
    - a 株主による、取締役に対する、法令に違反する行為等の差止請求（第360条第1項）
    - b 株主による、執行役に対する、法令に違反する行為等の差止請求（第422条第1項）
    - （参考） 上記各請求については、社団の役員に対する訴えとして民事訴訟法第5条第8号ロの管轄が認められるが、代表訴訟の規定を類推適用して本店所在地の専属管轄とすることについては、否定的な見解が有力であるとされている（江頭憲治郎『株式会社法（第4版）』468頁）
  - (ⅱ) 会社法に専属管轄の規定がある訴え
    - a 株主による、取締役等に対する責任追及の訴え（株主代表訴訟、第847

条第3項、第5項、第848条）
  b　株主による、取締役等及び会社に対する、取締役等の解任の訴え（第854条第1項、第856条）
(2) 社団の債権者から役員（又は発起人）に対する訴え
  いずれも会社法に管轄の規定はない。
  a　損害を被った第三者による、設立時取締役及び設立時監査役（発起人と連帯）に対する、悪意又は重過失があった場合の損害賠償請求（第53条第2項、第54条）
  b　損害を被った第三者による、株式会社の取締役等に対する、悪意又は重過失があった場合の損害賠償請求（第429条、第430条）
  c　損害を被った第三者による、株式会社の清算人等に対する、悪意又は重過失があった場合の損害賠償請求（第487条、第488条）
  d　損害を被った第三者による、持分会社の清算人に対する、悪意又は重過失があった場合の損害賠償請求（第653条）
(3) 役員から役員に対する訴え
  いずれも会社法に管轄の規定はない。
  a　監査役による、取締役に対する、法令に違反する行為等の差止請求（第385条第1項）
  b　監査委員による、執行役又は取締役に対する、法令に違反する行為等の差止請求（第407条）
  （参考）　旧商法第275条の2（監査役の違法行為差止請求権）については、明文の規定がないため本店所在地を管轄する裁判所の専属管轄とすることはできないが、社団から役員に対する訴えとして、民事訴訟法第5条第8号により会社の本店所在地の裁判所の管轄を認めることができるものと解すべきとされている（上柳克郎ほか編『新版注釈会社法(6)』465頁）。

資料5　国際裁判管轄をめぐる裁判例

＊　掲載した裁判例は、平成24年1月1日までに公刊された裁判例のうち、国際裁判管轄の有無が問題とされた財産権上の訴え（執行判決を求める訴えを含む）等であるが、公刊された裁判例をすべて網羅するものではない。

＊＊　「結論」欄の「肯定」「否定」とは国際裁判管轄を肯定したかどうかを意味し、執行判決については外国裁判所の間接管轄を肯定した場合に「肯定」と表示している。

知財高判平成22年9月15日判夕1340号265頁［日本電産事件］
[結論]　肯定
[争点]　知的財産権、管轄原因の証明、不法行為地、特段の事情
[事案の概要]

　本件は、日本で登録された特許権を有する日本法人である控訴人（原告）が、韓国法人である被控訴人（被告）に対し、被告が日本国内で行った同特許権を侵害する被告物件の譲渡の申出を日本国内で行ったとして、その差止めと不法行為に基づく損害賠償を求めた事案である。原審（大阪地判平成21年11月26日判時2081号131頁）は日本の裁判所の管轄権を否定したが、控訴審は、特許権侵害に基づく損害賠償請求及び差止請求は「不法行為に関する訴え」に含まれることを前提とした上で、①被告は、英語表記のウェブサイトを開設し、被告物件を掲載するとともに、販売問合先として日本を掲げ、日本の拠点の住所等を販売本部として掲載していること、②日本語表記のウェブサイトにおいて被告製品を紹介していること、③被告の営業部長が日本で営業活動を行っていること、④被告物件を登載した製品が日本国内に流通している可能性が高いことなどによれば、被告による被告物件の譲渡申出の発信行為又はその受領という結果が日本で生じたものと認められるとして、不法行為地による管轄権が日本の裁判所に認められると判断した。その上で、裁判所は、本件は日本の特許権に関するものであること、日本の裁判所に侵害訴訟が提起されても被告の予想の範囲内であること、被告は全世界に展開する大企業であることなどを考慮し、日本の裁判所の管轄権を否定すべき特段の事情は認められないとした。

東京地判平成21年11月17日判夕1321号267頁
[結論]　否定
[争点]　管轄原因の証明、義務履行地、財産所在地
[事案の概要]

　本件は、日本法人である原告が、外国法人である被告との間でソフトウェア開発請負契約を締結したところ、被告が納入したソフトウェアの不具合等により損害を被ったとして、債務不履行に基づく損害賠償を求めた事案である。裁判所は、国際裁判管轄の合意の存在及び応訴による管轄権の発生を否定した上で、契約の債務不履行に基づく損害賠償請求訴訟について、義務履行地による国際裁判管轄を肯定するには、原則として、原告と被告との間に当該債務の発生原因である契約が締結されたという客観的事実関係が証明されることが必要であるが、本件では、原告の主張する内容の契約が締結されたという客観的事実

関係が証明されていないと判断した。また、裁判所は、被告は、日本国内の顧客に対する保守料債権、著作権、商標権を有するが、保守料債権の内容は特定されておらず、著作権、商標権の財産的価値も不明であるから、これらの財産を有していることにより日本の裁判所の管轄権を認めるのは相当でないなどとして、財産所在地による日本の裁判所の管轄権も否定した。

東京地中間判平成 21 年 11 月 10 日判タ 1320 号 265 頁
[結論]　肯定
[争点]　債務不存在確認、管轄合意、本店所在地、主観的併合、特段の事情、国際的訴訟競合
[事案の概要]
　本件は、香港の裁判所において、外国法人である被告 Y_1 及び訴外日本法人が、リサイクル事業に関する契約に違反したとして、日本法人である原告に対し、損害賠償を求める訴えを提起したのに対し、原告が、被告 Y_1 及び訴外日本法人の破産管財人 Y_2 を被告として、損害賠償債務の不存在確認を求める訴えを日本の裁判所に提起した事案である。裁判所は、訴外日本法人は国内に本店を有するから、被告 Y_2 に対する訴えについて日本の裁判所は管轄権を有し、香港裁判所を管轄裁判所とする旨の同法人との間の管轄合意も専属的なものではないとした。被告 Y_1 に対する訴えについては、被告 Y_2 に対する請求と同一の事実上及び法律上の原因に基づくものであるから、原則として主観的併合が認められるとした上で、被告 Y_1 の代表者は日本に法律事務所を開設していること、証人予定者が日本人であることなどを指摘して、日本の裁判所の管轄権を否定すべき特段の事情も認められないと判断した。さらに、国際的訴訟競合については、民事訴訟法第 142 条の「裁判所」とは我が国の裁判所を意味するとして、同条により訴えを却下することはできないとした。

東京地判平成 21 年 4 月 21 日判タ 1315 号 266 頁
[結論]　肯定
[争点]　管轄合意、主観的併合、特段の事情
[事案の概要]
　本件は、日本法人である原告 X_1 が、同じく日本法人である原告 X_2 から商品の売買契約の買主たる地位の移転を受けたとして、売主である外国法人の被告に対し、①代金返還の合意の履行、②債務不履行に基づく損害賠償、③合意の解除に基づく原状回復請求としての不当利得の返還を求めるとともに、原告 X_2 が、被告の債務不履行により原告 X_1 から手数料の支払を受けることができなくなったとして、不法行為に基づき、手数料相当額の損害賠償を求めた事案である。裁判所は、原告 X_1 については、被告と原告 X_2 との間には契約に関する一切の紛争について東京地裁に専属的な管轄権を付与する旨の合意があり、その契約上の地位を原告 X_1 が承継したと判断した上で、被告の資本総額は相当程度に高額で大規模な企業であること、管轄合意が不当なものであるとはいえないことなどを指摘し、日本の裁判所の管轄権を否定すべき特段の事情もないとした。また、原告 X_2 については、特段の事情がない限り、原則として、主観的併合による国際裁判管轄は否定すべきであるとした上で、本件は一個の契約関係から発生した紛争であること、原告らの請求原因は大部分が重複すること、被告は管轄合意を締結した当事者であるから日本の裁判所に訴えが

提起されたとしてもその予想に著しく反するものとはいえないことなどを理由として、主観的併合を認めるべき特段の事情があるとして、日本の裁判所の管轄権を認めた。

仙台地判平成 21 年 3 月 19 日判時 2052 号 72 頁
[結論]　否定
[争点]　海事、船舶衝突、特段の事情
[事案の概要]
　本件は、原告がパナマ法人から裸傭船した貨物船と被告が所有していたロシア船籍の漁船が北太平洋の公海上で衝突した事故について、原告が、被告に対し、不法行為に基づく損害賠償を求めた事案である。裁判所は、原告船が事故後に最初に到達した港は石巻港であるが、日本に滞在した期間が短く、訴え提起時には日本を離れていたのであるから、民事訴訟法第 5 条第 10 号の規定により日本の裁判所の管轄権を認めるのは不合理であり、さらに、本件事故に関係する乗組員が日本国内には一人もおらず、本件事故に適用されるパナマ法及びロシア法について調査し、解釈適用することは困難であることなどに照らしても、日本の裁判所の管轄権を認めるのは相当でないと判断した。

東京地判平成 20 年 6 月 11 日判時 2028 号 60 頁［ソブリントラスト事件］
[結論]　否定
[争点]　管轄原因の証明、取締役の第三者に対する責任、主観的併合、義務履行地、特段の事情
[事案の概要]
　後掲東京地判平成 20 年 3 月 19 日の関連事件。本件は、原告が、訴外香港法人の取締役である被告に対し、被告が同法人を偽装倒産させることにより原告の預託金返還請求権の行使を妨害したと主張して、取締役の第三者に対する責任（旧商法第 266 条の 3）に基づき損害賠償を求めた事案である。裁判所は、①旧商法第 266 条の 3 に基づく請求は不法行為に関する訴えに含まれると解する余地があるが、被告が日本において行った行為により法益侵害が生じたという客観的事実関係の証明があるとはいえない、②主観的併合が認められるのは、固有必要的共同訴訟である場合や、相被告に対する請求と密接に関連し、矛盾する判決が下される重大なおそれを回避するため併せて裁判すべき必要性がある場合に限られるところ、相被告については日本の裁判所の国際裁判管轄を肯定し得ないのであるから、主観的併合を認める余地がない、③義務履行地については認められる余地があるが、被告に対する損害賠償請求権の義務履行地を日本とすることや準拠法を日本法とすることについての合意があったとは認められず、金銭債権であることのみをもって、義務履行地の裁判籍に依拠して日本の裁判所の管轄権を認めるのは、被告に過大な負担を強いることになるなどとして、日本の裁判所の管轄権を否定した。

東京地判平成 20 年 4 月 11 日判タ 1276 号 332 頁
[結論]　否定
[争点]　管轄合意、主観的併合
[事案の概要]
　本件は、原告が、化粧品の製造販売会社である被告（外国法人）に対し、被告が日本に

おける独占的販売代理店である原告との契約更新を拒絶したとして、債務不履行及び共同不法行為に基づく損害賠償を請求した事案である。裁判所は、フランスのサン・マロ商事裁判所を専属的な管轄裁判所とする旨の合意の効力を肯定し、本件訴訟の請求も同合意の対象であると判断した。また、裁判所は、分離前の相被告（日本法人）との主観的併合による管轄権について、主観的併合により国際裁判管轄を認めることは原則として許されないが、特段の事情がある場合には認められるとした上で、そもそも本件では契約当事者ではない相被告との共同不法行為が成立するか疑問があること、日本で応訴を強いられるのは被告に不利益であること、フランスの裁判所に専属的管轄合意が認められることなどを考慮して、特段の事情の存在を否定した。

東京地判平成20年3月19日判時2023号115頁［ソブリントラスト事件］
［結論］　否定
［争点］　関連会社との同一性
［事案の概要］
　本件は、日本に営業所を有する訴外香港法人と外国為替取引契約を締結し取引証拠金を預託した原告が、訴外香港法人から営業譲渡を受け、日本に営業所を有しない被告（外国法人）に対し、預託証拠金の返還を求める訴えを提起した事案である。原告は、日本に支店を有する訴外香港法人と被告とは実質的に同一であり、訴外香港法人に対する国際裁判管轄が営業所所在地、義務履行地、管轄合意などの原因に基づき認められる以上、被告は国際裁判管轄がないことを信義則上主張できないと主張したが、裁判所は、訴外香港法人と被告は取締役や本店所在地を共通にしているが、訴外香港法人が債務負担を免れるために被告を設立したとまではいえず、他に日本の裁判所の管轄権を認めるべき原因はないとして、日本の裁判所の管轄権を否定した。

名古屋高判平成20年2月28日判時2009号96頁［中華航空事件］
［結論］　肯定
［事案の概要］
　後掲名古屋地判平成15年12月26日の控訴審判決。国際裁判管轄については原審の判断と同旨。

東京地判平成19年11月28日最高裁HP
［結論］　肯定
［争点］　知的財産権、不法行為地、主観的併合、客観的併合、特段の事情
［事案の概要］
　本件は、データ伝送方式に関する特許権の共有持分を有する原告が、被告製品を内蔵したモデムによるADSL通信は、その発明の技術的範囲に属するなどとして、被告Y_1（米国法人）及びその子会社である被告Y_2（日本法人）に対して、特許権侵害の不法行為に基づく損害賠償及び不当利得返還請求をした事案である。本件では、被告製品の製造場所及び販売地は米国であり、被告製品が組み込まれたモデムは、訴外日本企業により国内に輸入されているところ、裁判所は、被告Y_1について普通裁判籍は日本にないとした上で、被告Y_2の請求との主観的併合については、これを認めるべき特段の事情はないとした。

しかしながら、裁判所は、訴外日本企業による上記輸入、販売等の行為は、特許侵害行為を構成し、被告 Y_1 による訴外日本企業への被告製品の販売行為及びその前提としての営業行為は、不法行為の幇助ないし教唆行為と評価することができるので、日本国内における損害の発生を認めることができ、不法行為地による管轄権が認められるとした上で、被告 Y_1 は、被告製品が日本国内に流通し、日本の特許権を侵害する可能性があることを十分予測し得たことや、被告 Y_1 の主要市場が日本であったことなどを考慮すると、日本の裁判所の国際裁判管轄を否定すべき特段の事情もないと判断した。さらに、裁判所は、予備的請求との客観的併合について、両請求間に密接な関係が認められることを要するとした上で、本件においてはこの要件を充足すると結論づけた。

東京地決平成 19 年 8 月 28 日判時 1991 号 89 頁
［結論］　否定
［争点］　仮処分、仲裁合意、特段の事情
［事案の概要］
　本件は、製品（シリコンウェハー）の販売のエージェント契約について更新拒絶を受けた日本法人（債権者）が、製造業者である韓国法人（債務者）に対し、更新拒絶が有効と認められないこと、仮に有効であるとしても、新たに製品の一部について継続的取引に関する契約を締結したことにより上記契約につき黙示の更新合意がされたこと、債務者の行為は単独取引拒絶及び優越的地位の濫用に該当し、独占禁止法上の差止請求権を有することなどを理由として、債権者による発注を経ずに直接又は第三者を介して製品を販売することの禁止、製品の引渡し、契約上の地位を仮に定めることなどを求めた事案である。債権者と債務者との間には、韓国ソウル市の仲裁機関によって両当事者間のすべての紛争を解決する旨の仲裁合意が存在したところ、裁判所は、民事保全法第 12 条第 1 項に規定する保全命令事件の管轄裁判所が日本に存在しないときは、特段の事情がない限り、日本の国際裁判管轄を否定すべきとの一般論を示した上で、本件の本案裁判所は仲裁地を管轄する裁判所をいい、仲裁合意がなければ本案訴訟について管轄権を有したであろう裁判所を含まないとした。その上で、裁判所は、韓国を仲裁地とする仲裁合意の効力を認め、日本の裁判所の管轄権を否定した。さらに、裁判所は、債務者が韓国法人であること、債権者もソウルに支店を有し、韓国と日本における半導体関連事業を行っていること、準拠法が韓国法であること、仲裁合意に従って申立てをすれば迅速な紛争解決を期待できることなどを指摘して、日本の裁判所の国際裁判管轄を肯定すべき特段の事情もないとした。

東京地中間判平成 19 年 3 月 20 日判時 1974 号 156 頁
［結論］　肯定
［争点］　営業所所在地、不法行為地、客観的併合、特段の事情、国際的訴訟競合、債務不存在確認
［事案の概要］
　本件は、米国イリノイ州裁判所において、米国法人である被告 Y_1 らが、原告らに対し、我が国において設定された預金担保の実行により損害を被ったとして、不法行為に基づく損害賠償、不当利得返還等を求める訴えを提起したのに対し、原告らが、日本の裁判所において、米国法人である被告 Y_1 及び破産した日本法人の破産管財人である被告 Y_2 に対し、

不法行為に基づく損害賠償債務不存在確認の訴えを提起した事案である。裁判所は、被告 Y_1 に対する一つの請求につき普通裁判籍（日本における営業所）及び不法行為地による特別裁判籍を認め、被告 Y_1 に対する他の請求との密接な関連性による客観的併合も認められるとした上で、①被告 Y_1 は、米国での営業活動等の実体はなく、被告 Y_1 の代表者は日本に住所を有していること、②本件の預金担保の設定及び実行は日本で行われたこと、③関係する証拠が日本に存在すること、④先行する米国訴訟はいまだ本案審理に入っておらず、管轄を争っている段階にあり、米国訴訟において本案判決がされ、それが確定することは不確実であることなどを考慮して、日本の裁判所の管轄権を否定すべき特段の事情は認められないと判断した。なお、原告らは、国際裁判管轄の存否とともに、国際的二重起訴における後訴に当たるとして却下を求めたが、裁判所は、民訴法第142条の「裁判所」は我が国の裁判所をいい、外国の裁判所を含まず、また、国際的二重起訴を禁止する慣習、条理があるとは認められないと判断し、訴訟手続を中止すべきとの被告らの主張についても、明文の根拠を欠くとして認めなかった。

東京地判平成18年10月31日判タ1241号338頁［ノーザン・エンデバー号事件］
［結論］　否定
［争点］　海事、管轄原因の証明、不法行為地、義務履行地、管轄合意、主観的併合
［事案の概要］
　本件は、被告 Y_1（外国法人）所有の船を再傭船していた原告が、公海上で同船に事故が生じたのは船長等が適切な指示を怠ったことなどが原因であるとして、被告 Y_1 に対して、不法行為又は債務不履行に基づき損害賠償を求めるとともに、被告 Y_2（外国法人）に対して、船主責任保険に係る保証契約の履行を求めた事案である。裁判所は、被告 Y_1 に対する請求に関し、①不法行為地による管轄権については、(i)被告が我が国においてした行為により原告の法益について損害が生じたとの客観的事実関係が証明されれば足りるが、本件ではその証明がない、(ii)物理的、直接的な損害の発生地が不法行為の結果発生地というべきであり、結果的に生じる経済的損害の帰属者の住所地を不法行為の結果発生地とすることは、不法行為の結果発生地を国際裁判管轄の管轄原因とする趣旨を逸脱するものであるなどとしてこれを否定し、②不法行為に基づく損害賠償請求の義務履行地による管轄権についても、義務履行地に依拠して我が国に国際裁判管轄を認めることはできないとしてこれを否定した。また、裁判所は、被告 Y_2 と原告との間にはロンドンの英国高等法院を専属管轄とする旨の合意があると認めた上で、被告 Y_1 に対する訴えとの主観的併合については、被告 Y_1 に対する訴えに国際裁判管轄が認められない以上、その前提を欠くとして、日本の裁判所の管轄権を否定した。

東京高判平成18年10月24日判タ1243号131頁
［結論］　肯定
［事案の概要］
　後掲東京地判平成17年6月17日の控訴審判決。国際裁判管轄に関する原審の判断を維持した。

横浜地判平成 18 年 6 月 16 日判時 1941 号 124 頁
[結論] 否定
[争点] 営業所所在地、子会社との同一性
[事案の概要]
　本件は、日本法人である原告が、台湾法人である被告に対し、機械設備の売買代金を請求した事案である。原告は、被告は日本に子会社を有し、同社が実質的には被告の営業所として活動しており、営業所所在地による管轄権が認められると主張したが、裁判所は、原告主張にかかる法人は子会社ではなく完全な別法人であり、実質的に被告の営業所として機能しているとはいえないとして、営業所所在地による管轄権を認めず、日本の裁判所の管轄権を否定した。

東京地中間判平成 18 年 4 月 4 日判時 1940 号 130 頁
[結論] 肯定
[争点] 製造物責任、管轄原因の証明、義務履行地、不法行為、客観的併合、特段の事情
[事案の概要]
　本件は、光モジュールを台湾から輸入した日本法人が、同製品に隠れた瑕疵があるとして、製造業者である台湾法人 Y_1 及び製品にロゴマークを表示した米国法人 Y_2 に対し、製造物責任、債務不履行等に基づき、損害賠償を求めた事案である。裁判所は、売買契約の目的物の引渡しをすべき義務履行地が日本国内であったとの原告の主張については、原告が売買契約の当事者であったとは認められないとして排斥したものの、不法行為に基づく請求については、被告の行為により原告の法益に損害が生じたとの客観的事実関係が証明されているとした上で、結果発生地（製品の故障事故の発生地）が日本であることから、日本の裁判所が管轄権を有すると判断した。また、裁判所は、被告 Y_1 に対する請求はいずれも密接な関係があるとして客観的併合を認めるとともに、被告 Y_1 は、本件光モジュールに不具合が生じた場合には、日本で損害が発生することを十分に予測し得たなどとして、日本の裁判所の管轄権を否定すべき特段の事情もないとした。さらに、被告 Y_2 に対する請求についても、裁判所は、結果発生地が日本であることから、不法行為地は日本であり、日本の裁判所の管轄権を否定すべき特段の事情はないと判断した。

東京地判平成 18 年 1 月 19 日判タ 1229 号 334 頁
[結論] 肯定（執行判決）
[争点] 法定専属管轄（取締役の責任追及の訴え）
[事案の概要]
　本件は、シンガポール法人である原告が、その役員であった日本人を被告として、信任義務違反又は背任行為を理由とする損害賠償を求める訴えをシンガポールの裁判所に提起し、欠席判決を得たため、その執行判決を求めた事案である。被告は、日本に居住する被告に対してシンガポールの裁判所で訴えを提起することは、民訴法第 118 条第 1 号の要件を欠くと主張したが、裁判所は、シンガポールでの別件訴訟は、旧商法第 268 条第 1 項の取締役の責任を追及する訴えであり、その管轄権は本店所在地の地裁に専属するから、シンガポールの裁判所に専属し、被告の主張する事情はその判断を覆す事情に該当しないとして、シンガポールの裁判所に間接管轄を認めた。

資料5　国際裁判管轄をめぐる裁判例　231

東京地判平成 17 年 6 月 17 日判タ 1243 号 136 頁
[結論]　肯定
[争点]　不法行為、義務履行地、特段の事情
[事案の概要]
　本件は、外国法人である被告の事業展開のため、日本における法人の設立等を委任され、日本に準備事務所をおいて開業準備行為に従事していた原告が、同委任契約を突然解除されたとして、主位的に不法行為、予備的に債務不履行又は民法第 651 条第 2 項の委任契約解除に基づいて損害賠償を求めた事案である。裁判所は、結果発生地としての不法行為地及び債務不履行による損害賠償の義務履行地が日本にあるとした上で、日本の裁判所の管轄権を否定すべき特段の事情もないと判断した。

東京地判平成 16 年 10 月 25 日判タ 1185 号 310 頁
[結論]　否定
[争点]　管轄原因の証明、義務履行地、主観的併合
[事案の概要]
　本件は、分離前の相被告に融資した日本法人である原告が、相被告のグループ会社である被告（韓国法人）に対し、保証債務の履行を求めた事案である。裁判所は、管轄原因を基礎づける事実については、原告の主張のみでは足りず、原則として客観的事実関係が証明されることが必要であるとした上で、本件では、保証行為を行ったという客観的事実関係が証明されていないため、義務履行地による管轄権及び主観的併合による管轄権は認められないとして、日本の裁判所の管轄権を否定した。

名古屋地判平成 16 年 5 月 27 日最高裁 HP ［中華航空事件］
[結論]　肯定
[争点]　航空機事故、製造物責任、不法行為地、特段の事情
[事案の概要]
　本件は、後掲名古屋地判平成 15 年 12 月 26 日と同一の航空機事故の事案である。本件では、被告エアバス社（航空機製造会社）のみが管轄の有無を争ったところ、裁判所は、不法行為地による管轄権を認め、被告エアバス社が世界最大手の民間航空機メーカーであること、本訴提起時には東京にも事務所があること、損害立証のための証拠が日本に集中していることなどを考慮し、日本の裁判所の管轄権を否定すべき特段の事情はないと判断した。

東京高判平成 16 年 3 月 30 日金法 1714 号 110 頁 ［ボンベイ荷為替信用状事件］
[結論]　肯定
[事案の概要]
　後掲東京地判平成 15 年 9 月 26 日の控訴審判決。裁判所は、原判決の理由説示と同一であるからこれを引用するとしたのみで、新たな判断はしていない。

東京高判平成 16 年 2 月 25 日最高裁 HP ［鉄人 28 号事件］
[結論]　否定

[事案の概要]
　後掲東京地判平成 14 年 11 月 18 日の控訴審判決。原審と同旨の判断をしているが、不法行為による損害賠償の義務履行地については、契約によって定められたものではないこと等に照らせば、義務履行地としての裁判籍を認める余地はないと判示している。

大阪地判平成 16 年 2 月 5 日最高裁 HP
[結論]　否定
[争点]　管轄原因の証明
[事案の概要]
　本件は、原告のオーストラリアにおける子会社の元役員であった被告が、訴外会社に転職するに当たり、原告を欺罔してその営業秘密を不正に取得して開示したなどとして、原告が、被告に対し、不正競争防止法及び不法行為に基づき、損害賠償を求めた事案である。裁判所は、営業秘密の不正取得・開示について、被告が営業上の情報で公然と知られていないものを取得し、営業上の損害が生じたという客観的事実関係の証明がされていないなどとして、日本の裁判所の国際裁判管轄を否定した。

名古屋地判平成 15 年 12 月 26 日判時 1854 号 63 頁 [中華航空事件]
[結論]　肯定
[争点]　航空機事故、製造物責任、不法行為、ワルソー条約、主観的併合、特段の事情
[事案の概要]
　本件は、旅客機が、名古屋空港に着陸のため降下中に墜落した事故につき、被害者及びその遺族の日本人が、旅客機製造会社（被告エアバス）に対して不法行為（設計の欠陥）を理由として、航空会社（被告中華航空）に対して改正ワルソー条約及び不法行為を理由として、それぞれ損害賠償を求めた事案である。裁判所は、被告中華航空に対する請求について、①被告中華航空との間の国際旅客運送契約が改正ワルソー条約の国際運送に該当し、同条約第 28 条第 1 項により日本の裁判所に管轄権が認められる原告らについては、これにより日本の裁判所の管轄権を認め、②被告中華航空との間の契約が改正ワルソー条約の国際運送に該当しない原告らについては、不法行為地の裁判籍を認めた上で、日本の裁判所の管轄権を否定すべき特段の事情はないとし、③被告中華航空との間の契約が改正ワルソー条約の国際運送に該当し、同条約第 28 条第 1 項により日本以外の国の管轄が認められる原告らについては、ワルソー条約は共同訴訟についての併合管轄を原因とする国際裁判管轄は排除するものではないとして、民訴法第 7 条、第 38 条前段の併合請求の裁判籍を認め、④台湾に居住する台湾籍の被害者のうち、本件事故機に乗務員として搭乗していた原告については、不法行為地の裁判籍を認め、日本の裁判所の管轄権を否定すべき特段の事情はないとした。また、裁判所は、被告エアバスに対する請求については、不法行為地は名古屋であるから、日本の裁判所に管轄権があり、これを否定すべき特段の事情は認められないとして、日本の裁判所の管轄権を認めた。

東京地判平成 15 年 10 月 16 日判時 1874 号 23 頁 [サンゴ砂事件]
[結論]　肯定
[争点]　知的財産権、外国特許権、普通裁判籍、特段の事情

[事案の概要]
　原告は、日本国内でサンゴ化石微粉末を製造し、これを健康食品として、米国に輸出、販売し、被告は、サンゴ砂を利用した健康増進のための組成物等の発明について米国特許権を有するところ、原告は、原告製品は被告の米国特許権の技術的範囲に属さず、同特許権には無効事由があるから、米国内において原告製品を販売することは原告の米国特許権を侵害しないと主張し、米国内における原告製品の販売につき被告が差止請求権を有しないことの確認などを求める訴えを提起した。裁判所は、外国特許権に基づく差止請求の国際裁判管轄について、特許権の成立要件や効力などは、各国の政策上の判断にかかわるものであるが、そのことは、当該特許権の登録国以外の国の国際裁判管轄を否定する理由になるものではなく、また、特許権の成立を否定し、あるいはこれを無効とする判決を求める訴訟は、当該特許権の登録国の専属管轄に属するとしても、特許権に基づく差止請求訴訟における特許権の無効判断は理由中の判断として訴訟当事者間において効力を有するにすぎないのであるから、そのような無効の抗弁が許容されているからといって、当該特許の登録国以外の国がその訴訟の審理をすることを妨げる理由とはならないと判断した。その上で、裁判所は、本件では、被告の普通裁判籍が日本国内に存するものであり、日本の裁判所の管轄権を否定すべき特段の事情も存在しないとして、日本の裁判所の管轄権を肯定した。

東京地判平成 15 年 9 月 26 日金法 1706 号 40 頁［ボンベイ荷為替信用状事件］
[結論]　肯定
[争点]　営業所所在地、義務履行地、特段の事情
[事案の概要]
　本件は、インド法人 A との間で製品輸出契約を締結した原告が、その輸出代金決済のためインド法人 A の依頼により荷為替信用状を発行した被告（フランス法人）に対し、信用状に基づく輸出代金の支払を求めた事案である。裁判所は、①被告の日本における営業所が東京に所在するから普通裁判籍がある、②本件信用状に基づく金員支払請求は持参債務とされ、義務履行地は債権者である原告住所地となるので、日本の裁判所に管轄権があるとした上で、本件信用状の受益者は原告で、原告の商品引渡義務は東京において履行されること、証拠方法も概ね我が国にあることなどを考慮し、日本の裁判所の管轄権を否定すべき特段の事情があるということはできないと判断した。

東京地判平成 15 年 9 月 26 日判タ 1156 号 268 頁
[結論]　否定
[争点]　財産所在地、義務履行地、特段の事情
[事案の概要]
　本件は、被告ブランドの服飾品の販売代理店契約の締結をめぐる紛争であり、原告は、被告 Y_1 に対し、①前払金の返還、②契約締結上の過失に基づく損害賠償等を求めるとともに、被告 Y_2 に対し、③前払金返還債務の保証債務の支払を求めた。裁判所は、①について、財産所在地（商標、本件請求とは無関係）及び義務履行地（原告の本店所在地である東京であるとの黙示の合意を認定）、②について、財産所在地（①と同様）、③について、義務履行地（①と同様）が日本国内にあることを認定した。しかしながら、裁判所は、基

本合意書がハワイで締結され、英語で記載されていること、契約書案にはハワイ州裁判所を専属管轄とする旨の記載があること、原告は米国法人を代理人として被告 Y_1 と米国において交渉し、ハワイ州法が準拠法であること、証拠調べもハワイ州裁判所の方が便宜であることなどの点を考慮し、日本の裁判所の管轄権を否定すべき特段の事情があると判断した。

東京地判平成 15 年 9 月 26 日最高裁 HP
[結論]　否定
[争点]　知的財産権、外国特許権
[事案の概要]
　本件は、原告が、被告らが有する米国特許権について、自らが発明したものであるとして、その返還を求めた事案である。裁判所は、原告の請求を米国特許権の移転登録を求める趣旨と理解したとしても、米国特許権の登録に係る訴えは、米国における特許権の帰属の問題であるから、日本の裁判所の国際裁判管轄を認める余地はないと判断した。

大阪高判平成 15 年 4 月 9 日判時 1841 号 111 頁
[結論]　肯定
[争点]　請求の目的の所在地、国際的訴訟競合、外国判決の効力
[事案の概要]
　本件は、自殺した亡夫の父親が、亡夫の妻及びその子 2 名に対し、中国において設立した合弁会社への投資は亡夫の遺産ではなく、自らがしたものであることの確認を求めた事案である。被控訴人ら（被告ら）は、投資者は控訴人（原告）ではなく訴外の別会社であるという中国における民事判決があるため、本件訴えは、承認要件を満たす中国裁判所の判決の既判力に触れるものとして不適法却下されるべきであると主張して争った。原審（大阪地堺支判平成 14 年 7 月 15 日判時 1841 号 113 頁）は、民訴法第 118 条第 1 号ないし第 4 号の要件を満たしているとした上で、本件請求は、外国判決と訴訟物を同じくし、確定判決である外国判決の効力の範囲内にあるのであるから、同一訴訟物について再度訴えるものであり、訴えの利益を欠くとして不適法却下した。これに対し、控訴審は、同条第 4 号の要件（相互の保証）を満たしているとは認められないとして原判決を取り消して原審に差し戻した。なお、原審は、国際裁判管轄に関して、中国での訴訟は、同国内の合弁会社に対する投資金に対する持分に関する紛争であり、投資金が同国内に存在するから、訴訟の目的物ないし権利が同国内に存在することになり、請求の目的の所在地としての国際裁判管轄が認められると判断している。

東京地判平成 14 年 11 月 18 日判時 1812 号 139 頁［鉄人 28 号事件］
[結論]　否定
[争点]　知的財産権、義務履行地、営業所所在地、不法行為地、特段の事情
[事案の概要]
　本件は、日本人である原告が、米国法人である被告に対し、被告の米国内における行為は、原告の著作物（「鉄人 28 号」の漫画）についての米国著作権法上の著作権を侵害すると主張して、被告の侵害行為の差止め及び損害賠償を求めた事案である。裁判所は、営業

所所在地による管轄、不法行為地による管轄を否定した上で、仮に、不法行為による損害賠償の義務履行地が日本国内であるとしても、被告が米国に住所を有すること、日本で訴訟提起されることについての被告の予測可能性、被告の経済活動の本拠地等を考慮すると、日本の裁判所の国際裁判管轄を否定すべきであると判断した。なお、被告は、原告らを相手方として、鉄人28号の白黒アニメフィルムについての著作権を有することの確認を求める訴えを、米国カリフォルニア州裁判所に提起し、フォーラム・ノン・コンビニエンスの法理により却下されたが、裁判所は、別訴について被告が米国裁判所の審理を受けられなかったとしても、そのことが日本の国際裁判管轄を肯定する理由になるものではないと判示している。

最一判平成14年9月26日民集56巻7号1551頁［カードリーダー事件］
[結論]　肯定
[争点]　知的財産権、外国特許権
[事案の概要]
　本件は、米国特許権者であり日本人である原告が、日本法人である被告に対し、被告製品は同特許権の発明の技術的範囲に属するとした上で、同製品を日本国内で製造して米国に輸出する行為は、米国特許法に規定されている特許権侵害を積極的に誘導する行為に該当するとして、同製品を米国輸出目的で日本で製造すること等の差止め、被告が日本で占有する製品の廃棄、不法行為による損害賠償を求めた事案である。本件は、国際裁判管轄は争点とされておらず、この点についての判示はないが、日本の裁判所が国際裁判管轄を有することが判断の前提とされていることからすると、外国特許権の侵害訴訟について当該外国の裁判所が専属管轄を有するとの立場はとっていないものと考えられる。

最二判平成13年6月8日民集55巻4号727頁［ウルトラマン事件］
[結論]　肯定
[争点]　知的財産権、管轄原因の証明、不法行為地、財産所在地、客観的併合、国際的訴訟競合
[事案の概要]
　原告は、本件著作物の日本における著作権者であり、ベルヌ条約によりタイ王国においても著作権を有しているところ、被告が代表者を務める法人は、本件著作物の著作権を有するなどとして、原告が本件著作物の利用を許諾した日本法人に対し、警告書を送付した。本件は、原告が、被告に対し、①警告書が日本に送付されたことにより業務が妨害されたことを理由とする不法行為に基づく損害賠償、②被告が日本において著作権を有しないことの確認、③原告が被告に日本国外での著作権の利用を許諾したとする契約書が真正に成立したものでないことの確認、④原告がタイ王国において著作権を有することの確認、⑤被告が著作物の利用権を有しないことの確認、⑥被告が、日本国内において、第三者に対し、著作権に関する独占的利用権を有するなどと告げることの差止めを請求した事案である。
　最高裁は、不法行為地の裁判籍により日本の裁判所の国際裁判管轄を認めるためには、原則として、被告が日本においてした行為により原告の法益について損害が生じたとの客観的事実関係が証明されれば足りると解するのが相当であるとした上で、請求①について

は、不法行為地により、請求②については、請求の目的たる著作権が日本に存在するとして財産所在地により、日本の裁判所の国際裁判管轄を認めた。

また、併合請求の裁判籍について、最高裁は、日本の裁判所の国際裁判管轄を肯定するためには、両請求間に密接な関係が認められることを要すると判示し、請求③から⑥は、請求①及び②と実質的に争点を同じくし、密接な関係があるといえるとして、これらの請求について、日本の裁判所の国際裁判管轄を肯定した。

なお、原告は、本訴提起後に、タイ王国裁判所に被告らを相手方とする訴えを提起し、本件著作物についてタイ王国における著作権侵害行為の差止め等を求める訴えを提起したが、最高裁は、タイ王国における訴訟の請求の内容とは同一ではなく訴訟物が異なるのであるから、同国における訴訟の争点の一つが本件著作物についての独占的利用権の有無であり、これが本件訴訟の争点と共通するところがあるとしても、我が国の裁判所において本件訴訟に応訴することを被告に強いることが当事者の公平、裁判の適正・迅速を期するという理念に反するものということはできないとして、日本の裁判所の国際裁判管轄を肯定した（原審は東京地判平成11年1月28日民集55巻4号754頁、控訴審は東京高判平成12年3月16日民集55巻4号778頁）。

東京地判平成13年5月14日判時1754号148頁［眼圧降下剤事件］

［結論］　否定
［争点］　知的財産権、管轄原因の立証、不法行為地、関連会社との同一性
［事案の概要］

本件は、眼圧降下剤の発明に関する特許の専用実施権を有する原告（日本法人）が、被告製品は当該発明の技術的範囲に含まれるとして、被告製品の製造等の差止め及び損害賠償を被告3社に求めた事案である。被告3社のうち2社（いずれも外国法人）は、日本国内において、被告製品を製造、販売したことはないところ、裁判所は、これらの被告が原告の有する専用実施権を侵害したとする具体的行為についての相応の立証をしたと認めることはできず、不法行為としての裁判籍はないなどとして、これらの被告に対する訴えを却下した。また、原告は、被告である日本法人が相被告の子会社や関連会社であることを理由に、日本の裁判所に不法行為による管轄権が認められると主張したが、裁判所は、当該日本法人が日本で独自の法的責任の下で経済活動を行っていることなどを理由として、原告の主張を排斥した（なお、本件では日本法人である被告に対する請求との主観的併合の主張はされていない）。

東京高判平成12年12月20日金判1133号24頁［記念金貨事件］

［結論］　否定
［争点］　営業所所在地、特段の事情
［事案の概要］

後掲東京地判平成12年7月25日の控訴審判決。裁判所は、①スイス法の下での銀行実務について判断するにはスイスの裁判所で審理するのが最も合理的である、②業務と無関係な従たる営業所の所在をもって国際裁判管轄を肯定するのは問題がある、③スイスの裁判所に訴えを提起しても、時効が完成することから、その後に訴えが却下される可能性があるとしても、外国法人等との商取引をする場合にはそのような不利益が生ずることを念

頭において、準拠法や国際裁判管轄についての合意をすることが肝要であり、かえって、日本の裁判所の管轄権を認めると相手方の利益を不当に損なうだけでなく、適正迅速な審理にも支障を来すなどと判示して、日本の裁判所の管轄権を否定した原審判断を是認した。

東京高判平成 12 年 11 月 28 日判時 1743 号 137 頁［ユナイテッド航空事件］
[結論]　否定
[争点]　労働関係、管轄合意
[事案の概要]
　後掲東京地判平成 12 年 4 月 28 日の控訴審判決。裁判所は、控訴人（原告）は、自らの意思で従前の地上職から離脱し、被控訴人（被告）のシカゴ本社との事前雇用契約に署名したのであり、使用者が圧倒的優位な立場を背景に労働条件を一方的に定めたということはできないとして、米国の裁判所を専属的な管轄裁判所とする旨の合意を有効と認め、その合意の効力を主張することが権利の濫用にも当たらないと判断した。

東京地判平成 12 年 11 月 24 日判タ 1077 号 282 頁
[結論]　否定
[争点]　管轄合意、応訴管轄
[事案の概要]
　本件は、英国内で顧客名義で骨董品等を買い付け、顧客に対して同商品代金相当額を貸し付けた上、売主に対し、同貸金をもって商品代金を支払い、同商品の運送手続を行うことを業とする原告（英国法人）が、顧客である被告（日本法人）に対し、貸金の返還等を求めた事案である。裁判所は、原被告間の取引において使用された仕切状及び運送料勘定に「原告は、BIFA 標準貿易条項（英国国際運送協会標準貿易条項）においてのみ取引を行う」との記載があり、被告がこれに異議を述べず、請求書どおりの支払を継続して行っていたことを根拠に、BIFA 標準貿易条項を適用するとの黙示の合意が成立したものと認め、同条項中の英国裁判所の専属的管轄合意を有効と認めた。応訴管轄の成否については、被告が現実に裁判所に出頭して弁論又は申述をすることが必要であるとして、第 1 回期日に擬制陳述とされた答弁書に本案に関する事項のみしか記載されていなかったとしても、応訴管轄は生じないとした。

東京地判平成 12 年 7 月 25 日判タ 1094 号 284 頁［記念金貨事件］
[結論]　否定
[争点]　営業所所在地、特段の事情
[事案の概要]
　本件は、コイン業者である原告が、訴外会社から金貨の送付を受けて自らの取引銀行口座に入金し、その払戻金を訴外会社の依頼により被告銀行に送金したところ、その金貨は偽造と判明したとして、被告銀行（スイス法人）に対し、不当利得の返還を求めた事案である。裁判所は、被告の日本における営業所の存在により普通裁判籍を認めたが、①証拠方法がスイスに集中していること、②準拠法はスイス法であること、③被告銀行の日本の営業所は本件に関与していないこと、④原告は国際的取引に関与しているコイン業者であること、⑤スイスの裁判所に訴えを提起しても時効完成により訴えが却下されるとの主張

がされているが、原告が当初からスイス裁判所に訴えを提起すれば、不利益を避けることができたことなどの事情に照らすと、日本の裁判所の管轄権を否定すべき特段の事情があると判断した。

東京地判平成 12 年 4 月 28 日判時 1743 号 142 頁［ユナイテッド航空事件］
［結論］　否定
［争点］　労働関係、管轄合意
［事案の概要］
　本件は、米国イリノイ州シカゴにある被告（航空会社）の本社に雇用され、成田ベースに所属していた原告が、試用期間中に退職届の作成を強要されたのは、実質的な採用拒否であるとして、被告に対し、従業員としての地位確認、未払賃金の支払を求めた事案である。裁判所は、雇用契約書に記載された米国の裁判所を専属的な管轄裁判所とする旨の合意の成立を認めた上で、①本件管轄合意は労働組合との対等な交渉により定められた労働協約に基づくものであること、②原告は相当程度の英語力を有すること、③原告の労務給付地は日本に限らないことなどを考慮し、本件管轄合意は甚だしく不合理で公序法に反するとはいえないとした。

東京高判平成 12 年 2 月 3 日判時 1709 号 43 頁
［結論］　肯定
［争点］　住所地、請求の目的の所在地
［事案の概要］
　本件は、ドイツ法人である保険会社（控訴人、原告）がイタリアで盗難に遭った顧客の付保自動車につき保険約款に基づき保険代位により所有権を取得したところ、国際捜査の結果、日本で輸入車として販売され、被控訴人（被告）が購入していた車両と同一であることが判明したとして、日本人である被告に対し、自動車の返還等を求めた事案である。被告は、国際裁判管轄についても争ったが、裁判所は、被告の住所及び引渡しの対象となる自動車が日本にあることから、日本の裁判所に管轄権があると判断した（原審は、浦和地越谷支判平成 11 年 2 月 22 日判時 1709 号 49 頁）。

東京地判平成 12 年 1 月 28 日最高裁 HP
［結論］　肯定
［争点］　知的財産権、不法行為地
［事案の概要］
　本件は、書籍の著者である原告が、被告が英語で著作した書籍を日本語に翻訳した書籍（被告書籍）は、原告書籍を翻案したものであり、原告の著作権を侵害すると主張して、謝罪広告、損害賠償等を求めた事案である。被告は、被告の英語書籍が出版されたのは米国であるから、不法行為地による裁判籍は存在しないと主張したが、裁判所は、原告が主張する翻案権侵害行為は日本における被告書籍の出版、販売であるから、不法行為地は日本であるとして、日本の裁判所の管轄権を認めた。

資料5　国際裁判管轄をめぐる裁判例　239

岡山地判平成 12 年 1 月 25 日交民 33 巻 1 号 157 頁
[結論]　肯定
[争点]　義務履行地、応訴管轄
[事案の概要]
　本件は、米国サウスダコタ州において生じた自動車事故に関し、同乗者である日本人らが、自動車の運転者及び所有者（いずれも日本人）に対し、損害賠償請求をしたところ、被告らが応訴したという事案である。裁判所は、応訴管轄に加え、義務履行地の所在も根拠として、日本の裁判所の管轄権を肯定した。

水戸地龍ヶ崎支判平成 11 年 10 月 29 日判タ 1034 号 270 頁
[結論]　肯定（執行判決）
[争点]　管轄合意、不法行為、主観的併合
[事案の概要]
　本件は、米国ハワイ州でゴルフ場運営等の開発事業を営む会社を設立した原告が、日本人である被告ら3名に対し、被告らの詐欺、横領行為等により、原告が設立した会社の株式を喪失して損害を被ったなどと主張し、損害の填補及び懲罰的損害賠償の支払を求める訴えをハワイ州の裁判所に提起し、米国連邦民事訴訟規則に基づく懈怠を理由とした勝訴判決を得て、執行判決を求めた事案である。裁判所は、東京地裁を専属的な管轄裁判所とする管轄合意の対象に本件請求が含まれないとした上で、不法行為地はハワイ州であるから、同州の裁判所に間接管轄が認められ、また、共同不法行為者の一人がハワイ州に居住しており、その者に対する請求との主観的併合も認められると判断した。

東京地判平成 11 年 10 月 28 日金判 1082 号 38 頁
[結論]　否定
[争点]　普通裁判籍、仲裁合意
[事案の概要]
　本件は、被告から自動車を購入した原告が、売買契約書に記載されていた英国での仲裁合意が無効であるなどの確認を求めた事案であり、被告は、日本の裁判所の管轄権を争った。裁判所は、被告は日本に主たる営業所を有せず、他に日本の裁判所に管轄権を認める原因はないとして、訴えを却下した（被告は、二重起訴禁止に違反する旨主張していたが、この点について裁判所は判断していない）。

東京地中間判平成 11 年 9 月 13 日海事法研究会誌 2000 年 2 月号（No.154）89 頁
[結論]　肯定
[争点]　海事、管轄合意
[事案の概要]
　本件は、マレーシアから日本へ物品を運送する海上物品運送契約について、運送人である被告キプロス法人の船長が日本において船荷証券所持人以外の第三者に船荷を引き渡したとして、船荷証券所持人である原告が、被告らに対し、商法第690条（船長の行為についての責任）、使用者責任等に基づいて損害賠償請求をした事案である。被告らは、船荷証券にはマレーシアの裁判所を専属的な管轄裁判所とする合意の記載があるとして、日本

の裁判所の管轄権を争ったところ、裁判所は、本件は日本における積荷引渡しに関する紛争であってマレーシアとの関連性は皆無に等しく、日本との関連性が強いことなどから、同管轄合意は公序法に反するとして専属的合意管轄の効力を否定し、日本の裁判所の管轄権を認めた。

東京高判平成 11 年 3 月 24 日判時 1700 号 41 頁［クラシックカー事件］
［結論］　肯定
［争点］　義務履行地、特段の事情
［事案の概要］
　後掲東京地判平成 10 年 3 月 19 日の控訴審判決。裁判所は、①日本在住の関係者の証言を求めることが重要であること、②本件の準拠法は日本法であること、③本件は、売買契約の解除に基づく原状回復を原因として売買代金相当額の返還を求めるものであるから、日本の裁判所に本件訴えが提起されることは被控訴人（被告）の予測の範囲を超えるものではないことなどを考慮し、日本の裁判所の管轄権を否定すべき特段の事情はないと判断した。

大阪高判平成 11 年 2 月 26 日金判 1068 号 45 頁［パナマ保証状事件］
［結論］　肯定
［争点］　管轄合意
［事案の概要］
　後掲神戸地判平成 9 年 11 月 10 日の控訴審判決。控訴審は、原審と同様、神戸地裁の専属管轄に服する旨の合意があることを理由として、日本の裁判所の管轄権を認めた。

東京地判平成 11 年 1 月 28 日判タ 1046 号 273 頁
［結論］　否定
［争点］　国際的訴訟競合
［事案の概要］
　本件は、原告である日本法人が、被告であるギリシャ法人に対し、レジスターの売買契約に基づく引取りを拒否したとして、債務不履行に基づく損害賠償を求めた事案であるが、原告は、既にギリシャの裁判所において、被告が同契約に違反して引取りを拒否したとして損害賠償の訴えを提起していた。裁判所は、本件訴えはギリシャで係属している訴訟の劣勢を挽回すべく提起されたものであると考えられ、不適法な国際二重起訴というほかないとして、本件訴えを却下した。

東京地判平成 10 年 11 月 27 日判タ 1037 号 235 頁
［結論］　一部肯定、一部否定
［争点］　債務不存在確認、不法行為地、客観的併合、特段の事情、国際的訴訟競合
［事案の概要］
　本件は、米国ニュージャージー州在住の被告（日本人女性）が、日本在住の原告（被告の夫の母親）に対し、同州の裁判所において不法行為に基づく損害賠償等を求める訴えを提起したのに対し、原告が、日本の裁判所において、債務不存在確認の訴えを提起した事

案である。裁判所は、五つの請求原因のうち、子の監護の妨害、扶養の中止、不動産の無断売却の三つについては、不法行為地が日本にあるとして日本の裁判所の管轄権を認めたが、それ以外の二つについては、不法行為地が日本にあるとは認められず、日本の裁判所に管轄の認められる三つの請求と関連性があるとはいえないのであるから、客観的併合による管轄権も認められないと判断した。さらに、裁判所は、被告は訴訟代理人を選任しており、我が国で裁判を行うことが被告の応訴を著しく困難にするとはいえない、米国の州裁判所に訴訟が係属していても、二重起訴として不適法になるわけではない、米国の州裁判所における判断と我が国の裁判所における判断が食い違う可能性や米国の州裁判所における裁判が我が国において承認される可能性の有無等の事情を考慮する必要もないなどとして、日本の裁判所の管轄権を否定すべき特段の事情があるとはいえないと判断した。

東京地判平成10年11月2日判タ1003号292頁
[結論] 否定
[争点] 営業所所在地、義務履行地、特段の事情
[事案の概要]
　本件は、日本でオーディオ機器の輸入・販売を営む原告が、取引先であった外国法人である被告に対し、売買契約の目的物引渡債務の不履行に基づく損害賠償を請求した事案である。裁判所は、被告の有する事務所が国際裁判管轄を肯定できるような性質の営業所であるかは疑問であるとした上で、契約自体で一義的に義務履行地が定められている場合であればともかく、契約準拠法の適用によって初めて定められる義務履行地を唯一の根拠として我が国の国際裁判管轄を認めるのは、当事者の公平に反するおそれがあり、本件では契約に明確な契約準拠法の定めがないなどと指摘し、さらに、従前から売買代金の決済がイギリスポンドであったこと、原・被告は英文のファクシミリにより契約を締結したことなどにも照らし、日本の裁判所の管轄権を否定すべき特段の事情があると判断した。

大阪高決平成10年6月10日金法1539号64頁
[結論] 肯定
[争点] 債権執行、住所地、特段の事情
[事案の概要]
　本件は、メーカーである日本法人（抗告人、債権者）が商社である日本法人を介在させてインドネシアの子会社（第三債務者）に輸出し現地生産をさせていたところ、商社が破産したため、商社に対する売買代金を回収するため、売渡商品に対する先取特権の物上代位として、転売代金を差し押さえたことにつき、商社の破産管財人である相手方（債務者）が、日本の裁判所に国際裁判管轄がないとして、執行抗告を申し立てた事案である。裁判所は、債務者の普通裁判籍が日本にある場合には、原則として、日本の裁判所が管轄権を有するとした上で、第三債務者が債務者と密接な関係を有する関連会社であることなどを考慮し、日本の裁判所の管轄権を否定すべき特段の事情もないと判断した。

最三判平成10年4月28日民集52巻3号853頁［香港訴訟費用負担命令事件］
[結論] 肯定

[事案の概要]
　後揭神戸地判平成5年9月22日の上告審（控訴審は大阪高判平成6年7月5日民集52巻3号928頁）。最高裁は、原審（第一審と同旨）の判断を是認し、日本の法令によれば香港裁判所が管轄権を有するとして、上告を棄却した。

東京地判平成10年3月19日判タ997号286頁［クラシックカー事件］
[結論]　否定
[争点]　義務履行地、特段の事情
[事案の概要]
　本件は、原告が、被告が米国で購入したクラシックカー2台を購入する契約をしたが、引渡しをしないことから、自動車の引渡しを求めて訴訟を提起し、その後、契約を解除して債務不履行に基づく損害賠償請求に訴えを変更した事案である。裁判所は、準拠法が米国法であることを前提とした上で、売買契約上、被告の義務は米国で車を購入し、船積みをすれば足り、日本において引き渡す義務までは負担していないことや、代金もドル建てで米国に送金するものであることなどを指摘し、義務履行地は日本にないとした。さらに、裁判所は、契約解除後の損害賠償の義務履行地が債権者の住所地（日本）であるとしても、契約上の債務不履行に基づく損害賠償請求の訴えが我が国の裁判所に提起されることは被告の予想の範囲を超え、証拠は米国内に集中しているなど、日本の裁判所の管轄権を否定すべき特段の事情があると判断した。

東京地判平成10年2月24日判時1657号79頁
[結論]　肯定（執行判決）
[争点]　管轄合意
[事案の概要]
　本件は、ドイツ法人である原告が、日本法人である被告に対し、保証状に基づく保証債務の履行を求める訴えをベルリン地方裁判所に提起し、同裁判所で認容判決を得たことから執行判決を求めた事案である。原告は、同保証状にはベルリン又は東京の裁判所を管轄裁判所とする旨の管轄合意条項が置かれていたと主張したところ、裁判所は、原告の主張を認め、日本の法令によれば、ベルリンの裁判所に間接管轄が認められると判断した。

東京地八王子支判平成10年2月13日判タ987号282頁
[結論]　肯定（執行判決）
[争点]　不法行為地
[事案の概要]
　本件は、米国カリフォルニア州に居住する米国人である原告が、自動車輸入販売業を営む日本人を被告として、被告が原告の所有する自動車を不法に領得したとして、カリフォルニア州裁判所に損害賠償を求める訴えを提起し、同裁判所で勝訴判決を得た上で、その執行判決を求めた事案である。裁判所は、同州は被告が不法行為の一部を行った地及び損害発生地であり、被告の職業及び同州への渡航歴などに照らすと、同州の裁判所の管轄権を認めても条理に反するような結果とはならないと判断した。

最三判平成 9 年 11 月 11 日民集 51 巻 10 号 4055 頁 ［ファミリー事件］
［結論］　否定
［争点］　特段の事情
［事案の概要］
　本件は、ドイツから自動車等を輸入している日本法人が原告となり、ドイツに居住する日本人を被告として、ヨーロッパにおける自動車の買付資金として預託した金員の返還を求めた事案である。最高裁は、原告と被告との契約は、ドイツ国内で締結され、原告が被告に同国内における種々の業務を委託することを目的とするものであること、被告が 20 年以上にわたり同国内に生活上及び営業上の本拠を置いていること、被告の防御のための証拠方法も同国内に集中していることなどの事情を考慮して、日本の裁判所の管轄権を否定した（原審は千葉地判平成 4 年 3 月 23 日民集 51 巻 10 号 4067 頁、控訴審は東京高判平成 5 年 5 月 31 日民集 51 巻 10 号 4073 頁）。

神戸地判平成 9 年 11 月 10 日判タ 984 号 191 頁 ［パナマ保証状事件］
［結論］　肯定
［争点］　合意管轄
［事案の概要］
　本件は、パナマ法人である原告が、保証状を発行した日本法人（銀行）に対し、保証債務の履行及び不法行為（詐欺）に基づく損害賠償を請求した事案である。裁判所は、保証状に記載された神戸地裁を専属管轄裁判所とする旨の合意を有効と認め、日本の裁判所の管轄権を肯定した。

大阪地判平成 9 年 10 月 23 日判タ 968 号 268 頁
［結論］　否定
［争点］　義務履行地、財産所在地
［事案の概要］
　本件は、原告が、被告らのうちの 1 社（米国法人）との間で共同事業契約を締結し、日本において薬品等を販売していたところ、被告らが他の日本法人との間で共同事業を行い、原告を排除しようとしたとして、①原告と上記被告間の共同事業契約の存在の確認、②原告が日本における販売権を有することの確認を請求した事案である。裁判所は、①につき、確認の利益がなく、確認の利益を欠く訴えについて国際裁判管轄を認める余地はないとして日本の裁判所の管轄権を否定し、②につき、販売権の義務履行地は観念することができず、本件契約により発生した債権の所在地は債務者の普通裁判籍である米国であるとして、日本の裁判所の管轄権を否定した。

東京地判平成 9 年 10 月 1 日判タ 979 号 144 頁 ［ルフトハンザ航空事件］
［結論］　肯定
［争点］　労働関係、営業所所在地
［事案の概要］
　本件は、東京をホームベースとする日本人（客室乗務員）である原告らが、ドイツ法人（航空会社）である被告に対し、基本給のほかに支給していた付加手当の支給を一方的に

取りやめたのは無効であるとして、手当等の支払を求めた事案である。裁判所は、被告はドイツ法に準拠して設立され、ドイツに本店を有する会社であるが、日本における代表者を定め、東京都に営業所を有することを理由に、日本の裁判所に管轄権が認められるとした。

東京地判平成9年2月5日判タ936号242頁
［結論］　否定
［争点］　管轄原因の証明、不法行為地、主観的併合
［事案の概要］
　本件は、日本に営業所を有する米国法人から継続的に製品を仕入れていた日本法人が、継続的取引を突然打ち切られたのは、その親会社である米国法人又は関連会社であるシンガポール法人が共謀したためであると主張して、被告らに対し、損害賠償を求めた事案である。裁判所は、本件では被告らに不法行為を負わせることが相当と認められる事情についての主張・立証がなく、不法行為の行為地が日本であるとの事実も立証されていない上、主観的併合を認めるための特段の事情も認められないとして、日本の裁判所の管轄権を否定した。

東京高判平成8年12月25日高民集49巻3号109頁［カムフェア号事件］
［結論］　否定
［争点］　海事、主観的併合
［事案の概要］
　本件は、フィリピン船籍の船舶がフィリピンで座礁、沈没したことにより生じた貨物損害に関し、保険金を支払った被控訴人ら（原告ら）が、保険金支払により損害賠償請求権を代位取得したと主張し、実質船主である控訴人（被告）に対し、商法第690条、民法第719条に基づき、損害賠償を求める訴えを提起した事案であり、弁論の分離前の相被告が日本法人であることから、主観的併合の可否が問題とされた。裁判所は、主観的併合による国際裁判管轄が認められるためには特段の事情が必要であるとした上で、被告の営業活動と我が国との関連性はないこと、請求自体も我が国と直接の関連性を有するものではないこと、被告の応訴の負担は大きいことなどを考慮し、主観的併合により日本の管轄権を認めるべき特段の事情は存在しないと判断した。

最二判平成8年6月24日民集50巻7号1451頁
［結論］　肯定
［争点］　緊急管轄
［事案の概要］
　本件は、旧東ドイツで婚姻し、同国で婚姻生活を営んでいた日本人男性とドイツ人女性の婚姻生活が破綻し、日本に居住していた夫が妻に対して離婚の訴えを提起した事案である。本件では、ほぼ同時期に、妻がドイツの裁判所において離婚判決を得て、同判決が確定していた。最高裁は、ドイツの裁判所の判決は呼出しが公示送達であったことから外国判決の承認要件を欠くためにその効力を認めることができず、婚姻はいまだ終了していないといわざるを得ないが、原告が被告の居住するドイツで離婚の訴えを提起したとしても

不適法とされる可能性が高く、日本で離婚訴訟を提起する以外に方法はないなどとして、日本の裁判所の管轄権を認めた（人事に関する訴えであるが、緊急管轄に関連する判決として掲載する）。

旭川地決平成8年2月9日判時1610号106頁
[結論]　肯定
[争点]　仮差押え（目的物所在地）
[事案の概要]
　本件は、韓国法人である債権者が、請負代金債権を保全するため、稚内港に入港していた債務者（ロシア法人）所有の船舶に対する仮差押命令を得たのに対し、債務者が異議を申し立てた事案である。裁判所は、民事保全法第12条第1項を準用し、日本の裁判所に本案事件の裁判権が認められなくとも、仮差押えの目的物が日本に存在し、外国裁判所の本案判決により将来執行される可能性がある場合には、日本の裁判所に仮差押命令事件についての裁判権が認められるとし、また、外国裁判所において将来下される判決の執行可能性の有無を判断するに当たっては、保全命令の段階では旧民訴法第200条第1号及び第4号の要件を一応満たす可能性があれば、執行の可能性は肯定できると判示し、本件の仮差押命令事件の管轄権を認めた。

東京地中間判平成7年10月27日判時1572号96頁
[結論]　肯定
[争点]　管轄合意、仲裁合意、不法行為地、特段の事情
[事案の概要]
　本件は、原告が、米国法人である被告に対し、在日米国大使館における燃料用オイルの補充等を受託していた被告従業員によるオイル窃取行為につき、使用者責任に基づく損害賠償を求めた事案であり、被告は、業務委託の際に締結した約款中に含まれた1978年契約紛争法（CDA）（米国政府を一方当事者とする契約に関し、同政府が他方当事者に対する請求は、契約担当官が決定し、不服があるときは、契約紛争審議会への不服申立て又は合衆国請求裁判所への訴訟提起をするとの内容）に従うという紛争条項につき、それが専属的管轄合意又は仲裁契約の合意であると主張して、日本の裁判所に管轄権がないと主張した。しかし、裁判所は、本件請求は、CDAの手続の対象となる契約に関する請求ではないとした上で、不法行為地は日本国内であるから日本の裁判所には不法行為地に基づく国際裁判管轄があるとし、さらに、①CDAの手続が米国で進行しているとしても、訴訟物が異なるから二つの手続が並行しても不合理ではないこと、②事実関係はすべて我が国において発生しており、証拠はほとんど我が国内にあり、先行する刑事事件の訴訟記録も利用できるので、日本の裁判所で本件を審理した方が証拠収集が容易であることなどを指摘して、日本の裁判所の管轄権を否定すべき特段の事情も認められないと判断した。

大阪地判平成7年5月23日判夕886号196頁
[結論]　肯定
[争点]　営業所所在地

[事案の概要]
　本件は、被告米国大学日本校に入学した原告らが、同校の実態は被告の表示及び宣伝とは著しく相違するものであり、さらには閉校したとして、慰謝料の支払を求めた事案である。裁判所は、被告は米国法人であるが、その営業所ともいうべき日本校を設置し、原告らは同校において被告が実施した教育についての損害賠償を請求するものであるから、被告を我が国の裁判権に服させるのが相当であると判断した。なお、他の原告による同一の被告に対する事案として、大阪地判平成7年5月23日判時1554号91頁がある（本件と同様の判断をしている）。

東京地判平成7年4月25日判時1561号84頁
[結論]　否定
[争点]　管轄原因の証明、不法行為地、主観的併合、義務履行地、主観的併合
[事案の概要]
　本件は、被告所有の土地売却の代理人に選任された原告が、被告らに対し、売買代理手数料の支払を免れるため、共謀の上で原告らを排除したとして、共同不法行為による損害賠償（代理手数料相当額）の支払を求めた事案である。裁判所は、①不法行為地の裁判籍については、管轄原因事実の一応の証明が必要であり、本件ではその証明がない、②不法行為による損害賠償請求について義務履行地による管轄は否定すべきである、③商法第512条に基づく請求については、義務履行地が契約上明示され、又は契約内容から一義的に明確でない限り義務履行地としての国際裁判管轄を認めるのは当事者間の公平を失するとして、日本の裁判管轄を否定した。また、本件では、相被告に日本法人も含まれているところ、同被告に対する請求との主観的併合については、特段の事情がない限り、否定すべきであるとした上で、不法行為が成立するかどうか疑問である本件において、そのような特段の事情は存在しないとして、日本の裁判所の管轄権を否定した。

東京地判平成7年3月17日判時1569号83頁 [パシテア号事件]
[結論]　肯定
[争点]　海事、不法行為地、特段の事情
[事案の概要]
　本件は、オーストラリアから定期傭船された貨物船が日本の港で揚荷役待ちで沖待ち中、接近中の台風を避けるため出港した後に沈没した事故につき、貨物海上保険契約に基づいて荷主に貨物相当額の保険金を支払った原告保険会社が、定期傭船者である被告らに対し、運送契約上の債務不履行又は不法行為に基づく損害賠償請求をした事案である。裁判所は、原告が主張する不法行為には、船長が日本の港から船を出港させた行為も含まれるのであるから、不法行為地は日本にあるとした上で、重要な証拠が日本に存在する本件では、日本の管轄権を否定すべき特段の事情があるとはいえないとして、日本の裁判所の管轄権を肯定した。

東京高判平成6年8月31日東京高裁民事判決時報45巻1〜12号36頁
[結論]　肯定
[争点]　義務履行地

[事案の概要]
　本件は、日本法人である原告がシンガポール在住の被告に対し、貸金の返還を求めた事案である。裁判所は、消費貸借の合意が日本で行われ、日本で返済されることが予定されていることから、貸金返還債務の義務履行地は日本国内にあり、被告にとって日本は少なくともその活動拠点の一つであったことなどを理由として、日本の裁判所の管轄権を認めた。

東京地判平成6年2月28日判タ876号268頁
[結論]　否定
[争点]　管轄合意
[事案の概要]
　本件は、米国法人である原告が、日本法人である被告に対し、商品化権許諾契約に基づきロイヤリティの支払を請求した事案である。裁判所は、契約書には米国カリフォルニア州裁判所を専属的な管轄裁判所とする管轄合意があり、その合意は甚だしく不合理であり公序に反するとはいえず、合意を援用することが権利濫用であるともいえないと判断した。

東京地判平成6年1月31日判時1509号101頁
[結論]　一部肯定（執行判決）
[争点]　管轄合意、義務履行地
[事案の概要]
　原告銀行（X_1）は、X_1が英国において原告会社（X_2）に対してした貸付けについて、被告がX_1の東京支店で同債務を保証したとして、英国高等法院で被告に対して保証債務履行を命じる判決を得（第1事件）、X_2は、訴外会社から譲り受けた被告に対する売買代金債権に基づき、同裁判所において被告に代金の支払を命じる判決を得た（第2事件）。本件は、これらの外国判決の執行判決を求めた事案である。裁判所は、第1事件については、英国高等法院を追加的な管轄裁判所とする旨の国際裁判管轄の合意があるとして、英国裁判所の国際裁判管轄を肯定したが、第2事件については、本件では契約上義務の履行地が明示されておらず、契約準拠法上の法原則の適用によって初めて義務履行地が定まるような場合において、とりわけ金銭債務であるようなときは、単に義務履行地であるということのみをもって国際裁判管轄を基礎づけることはできず、他に何らかの補強的な関連を要するとして、我が国の法令によれば英国の裁判所は管轄権を有しないとして、英国裁判所の間接管轄を否定した。

東京地判平成6年1月14日判時1509号96頁
[結論]　肯定（執行判決）
[争点]　義務履行地、不法行為地、主観的併合
[事案の概要]
　本件は、原告が、被告に対し、ニューヨークにおけるツアーの共同企画に関する契約についての債務不履行、不法行為等に基づく損害賠償請求訴訟をニューヨーク州裁判所に提起して勝訴判決を得た上で、執行判決を求めた事案である。裁判所は、①被告の債務はツアー参加者をニューヨークまで引率して引き渡すものであったから、本件契約の義務履行

地はニューヨーク州に存する、②原告が主張する不法行為の加害行為地及び損害発生地はともにニューヨーク州であるから不法行為地による管轄権が認められる、③同州裁判所における相被告は応訴しており、被告は米国で様々な事業を行っているのであるから、米国裁判所の管轄を認めても被告に過重な負担を課す結果とはならず、主観的併合に基づき管轄権も認めることもできると判断した。

神戸地判平成5年9月22日判時1515号139頁［香港訴訟費用負担命令事件］
［結論］　肯定（執行判決）
［争点］　住所地、義務履行地、客観的併合、反訴
［事案の概要］
　被告らは、香港の裁判所において、訴外銀行が被告Y₁（被告Y₂が代表者を務める日本法人）に融資をした際、原告らがその債務を保証したなどとして、原告らに対し、保証債務の履行を求める訴えを提起した（第1訴訟）。これに対し、原告らは、香港の裁判所において、被告のうち1名らを相手として、保証債務を履行した際訴外銀行に代位して同被告が訴外銀行のために設定した根抵当権について代位する旨の確認を求める反訴を提起するとともに（第2訴訟）、その余の被告らを相手として求償権の存在を確認することを求める第三者当事者訴訟を提起したところ（第3訴訟）、これらの被告らが原告らに対して、訴外銀行に対する支払責任は原告にある旨の確認を求める反訴を提起した（第4訴訟）。これら一連の訴訟は原告らが勝訴し、香港の裁判所は、被告らに訴訟費用の支払を命じ、これらの命令はいずれも確定したことから、原告らが日本の裁判所において執行判決を求めた。裁判所は、香港の裁判所の間接管轄について、第1訴訟については、原告ら（同訴訟の被告）の住所地が香港にあるという理由で、第2訴訟については、第1訴訟と関連性を認めて併合審理しても不利益とはならないという理由で、第3訴訟については、義務履行地の合意も準拠法の合意もないが、準拠法を日本法とする黙示の合意を認めた上、民法第484条によれば、義務履行地は債権者である原告らの住所地の香港であるという理由で、第4訴訟については、第3訴訟の反訴の性格を有するので併合審理をすべきであるとの理由で、いずれも香港裁判所の国際裁判管轄（間接管轄）を認めた。

静岡地沼津支中間判平成5年4月30日判タ824号241頁
［結論］　肯定
［争点］　不法行為地、義務履行地
［事案の概要］
　本件は、原告が、ドイツに居住する日本人である被告が第三者と共謀の上、原告から自動車購入代金等を詐取したとして、被告に対し、損害賠償を求めた事案である。裁判所は、①原告が送金したことが被害であるから送金手続をした日本国内に不法行為地がある、②本件では損害の発生地は予測可能であるから、不法行為による損害賠償債務につき、義務履行地による管轄を認めることができるところ、義務履行地は日本にあるとして、日本の裁判所に管轄権を認めた上で、日本の裁判所で審理することにより被告の受ける不利益が原告に比べて特に著しく不公平であるとも言い難いと判断した。

東京地判平成 5 年 4 月 23 日判時 1489 号 134 頁
[結論]　否定
[争点]　義務履行地、特段の事情
[事案の概要]
　本件は、米国法人の株券を被告である米国の証券会社に寄託した原告が、米国の裁判所の差押命令により被告が本件株券の所持を失い、返還が不能になったとして、寄託契約上の返還債務の不履行に基づき株式価格相当額の損害賠償を求める訴えを提起した事案である。裁判所は、準拠法は米国法であるとした上で、日本に土地管轄は認められないと判断し、仮に土地管轄が認められるとしても、証拠は米国に所在していること、被告は日本国内に資産も営業所もないこと、本件が米国における経済活動に関する紛争であること、米国の裁判所では実質的な紛争は決着済みであることなどを指摘して、日本の裁判所の管轄権を否定すべき特段の事情があると判断した。

大阪高判平成 4 年 2 月 25 日判タ 783 号 248 頁 [ミネソタ州判決執行事件]
[結論]　否定（執行判決）
[争点]　住所地、営業所所在地
[事案の概要]
　後掲大阪地判平成 3 年 3 月 25 日の控訴審判決。裁判所は、国際裁判管轄権は、不動産等に関する事件を除き、原則として被告の住所地、営業所の所在地の裁判所に属し、それ以外の裁判所には属さないとして、被控訴人（被告）は、日本国内に本店を有し、米国に支店や営業所はないので、日本の法令によればミネソタ州の裁判所に国際裁判管轄はないと判断した。

大阪地判平成 4 年 1 月 24 日判タ 804 号 179 頁
[結論]　否定
[争点]　管轄合意、義務履行地
[事案の概要]
　本件は、日本法人である原告が、韓国法人である被告に対し、賃貸借契約の終了に基づき目的物（機械）の引渡しを求めた事案である。裁判所は、原告と被告との間の契約書には、日本の裁判所を管轄裁判所とする旨の管轄合意が置かれているが、同契約書は、通関の便宜上作成されたものにすぎないとして管轄合意を否定した上で、同契約に基づけば義務履行地が日本にあると認められる余地があるが、同契約の成立が認められない以上、義務履行地による法定管轄も認められないとして、日本の裁判所の管轄権を否定した。

静岡地浜松支判平成 3 年 7 月 15 日判時 1401 号 98 頁
[結論]　否定
[争点]　債務不存在確認、普通裁判籍、義務履行地、財産所在地、不動産所在地、登記・登録地
[事案の概要]
　原告ら（X_1、X_2）は関連会社であるが、被告が X_1 との間で長期雇用契約を締結することを条件として、X_2 がカリフォルニア州において所有する不動産を売却する旨合意したに

もかかわらず、被告が X_1 との同雇用契約に応じなかったので、原告らは、被告に本件不動産を売却すべき債務は存しないとして、被告に対し、債務の不存在確認を求める訴えを提起した。裁判所は、不動産の権利関係をめぐる訴訟については、不動産所在地の裁判所の専属管轄に属する旨の国際慣習法があるとの主張は認めなかったものの、普通裁判籍、義務履行地、財産所在地、不動産所在地、登記・登録地はいずれも米国であるとした上で、米国に関連訴訟が係属していることなどを指摘し、日本の裁判所で訴訟を追行する必要性や実益も認められないとして、日本の裁判所の管轄権を否定した。

東京地八王子支中間判平成 3 年 5 月 22 日判タ 755 号 213 頁
[結論]　肯定
[争点]　財産所在地、特段の事情
[事案の概要]
　本件は、不動産仲介業者である原告が、米国人である被告に対し、ハワイ州の土地売買に関する仲介手数料ないしは条件成就妨害による損害賠償の支払を求めた事案である。裁判所は、被告が日本国内に請求とは関係のない不動産の共有持分を有していることに基づき財産所在地管轄を認めた上で、被告は、日系アメリカ人であり日本語を理解していること、日本の会社の取締役であること、本件の土地売買に関して日本国内で関係者と接触したことなど、日本との結びつきが強い点を強調し、日本の裁判所の管轄権を否定すべき特段の事情もないと判断した。

大阪地判平成 3 年 3 月 25 日判時 1408 号 100 頁 [ミネソタ州判決執行事件]
[結論]　否定（執行判決）
[争点]　義務履行地、仲裁合意
[事案の概要]
　本件は、原告が、被告から購入したナイロン皮膜に瑕疵があったとして、米国ミネソタ州の裁判所に損害賠償請求の訴えを提起し、勝訴判決を得た（欠席判決）上、当該外国判決についての執行判決を求めた事案である。裁判所は、義務履行地による管轄は、契約上の特約により明示されているなどの場合を除いてこれを否定すべきであり、かえって、本件では、債務の履行地は船積地である日本と解される上、当事者は本件紛争を仲裁により日本において解決することを予定したのであるから、日本の法令によればミネソタ州の裁判所に管轄権があるとはいえず、さらに、ミネソタ州の方が証拠収集の便宜が勝っているとはいえないこと、被告はミネソタ州に事務所がないこと、原告は日本に関連会社を有することなどを指摘し、執行判決を求める訴えを棄却した。

東京地判平成 3 年 1 月 29 日判時 1390 号 98 頁 [真崎物産事件]
[結論]　否定
[争点]　債務不存在確認、製造物責任、不法行為地、国際的訴訟競合、主観的併合、特段の事情
[事案の概要]
　原告は、米国カリフォルニア州に製麺機を製造・輸出していたところ、同機械により負傷した米国人 A が、原告及び輸出に関与した米国法人である被告に対し、製造物責任に基

づく損害賠償を求める訴訟を同州裁判所に提起した。本件は、原告が、被告に対し、米国訴訟で敗訴した場合に原告がAに対して負担する損害賠償債務について、原告が被告に負担すべき求償債務が存在しないことの確認を求めた事案である。裁判所は、本件請求は事務管理又は不当利得に基づく請求であるが、製造物責任に基づく損害賠償債務に起因し、これと密接に関連するものであり、不法行為地による管轄権が適用されると解した上で、製麺機の設計・製造地が日本であるとして、不法行為地による管轄権を認めた。その上で、裁判所は、被害者の損害賠償請求が米国で棄却されれば本件の審理は無駄になること、執行阻止目的の訴訟を無制限に認めると承認・執行制度の趣旨を没却すること、求償権訴訟についても米国で相当程度審理が進んでいること、事故地、被害者の治療地が米国であり証拠のほとんどが米国にあることなどを理由として、日本の裁判所の管轄権を否定すべき特段の事情があると判断した。また、分離前の相被告との主観的併合による管轄権を原則として否定し、これを認めるべき特段の事情もないと判断した。

東京地判平成2年10月23日判時1398号87頁
[結論]　否定
[争点]　主観的併合
[事案の概要]
　本件は、ロンドンで盗難事故に遭い紛失した美術品につき、保険金を支払った英国法人である保険会社（原告）が、保険代位により、香港に住所を有する被告に対し、保管上の過失に基づく損害賠償を求めた事案であり、弁論の分離前の相被告である日本法人に対する請求との主観的併合の可否が問題とされた。裁判所は、①被告は日本に住所を有さず、応訴の負担が大きいこと、②相被告の請求とは争点が異なること、③証拠のほとんどは盗難のあった英国にあることなどを指摘し、主観的併合を否定し、本件請求について日本の裁判所は管轄権を有しないと判断した。

東京地判平成元年11月14日判時1362号74頁 [日本エモトランス事件]
[結論]　肯定
[争点]　義務履行地、特段の事情
[事案の概要]
　原告（日本法人）及び被告（外国法人）はいずれも航空運送事業（混載業）を営む会社であり、互いに着払い運賃を回収して相手方に送金する義務を負うという形態の取引をしていたところ、本件は、発地の混載業者である原告が、着地の混載仕分代理店である被告に対し、双方運賃を差引計算した残額の支払を求めた事案である。裁判所は、着払運賃は運賃債権の権利者たる発地業者に送金して支払う旨の合意を認めることができ、本件の義務履行地は振込送金の受領地である日本国内にあると認めるとともに、被告が東京に関連会社を有していることなどを指摘し、日本の裁判所の管轄権を否定すべき特段の事情もないと判断した。

東京地判平成元年8月28日判時1338号121頁 [文藝春秋事件]
[結論]　否定
[争点]　債務不存在確認、義務履行地、不法行為地

[事案の概要]
　本件は、米国カリフォルニア州に住居所を有する被告が、原告が被告の名誉を毀損する記事を掲載した雑誌を販売したとして、同州裁判所に損害賠償請求訴訟を提起したのに対し、原告が日本の裁判所に損害賠償債務の不存在確認を求める訴えを提起した事案である。裁判所は、①被告の住所・居所が日本にない、②不法行為に基づく損害賠償請求権の義務履行地は民法第484条により債権者の住所地である米国である、③不法行為地については、同州で雑誌を販売して名誉を毀損することが不法行為であり、同雑誌を日本で編集・出版したことは不法行為として主張していないので、不法行為地は同州であるなどとして、日本の国際裁判管轄を否定した（国際的訴訟競合については判断していない）。

東京地判平成元年6月28日判時1345号93頁［香港三越第3事件］
[結論]　肯定
[争点]　主観的併合
[事案の概要]
　本件は、被告 Y_1（日本法人）の代表取締役であった原告が、被告 Y_2（香港法人）の代表取締役などを被告として、主位的に、原告が交付した金員の返還債務の不履行に基づく損害賠償、予備的に、不法行為に基づく損害賠償を求めた事案である。裁判所は、分離前の相被告である Y_1 に対する請求との主観的併合による管轄権について、共同不法行為の主体である共同被告間においては、特段の事情のない限り、関連裁判籍の規定の適用があると解すべきであるとした上で、被告 Y_2 が被告 Y_1 の100パーセント子会社であること、親会社と連絡を取ることにより代理人を選任できること、重要な証人は日本に居住していることなどを考慮して、日本の裁判所の管轄権を否定すべき特段の事情は認められないと判断した。

東京地中間判平成元年6月19日判タ703号246頁［品川白煉瓦事件］
[結論]　肯定
[争点]　債務不存在確認、製造物責任、不法行為地、客観的併合、特段の事情、国際的訴訟競合
[事案の概要]
　本件は、被告が、原告が供給したアルミナリングの設計・製造に瑕疵があったとして米国裁判所に損害賠償請求訴訟を提起したのに対し、原告が日本の裁判所に不法行為又は債務不履行（製作物供給契約違反）に基づく損害賠償債務の不存在確認の訴えを提起した事案である。裁判所は、アルミナリングの製造は日本で行われているから、不法行為地の裁判籍により日本の国際裁判管轄を認めることができるとした上で、製品の設計・製造が行われたのは日本であること、日本における証拠調べが予想されること、当事者の予測に反しないことなどを指摘して、日本の裁判所の管轄権を否定すべき特段の事情はないと判断した。また、不法行為に基づく請求以外の請求につき、裁判所は、請求の基礎の同一性があり同一の事実（瑕疵の有無）が主要な争点になるとして、客観的併合を認めた。さらに、裁判所は、旧民事訴訟法第231条の「裁判所」には外国裁判所を含まず、国際訴訟について二重起訴を禁止する慣習、条理があるともいえないとして、二重起訴であるとの被告の主張を否定し、また、訴訟手続を中止すべきとの被告の主張について、実定法上の根拠は

ないとして、排斥した。

東京地中間判平成元年 5 月 30 日判時 1348 号 91 頁［宮越機工事件］
[結論] 肯定
[争点] 債務不存在確認、不法行為地、客観的併合、国際的訴訟競合
[事案の概要]
　本件は、被告（米国法人）が、米国の裁判所において、原告（日本法人）が被告の元従業員が設立した訴外会社から技術指導を受けたのは、被告のノウハウを不当に入手するためであったとして損害賠償請求等の訴えを提起したのに対し、原告が、日本の裁判所に、不法行為に基づく損害賠償請求権、差止請求権及び不当利得の不存在確認の訴えを提起した事案である。裁判所は、不法行為の重要な行為が日本で行われているから国際裁判管轄が認められるとし、また、これと客観的併合の関係にある差止請求権及び不当利得返還請求権の不存在確認についても日本の裁判所の管轄権を肯定した。また、二重起訴について、先行する外国訴訟について本案判決がされてそれが確定に至ることが相当の確実性をもって予測され、かつ、その判決が我が国において承認される可能性があるときは、二重起訴禁止の法理を類推して後訴が規制されることがあり得るが、本件では、米国でいまだ本案審理が開始されておらず相当の確実性をもって予測することが困難であるとして、本件訴えを却下することは相当ではないとした。訴訟手続を中止すべきとの被告の主張については、成文上の根拠がないとして否定した。

東京地中間判平成元年 3 月 27 日判時 1318 号 82 頁［リーダーズ・ダイジェスト事件］
[結論] 肯定
[争点] 労働関係、不法行為地、特段の事情
[事案の概要]
　本件は、日本人である原告らが、米国法人である被告に対し、被告が原告らの勤務先の日本における子会社を解散し、原告らを解雇したのは、専ら組合つぶしのための偽装であるから、解散及びこれを理由とする解雇は不法行為であるとして、損害賠償を求めた事案である。裁判所は、原告らの主張する不法行為の加害行為地は会社の解散された日本国内にあり、損害発生地も日本であるから、日本の裁判所が管轄権を有するとした上で、本件の争点に関する主要な証拠方法が日本国内にあり、被告が世界的規模の企業であって、日本にも清算中の子会社を有していることなどを指摘し、日本の裁判所の管轄権を否定すべき特段の事情があるとはいえないと判断した。

東京地決昭和 63 年 12 月 5 日労民集 39 巻 6 号 658 頁［サッスーン・リミテッド事件］
[結論] 肯定
[争点] 仮処分、労働関係、義務履行地
[事案の概要]
　本件は、英国法人である債務者の東京事務所の開設時に代表者として雇用された英国人である債権者が、債務者から勤務成績及び勤務態度が不良で、職員管理を適切に行わなかったことを理由として解雇されたため、解雇権濫用であると主張して、従業員たる地位の確認及び賃金の仮払の仮処分を求めた事案である。裁判所は、債務者は日本国内に営業

所を有していないが、本案となり得る賃金請求の義務履行地は日本にもあり、解雇の効力の有無に関する証拠方法の多くは日本国内にあることが予想され、債務者の代表者も来日することがまれではないから、仮処分事件についても日本の裁判所が管轄を有すると判断した。

東京地中間判昭和 62 年 10 月 23 日判時 1261 号 48 頁
[結論]　肯定
[争点]　義務履行地、財産所在地、客観的併合
[事案の概要]
　本件は、日本在住の弁護士である原告が、台湾在住の被告に対し、日本にある被告所有の不動産について明渡請求訴訟等の委任を受け、被告が成功報酬として本件不動産の価額の一定割合を支払う旨約束したが、委任事務遂行中に被告が委任事務の成功を妨害したことにより完成不能となったなどとして、みなし報酬及び立替金の支払を請求した事案である（客観的併合）。裁判所は、成功報酬の支払は明示的又は黙示的に日本でされるとの合意があることから義務履行地は日本であり、被告は日本国内に不動産を所有しているので、財産所在地による管轄権も認められるとした。また、裁判所は、原被告間の複数の訴訟が日本の裁判所に係属し、被告は日本の弁護士を訴訟代理人に選任し、訴えを提起し又は応訴していることなどを指摘して、日本の裁判所の管轄権を認め、立替金請求についても客観的併合による管轄を認めた。

東京地判昭和 62 年 7 月 28 日判時 1275 号 77 頁［アッティカ号事件］
[結論]　否定
[争点]　債務不存在確認、財産所在地、不法行為地、主観的併合
[事案の概要]
　本件は、傭船者である原告らが、船舶所有者である被告（外国法人）に対し、米国における座礁事故に関して保険会社から仮払を受けた保険金の償還債務が存在しないことの確認を求めた事案である。裁判所は、金銭債務の消極的確認訴訟について財産所在地を管轄原因として認めると、原告は債権の内容にかかわらず常に債務者の住所地で訴えを提起できるのに対し、被告は生活上の関連がなく、債権とは関連性のない国での応訴を余儀なくされることになるので、当事者間の公平を著しく害するとして、財産所在地による管轄を否定した。分離前の相被告であった保険会社（日本法人）に対する請求との主観的併合についても、特段の事情がない限り、否定されるべきであるとした上で、本件請求と同保険会社に対する請求は通常共同訴訟の関係にあり、合一確定の必要はないなどとして、主観的併合により日本の裁判所の管轄権を認めるべき特段の事情はないと判断した。

東京地中間判昭和 62 年 6 月 23 日判時 1240 号 27 頁［大韓航空事件］
[結論]　肯定
[争点]　航空機事故、国際的訴訟競合、ワルソー条約
[事案の概要]
　本件は、サハリン沖で撃墜された大韓航空機の乗客の遺族が大韓航空を相手に損害賠償を求めた事案であり、本訴訟に先立ち、原告の一部が、被告を相手に米国の裁判所及びカ

ナダの裁判所に同種訴訟を提起し、それぞれ係属中であった。被告は、ワルソー条約の規定により原告はいずれか一つの裁判所のみを選択して訴えを提起しなければならないから、本件訴訟は不適法である旨主張したが、裁判所は、同条約の解釈として、締約国で下された判決が承認、執行されることが保障されているわけではなく、二重訴訟を認めないことによる不合理が生じないような規定を欠いていることからすれば、同条約が国際的二重訴訟を禁じているものと解することはできないと判断した。

東京地中間判昭和62年6月1日判時1261号105頁［香港三越第1事件］
［結論］　肯定
［争点］　不法行為、主観的併合
［事案の概要］
　本件は、後掲香港三越第2事件と同一の事案で、弁論が分離された後の被告香港三越関係の事案である。裁判所は、分離前の相被告である被告三越に対する請求との主観的併合による管轄権について、共同不法行為の主体である共同被告間においては、特段の事情のない限り、関連裁判籍の規定の適用があると解すべきであるとした上で、被告が日本法人の100パーセント子会社であること、親会社と連絡を取ることにより代理人を選任できること、重要な証人は日本に居住していることなどを考慮して、日本の裁判所の管轄権を否定すべき特段の事情は認められないと判断した。

東京地判昭和62年6月1日金判790号32頁［香港三越第2事件］
［結論］　否定
［争点］　義務履行地、主観的併合
［事案の概要］
　本件は、原告が香港に在住する外国人である被告に対し、同被告は弁論の分離前の相被告である被告三越及び被告香港三越と共謀の上、原告から保管を依頼していた銀行預金を引き出して不法に領得したと主張して、不法行為に基づく損害賠償請求をした事案である。裁判所は、不法行為に基づく損害賠償請求について義務履行地による管轄を基準とすることを否定するとともに、日本国内には不法行為地も存在しないとした。また、裁判所は、分離前の相被告である被告三越に対する請求との主観的併合による管轄権に関し、被告が日本国内に営業所も資産も有しないことなどを指摘して主観的併合を否定すべき特段の事情があると判断した。

東京地中間判昭和62年5月8日判時1232号40頁［アビアコ航空事件］
［結論］　肯定
［争点］　航空機事故、不法行為、主観的併合
［事案の概要］
　本件は、スペインの空港内での分離前の相被告であるイベリア航空と被告（アビアコ航空）の航空機の衝突事故により死亡した日本人乗客の相続人である原告らが、航空会社2社に対し、不法行為等に基づく損害賠償を請求した事案である。イベリア航空は東京に事務所を有し、ワルソー条約の適用もあることから日本の裁判所の国際裁判管轄を争わず、被告について主観的併合の可否が問題となった。裁判所は、イベリア航空と被告に対する

請求は同一の事実を原因とするものであること、両社に対する裁判を別々の国の裁判所でした場合には裁判の矛盾・抵触が起きるおそれがあること、事故調査報告書が提出されているので、証拠がスペインに所在していることは審理の重大な支障にはならないこと、原告らは多数であり日本に住所を有することなどを指摘し、主観的併合による日本の裁判所の管轄権を肯定した。

名古屋地判昭和 62 年 2 月 6 日判時 1236 号 113 頁
［結論］　肯定（執行判決）
［争点］　知的財産権、管轄合意
［事案の概要］
　本件は、西ドイツ法人である原告が、西ドイツの裁判所において、日本法人である被告に対し、電子制御部品に関する特許のライセンス契約に基づくロイヤリティの支払及び訴訟費用負担命令の勝訴判決を得て、執行判決を求めた事案である。被告は、契約書に置かれた専属的管轄の合意の効力を争ったが、裁判所は、当事者双方が仲裁を望まない場合に合意管轄が生じる旨の停止条件の付款があったとの被告の主張を排斥し、また、被告が西ドイツ国内に駐在事務所を置いて営業活動を行っていたことなどから、管轄合意が甚だしく不合理で公序法に違反するとはいえないとして、西ドイツの裁判所の管轄を肯定した。

大阪地判昭和 61 年 12 月 24 日民集 46 巻 7 号 1135 頁
［結論］　肯定
［争点］　営業所所在地、特段の事情
［事案の概要］
　本件は、日本法人である破産会社が韓国法人が製造した靴下を輸入販売していたところ、靴下に製造上の瑕疵があるために値引きして販売せざるを得ず、損害を被ったとして、破産管財人が原告となり、韓国法人を被告として、瑕疵担保責任に基づく損害賠償を求めた事案である。裁判所は、被告は日本国内に営業所を有していることを理由に法定管轄があると認めた上で、被告の裁判の追行に特に支障があるとは考えられないなどとして、日本の裁判所の管轄権を否定すべき特段の事情は認められないと判断した（なお、本件は、最高裁まで争われたが、大阪高判昭和 63 年 7 月 29 日民集 46 巻 7 号 1171 頁、最三判平成 4 年 10 月 20 日民集 46 巻 7 号 1129 頁のいずれにおいても、国際裁判管轄は争点とはされていない）。

東京地判昭和 61 年 6 月 20 日判時 1196 号 87 頁［遠東航空事件］
［結論］　否定
［争点］　航空機事故、不法行為地、義務履行地、主観的併合、特段の事情
［事案の概要］
　本件は、遠東航空の台湾国内線旅客機が墜落し、日本人乗客が死亡した事故について、遺族である原告らが、航空機を製造した米国法人（被告 Y_1）及び当該航空機を使用後に遠東航空に譲渡した米国法人（被告 Y_2）に対し、不法行為に基づく損害賠償を請求した事案である。裁判所は、被告 Y_2 については日本国内に営業所があることにより普通裁判籍が認められ、被告 Y_1 については主観的併合が認められる余地があり、さらに被告らについ

て義務履行地による管轄権が認められる余地があるとしたものの、重要な証拠はいずれも台湾に存在すること、米国の裁判所が本件事故による損害賠償請求訴訟を却下する際に、台湾の裁判所に管轄があるとの見解が示されていること、原告らが台湾において訴訟を行うだけの資力に乏しいとはいえないこと、被告らが原告らが台湾で提訴した場合には時効の利益を放棄する旨述べていることなどを指摘して、日本の裁判所の管轄権を否定すべき特段の事情があると判断した。

大阪地中間判昭和 61 年 3 月 26 日判時 1200 号 97 頁
[結論] 肯定
[争点] 管轄合意、応訴管轄
[事案の概要]
　本件は、原告が、外国人である被告に対し、約束手形金請求をした事案であり、原告、被告間の副代理商契約においては、ドイツ連邦共和国マール市の裁判所を専属管轄裁判所とする合意が存在するが、被告が管轄違いの抗弁を出さないまま本案について弁論をした。裁判所は、応訴管轄を認めて、日本の裁判所に管轄権があると判断した。

東京地中間判昭和 59 年 3 月 27 日判時 1113 号 26 頁 [自衛隊ヘリ墜落事件]
[結論] 肯定
[争点] 航空機事故、製造物責任、不法行為地、特段の事情
[事案の概要]
　本件は、航空自衛隊所属のヘリコプターが日本国内において墜落した事故について、日本人遺族らが原告となり、ヘリコプターの製造会社から営業を譲り受けた米国法人を被告として、製造物責任に基づき損害賠償を求めた事案である。裁判所は、不法行為地には損害発生地が含まれ、本件の損害発生地は日本国内であるから日本の裁判所に管轄権が認められるとした上で、被告は全世界規模の企業であること、同じく航空機等の製造販売を業とする被告の 100 パーセント子会社が日本に支店を有していること、原告らが日本に居住していること、航空自衛隊の事故調査委員会により調査が行われていることなどを指摘して、日本の裁判所の管轄権を否定すべき特段の事情もないと判断した。

東京地判昭和 59 年 2 月 15 日判時 1135 号 70 頁
[結論] 否定
[争点] 海事、義務履行地、不法行為地、国際的訴訟競合
[事案の概要]
　本件は、原告が所有する船舶に対し、米国入港中に被告が仮差押えしたことが不法行為であるとして、原告が逸失傭船料等の損害賠償を請求した事案であり、裁判所は、①本件の請求は、被告の東京駐在員事務所の業務とは関連がないことは明らかである上、原被告間らで米国カリフォルニア州裁判所において関連訴訟が係属中であって、日本の裁判所の管轄権を認めると、判決が矛盾、抵触するおそれがあり、被告に二重に訴訟追行の負担を強いることになる、②不法行為に基づく損害賠償請求については義務履行地による管轄は否定すべきである、③「不法行為地」には、加害行為地のみならず結果発生地も含むと解されているが、原告主張の傭船契約解除による傭船料喪失は、直接生じた結果ではなく、

二次的、派生的に生じた結果であり、原告が本件船舶を売却したことは、偶然の結果であって、本件不法行為による直接の結果ということはできないなどとして、日本の裁判所の管轄権を否定した。

大阪地判昭和 58 年 9 月 30 日判タ 516 号 139 頁
［結論］　肯定
［争点］　住所地、財産所在地
［事案の概要］
　本件は、原告（インド国営の銀行）が、その大阪支店及び香港支店において当座勘定取引を行っていた被告（インド人）に対し、貸越残高金の支払を求めた事案である。裁判所は、被告が自ら進んで訴訟を追行してきたこと、被告は日本における一応の住居地を定めていること、被告は日本国内に不動産を所有し、原告との取引に関して根抵当権を設定しており、日本が一般責任財産の所在地であることなどを理由に、日本の裁判所の管轄権を肯定した。

東京地中間判昭和 57 年 9 月 27 日判時 1075 号 137 頁
［結論］　肯定
［争点］　営業所所在地、特段の事情
［事案の概要］
　本件は、物品の運送を委託された外国法人である被告がミラノ市内においてトラックごと物品を窃取された事故につき、貨物相当額の保険金を支払った日本法人である保険会社（原告）が、保険代位に基づき、被告に対し、損害賠償を求めた事案である。裁判所は、改正ワルソー条約の適用はないとした上で、被告が日本国内に営業所を有していることに基づいて日本の裁判所の管轄権を認め、被告が全世界的規模で営業する企業であること、受託した運送契約上の到達地が日本であることなどを指摘して、日本の裁判所の管轄権を否定すべき特段の事情は認められないとした。

東京地中間判昭和 56 年 11 月 27 日判タ 460 号 118 頁
［結論］　肯定
［争点］　義務履行地
［事案の概要］
　本件は、原告が、外国法人である被告に対し、貸金返還を求める訴えを提起した事案である。裁判所は、貸金の返済は原告の指定した日本国内の銀行口座への振込みによる旨の合意があるとして、義務履行地が日本国内にあることを理由として日本の裁判所の管轄権を認めた。

最二判昭和 56 年 10 月 16 日民集 35 巻 7 号 1224 頁［マレーシア航空事件］
［結論］　肯定
［争点］　航空機事故、営業所所在地
［事案の概要］
　本件は、日本人 A がマレーシア航空（被告）との間で、マレーシア国内においてマレー

シア国内線の旅客運送契約を締結したところ、搭乗した飛行機が墜落して死亡したことにつき、Aの相続人である原告らが同契約の債務不履行に基づく損害賠償請求権を相続したとして、被告に対し、損害賠償を請求した事案である。最高裁は、国際裁判管轄については当事者間の公平、裁判の適正・迅速を期するという理念により条理に従って決定するのが相当であり、民訴法の規定する裁判籍のいずれかが日本国内にあるときは、被告を日本の裁判所の裁判権に服させるのが条理に適うとした上で、被告が日本における代表者を定め、日本国内に営業所を有することから、被告を日本の裁判所の裁判権に服させるのが相当であるとした（第一審は名古屋地判昭和54年3月15日民集35巻7号1236頁、控訴審は名古屋高判昭和54年11月12日民集35巻7号1241頁）。

東京地判昭和54年9月17日判時949号92頁
[結論]　肯定（執行判決）
[争点]　応訴管轄
[事案の概要]
　本件は、原告が、米国の裁判所において、被告及び被告が代表者を務める会社に対して売掛金請求訴訟を提起して勝訴し、執行判決を求めた事案である。裁判所は、国際裁判管轄について、被告は米国の裁判所の管轄権を認めて応訴しており、そのような被告に対して米国の裁判所が裁判権（管轄権）を行使することを否定する日本の法令はないなどとして、米国の裁判所の間接管轄を肯定した。

東京地中間判昭和54年3月20日判時925号78頁
[結論]　肯定
[争点]　義務履行地
[事案の概要]
　本件は、原告（日本人）が、バンコク市内において、被告会社 Y_1（日本法人）の社員で同市に居住する被告 Y_2（日本人）の運転する自動車に同乗していたところ、交通事故により傷害を負ったとして、被告 Y_2 に対して示談契約又は不法行為に基づき、同被告の使用者である被告 Y_1 に対して不法行為に基づき、損害賠償請求をした事案である。裁判所は、国際裁判管轄はいかなる国に裁判管轄権を認めるのが訴訟の審理が適正、公平、能率的に行われるかによって決すべきとした上で、タイ王国との間に司法共助取決めがあり、同国内にある証拠の取調べを行うことも不可能ではないこと、損害額算定に関する証拠の多くは日本にあること、被告 Y_1 にとって本店所在地である日本で訴訟を行うことに不利益は大きくないこと、被告 Y_2 は被告 Y_1 の社員であり現地駐在員としてバンコクに居住しているが、駐在にすぎないことなどから、日本で訴訟追行することについて不利益、不便がそれほど大きいものとはいえないこと、原告の傷害は重大であり、タイ王国において訴訟追行すべきとした場合に不利益が極めて大きいことを考慮し、日本の裁判所の管轄権を肯定した。

大阪地判昭和52年12月22日判タ361号127頁［関西鉄工所第2事件］
[結論]　否定（執行判決）
[争点]　外国判決の効力

260　資料 5　国際裁判管轄をめぐる裁判例

[事案の概要]
　本件は、後掲大阪地中間判昭和 48 年 10 月 9 日（終局判決は大阪地判昭和 49 年 10 月 14 日言渡し）の被告が、損害賠償請求を認容した米国の裁判所の確定判決（昭和 49 年 10 月 17 日確定）につき執行判決を求めた事案である。裁判所は、同一司法制度内において相互に矛盾抵触する判決の併存を認めることは法体制全体の秩序を乱すものであるから、訴えの提起、判決の言渡し、確定の前後に関係なく、既に日本裁判所の確定判決がある場合に、それと同一当事者間で、同一事実について矛盾抵触する外国判決を承認することは、日本裁判法の秩序に反し、旧民訴法第 200 条第 3 号の「外国裁判所の判決が日本における公の秩序に反する」場合に当たると判断した。

最三判昭和 50 年 11 月 28 日民集 29 巻 10 号 1554 頁 [チサダネ号事件]
[結論]　否定
[争点]　管轄合意
[事案の概要]
　本件は、海上火災保険会社で日本法人である原告が、国際海運業者でオランダ法人（神戸市に営業所を有する）である被告に対し、積荷海上保険契約に基づき代位取得した損害賠償請求権に基づく損害賠償金の支払を求めた事案である。最高裁は、①国際的裁判管轄の合意は、特定国の裁判所を管轄裁判所として明示的に指定する当事者の一方が作成した書面に基づいて締結されれば足りる、②国際的専属的裁判管轄の合意は、当該事件が我が国の裁判権に専属的に服するものではなく、かつ指定された外国の裁判所がその外国法上当該事件につき管轄権を有する場合には、原則として有効である、③専属的管轄合意が被告の発行した船荷証券上の管轄約款に基づくものであり、合意に従うと荷主の負うこととなる費用及び手数が増大するとしても、それだけでは公序違反として無効とはいえないとして、船荷証券上に記載のあるアムステルダム裁判所の専属管轄とする合意の有効性を認めた（第一審は神戸地判昭和 38 年 7 月 18 日民集 29 巻 10 号 1571 頁、控訴審は大阪高判昭和 44 年 12 月 15 日民集 29 巻 10 号 1585 頁）。

東京地中間判昭和 49 年 7 月 24 日判時 754 号 58 頁 [全日空機羽田沖墜落事件]
[結論]　肯定
[争点]　航空機事故、製造物責任、不法行為地、特段の事情
[事案の概要]
　本件は、日本国内で墜落した航空機の乗客の遺族である日本人原告らが、同航空機を製造した米国法人に対し、同航空機に欠陥があったとして、不法行為に基づく損害賠償を請求した事案である。裁判所は、製造物責任に基づく損害賠償請求は不法行為に関する訴えに当たるとした上で、不法行為地には結果発生地も含まれ、本件の結果発生地は日本であるから、日本の裁判所に管轄権があると判断した。また、裁判所は、本件訴えの裁判を日本の裁判所で行うことは、被告に不当な不利益を強いるとはいえないのに対し、原告らにとっては、日本の裁判所で審理を受けることができないと本件事故による不法行為責任を追及することは事実上不可能になるなどと指摘し、日本の裁判所に管轄権を認めることが相当であるとした。

大阪地中間判昭和 48 年 10 月 9 日判時 728 号 76 頁 [関西鉄工所第 1 事件]
[結論] 肯定
[争点] 債務不存在確認、不法行為地、国際的訴訟競合
[事案の概要]
　本件は、プレス機械の製造業者である原告が、商社である被告（米国法人）に対し、製造物責任に基づく損害賠償債務の求償債務が不存在であることの確認を求めた事案である。裁判所は、不法行為責任に基づく損害賠償債務と求償債務は国際裁判管轄の有無を判断するためには実質的に異ならないと解した上で、加害行為地はプレス機械の製造された日本国内にあるので、日本の裁判所の管轄権が認められると判断した。また、本件では、被害者であると主張する者から、原告、被告等に対して、製造物責任に基づく損害賠償請求訴訟が米国の裁判所に提起されていたが、裁判所は、二重起訴についての旧民訴法第 231 条にいう「裁判所」は我が国の裁判所を意味するから、二重起訴には当たらないと判断した。

東京地判昭和 47 年 5 月 2 日判時 667 号 47 頁
[結論] 否定（執行判決）
[争点] 義務履行地
[事案の概要]
　本件は、原告が、売買契約の債務不履行による損害賠償の支払を認容するフランスの裁判所の確定判決を得た上、執行判決を求めた事案である。裁判所は、義務履行地をもって国際裁判管轄の連結点とすることは、我が国法上の原則ないし条理と認めることはできないなどとして、フランスの裁判所の間接管轄を否定し、執行判決を求める訴えを棄却した。

東京地判昭和 45 年 3 月 27 日判時 598 号 75 頁
[結論] 否定
[争点] 義務履行地
[事案の概要]
　本件は、売買代金の取立てのための荷為替手形を振り出した原告が、被告が荷為替手形金の支払を受けないで船荷証券を買主に渡したため原告が損害を被ったとして、取立委任契約の債務不履行に基づく損害賠償を求めた事案である。裁判所は、準拠法であるフランス法によれば、契約上の義務履行地は被告の住所のあるフランスであるとして、日本の国際裁判管轄を否定した。

東京地判昭和 42 年 10 月 17 日判タ 216 号 225 頁 [マエルスク号事件]
[結論] 肯定
[争点] 管轄合意
[事案の概要]
　本件は、原告が、運送業者である被告に対し、海上運送により運送品に生じた損害の賠償を求めた事案であり、船荷証券には、被告の選択により、コペンハーゲンの裁判所を管轄裁判所とする旨の専属的合意管轄条項が存在した。被告は、引渡しから 1 年以上経過した時点（第 1 回口頭弁論時）において管轄裁判所の選択権を行使する旨の意思表示をしたが、裁判所は、準拠法によると引渡しから 1 年以内に訴えを提訴しないと損害賠償責任が

免除されることなどを指摘して、被告の責任を争う余地を失わせることとなる選択権の行使を無効と判断し、義務履行地による管轄に基づき、日本の裁判所の管轄権を肯定した。

東京地判昭和 40 年 5 月 27 日判タ 179 号 147 頁［東宝事件］
［結論］　肯定
［争点］　債務不存在確認、不法行為地
［事案の概要］
　本件は、被告が、米国の裁判所において、原告（日本法人）に対し、米国の映画を日本に輸出できる見込みがないことを知りながら、同映画を日本で上映すれば多大な利益になるなどと欺罔して被告に損害を与えたとして損害賠償を求める訴えを提起したのに対し、原告が、日本の裁判所に同債務の不存在の確認を求める訴えを提起した事案である。裁判所は、不法行為に基づく損害賠償請求については、不法行為に関する訴えの管轄が妥当するとした上で、被告の主張する損害の一部は被告の代理人が東京滞在中に要した費用等であり、不法行為の結果発生地には日本も含まれるとして、不法行為地による管轄を肯定した。なお、国際的訴訟競合についての判断はされていない。

東京地決昭和 40 年 4 月 26 日判時 408 号 14 頁［インターナショナル・エア・サービス不当解雇事件］
［結論］　肯定
［争点］　労働関係、仮処分、営業所所在地
［事案の概要］
　本件は、米国人である債権者が、米国法人である債務者に対し、債務者による解雇の効力を争って賃金仮払いを求めた地位保全仮処分申請事件である。裁判所は、債務者が日本国内に現業事務所を設けて営業をしていることを理由に、日本の裁判所の管轄権を認めた。

東京地判昭和 34 年 6 月 11 日判時 191 号 13 頁
［結論］　否定
［争点］　財産所在地、義務履行地
［事案の概要］
　本件は、被告会社から解雇された原告（日本国内に住所を有する外国人）が、被告会社（外国法人）に対し、輸送費等の支払請求の訴えを起こした事案であり、原告は、日本にある被告の商品見本等を仮差押えしていた。裁判所は、被告が日本に差押可能財産を有する限り裁判権が及ぶとするのは、日本に現在しない被告に著しい不利益となり、我が国との関連性が薄いとして、財産所在地による管轄権を否定した。また、準拠法を米国カリフォルニア州法とした上で、同法によれば債権者の住所が義務履行地であるとは認められないとして、義務履行地による管轄権も否定した。

東京高判昭和 32 年 7 月 18 日下民集 8 巻 7 号 1282 頁［中華民国事件］
［結論］　肯定
［争点］　管轄合意、国際的訴訟競合

資料5　国際裁判管轄をめぐる裁判例　263

[事案の概要]
　本件は、被控訴人（原告）である外国国家が、控訴人ら（被告ら）に対し、貸金の返還等を求めた事案である。裁判所は、原告が自ら日本の裁判所に民事訴訟を提起している以上、その限度において日本の民事裁判権に服する意思を明らかにしているものというべきであるとして、日本の裁判所が原告に対して裁判権を有するとした上で、当事者の本国である中華民国の裁判所を管轄裁判所とする旨の合意があるとの被告らの主張については、そのような証拠はないとして排斥した。また、国際的訴訟競合の点については、重複起訴の禁止を定める旧民訴法第231条にいう「裁判所」は、我が国の裁判所を指し外国裁判所を含まないから、中華民国人間の訴訟が既に中華民国において係属中であっても、同一の訴訟原因について日本の裁判所に訴えを提起することを妨げないと判断した。

東京地判昭和29年6月9日判時33号9頁
[結論]　肯定
[争点]　仮処分、不動産所在地
[事案の概要]
　本件は、駐日ビルマ大使が購入した土地について、その相続人から所有権を譲り受けたとする債権者（ビルマ人）が、同大使がビルマを代表して同土地を購入したとして土地に立札や鉄条網を設置するなどした債務者（ビルマ人）に対し、建物建築等の工事の禁止、占有・使用の妨害禁止及び設置物の除去を求めた保全事件である。裁判所は、我が国に所在する不動産を直接目的とする権利関係の訴訟については、たとえ外国国家を当事者とする場合においても、我が国の裁判所に裁判権があり、不動産所在地の裁判所の管轄に属すると判断した。

東京地判昭和28年6月12日下民集4巻6号847頁［満州国特許事件］
[結論]　肯定
[争点]　知的財産権、外国特許権
[事案の概要]
　本件は、満州国で登録された特許権を有する原告が、被告に対し、被告は同特許権を侵害する製品を満州国に輸入したとして、損害賠償を請求した事案である。裁判所は、外国特許権を外国で侵害した行為は、特許権の属地主義に照らして、不法行為とならないとして請求を棄却した。本件では、国際裁判管轄自体は争点となっていないが、管轄違いを理由として訴えを却下していないことに照らすと、外国特許権の侵害訴訟は当該外国の裁判所の管轄に専属するとの考え方はとっていないものと考えられる。

●事項索引

◆ 数字

1999 年草案 ……………………… 8, 114

◆ あ行

一般法人法 ………………… 53, 102, 105
インターネット ………… 31, 56, 57, 92, 170
ウルトラマン事件 ………………… 120
応訴管轄 ……………………………… 155

◆ か行

カードリーダー事件 …………………… 113
外国判決の承認・執行 … 14, 90, 99, 140, 180
海事関係 ……………………………… 61
会社の組織に関する訴え ……… 102, 105, 165
会社法
　…… 53, 54, 66, 67, 102, 103, 104, 105, 106, 169
加害行為地 ………………… 15, 31, 70, 73
管轄合意条約 ………… 3, 8, 21, 132, 141, 142
間接管轄 …………………… 14, 18, 90, 99
義務履行地 ………… 38, 41, 59, 139, 169, 170
客観的併合 ……… 117, 118, 121, 123, 127, 159
緊急管轄 ……………………………… 181
結果発生地 ………………… 15, 31, 69, 73
国際的訴訟競合
　………… 6, 7, 174, 175, 177, 178, 179, 180
個別労働関係民事紛争
　… 93, 95, 96, 97, 99, 132, 137, 149, 151, 152, 190

◆ さ行

財産所在地 ………………… 47, 59, 83, 169
債務不存在確認の訴え ………… 46, 83, 175
サンゴ砂事件 ………………………… 113
品川白煉瓦事件 ……………………… 175
主観的併合 … 117, 118, 119, 120, 121, 122, 123, 127
準拠法 ………… 23, 29, 37, 41, 66, 97, 115, 161

消費者契約に関する訴え
　………………… 15, 33, 85, 92, 93, 169
消費者契約法 ………………… 84, 86
人事に関する訴え ………… 10, 11, 181, 192
船舶油濁損害賠償保障法 ………… 12
訴訟告知 ……………………… 129, 130
訴訟参加 ……………………………… 129
訴訟引受け …………………………… 129

◆ た行

対外国民事裁判権法 ………… 12, 19, 27
チサダネ号事件 ……………… 140, 141
知的財産権
　… 15, 69, 109, 110, 111, 112, 113, 114, 115, 116, 165
中華民国事件 ………………………… 175
中間確認の訴え ……………………… 124
直接管轄 ……………………………… 18
登記又は登録に関する訴え …… 16, 107, 165
特別裁判籍 ………… 26, 31, 41, 83, 90, 99

◆ な行

能動的消費者 ……………………… 88

◆ は行

反訴 ……………… 125, 126, 127, 128, 137, 175
ファミリー事件 ………………… 3, 4, 160
普通裁判籍 … 25, 27, 30, 46, 48, 59, 82, 139, 164
不法行為に関する訴え
　………… 15, 17, 27, 68, 69, 72, 73, 111, 113
ブリュッセルⅠ規則
　…… 21, 24, 29, 38, 61, 67, 69, 78, 85, 94, 114, 180
ブリュッセル条約
　…… 8, 21, 24, 30, 38, 61, 67, 69, 78, 85, 94, 114
ヘーグ国際私法会議 ………… 3, 7, 8, 21, 114
法定専属管轄 …… 16, 17, 109, 121, 123, 124, 127,
　　　　　　　　　128, 137, 138, 155, 162, 165, 171
法適用通則法 …… 19, 20, 24, 71, 73, 86, 88, 97

◆ ま行

真崎物産事件 …………………………… 176
マレーシア航空事件 …………… 3, 4, 31, 32, 33
満州国特許事件 ……………………………… 113
宮越機工事件 …………………………… 175
黙示の合意 ……………………………… 37

◆ や行

ユナイテッド航空事件 ………………… 101

◆ ら行

ルガノ条約 ……………………………… 8, 21
ルフトハンザ航空事件 ………………… 101
労働関係に関する訴え ……… 15, 93, 95, 169
労務提供地 ………… 93, 94, 97, 151, 152, 170

一問一答 平成23年民事訴訟法等改正
——国際裁判管轄法制の整備

2012年3月30日　初版第1刷発行

編 著 者	佐　藤　達　文
	小　林　康　彦

発 行 者　　大　林　　　譲

発 行 所　　株式会社　商 事 法 務
〒103-0025　東京都中央区日本橋茅場町3-9-10
TEL 03-5614-5643・FAX 03-3664-8844〔営業部〕
TEL 03-5614-5649〔書籍出版部〕
http://www.shojihomu.co.jp/

落丁・乱丁本はお取り替えいたします。　　印刷/ヨシダ印刷㈱
Ⓒ 2012 Tatsubumi Sato, Yasuhiko Kobayashi
Printed in Japan
Shojihomu Co., Ltd.
ISBN978-4-7857-1961-6
＊定価はカバーに表示してあります。